Salinger Intime
Denis Demonpion

真实的塞林格

〔法〕丹尼斯·德蒙皮恩 著 邓薇 译

人民文学出版社
PEOPLE'S LITERATURE PUBLISHING HOUSE

著作权合同登记号　图字 01-2023-3430

Original Published in France as:
"Salinger intime" by Denis Demonpion
© EDITIONS ROBERT LAFFONT, Paris, 2018
Current Chinese translation rights arranged through Divas International, Paris
迪法国际版权代理

图书在版编目(CIP)数据

真实的塞林格 /(法)丹尼斯·德蒙皮恩著;邓薇译.—北京:人民文学出版社,2024
ISBN 978-7-02-018333-3

Ⅰ.①真… Ⅱ.①丹…②邓… Ⅲ.①塞林杰(Salinger, Jerome David 1919-2010)-传记 Ⅳ.①K837.125.6

中国国家版本馆 CIP 数据核字(2023)第 209272 号

责任编辑	胡司棋　傅　钰	
装帧设计	汪佳诗	

出版发行	人民文学出版社	
社　　址	北京市朝内大街 166 号	
邮政编码	100705	

印　　刷	山东新华印务有限公司	
经　　销	全国新华书店等	

字　　数	235 千字	
开　　本	889 毫米×1194 毫米　1/32	
印　　张	11.875	
版　　次	2024 年 1 月北京第 1 版	
印　　次	2024 年 1 月第 1 次印刷	
书　　号	978-7-02-018333-3	
定　　价	69.00 元	

如有印装质量问题,请与本社图书销售中心调换。电话:010-65233595

目录

序　言　　　　　　　　　　　　　　　1

塞林格的童年时光　　　　　　　　　　1
1937年维也纳，难忘的一天　　　　　 18
作家之初　　　　　　　　　　　　　 30
第一本小说　　　　　　　　　　　　 37
好莱坞的梦中情人　　　　　　　　　 46
放空之旅　　　　　　　　　　　　　 52
游轮上的热场员　　　　　　　　　　 56
国家的召唤　　　　　　　　　　　　 63
几位信任他的好友　　　　　　　　　 69
对乌娜的一见钟情　　　　　　　　　 78
一场失落的爱情　　　　　　　　　　 85
卓别林，黑色的野兽　　　　　　　　 92
星条旗下　　　　　　　　　　　　 101
写作以求解脱　　　　　　　　　　 108
机密部门　　　　　　　　　　　　 119
对文学作品的痴迷　　　　　　　　 127
启程去欧洲　　　　　　　　　　　 134
严酷的军队戒律　　　　　　　　　 140
法国战役　　　　　　　　　　　　 147

"我们去见海明威吧"	157
前线无故事	166
坍　塌	176
复员及新婚生活	184
写作的日日夜夜	188
《麦田里的守望者》惊雷出世	193
青少年的代言人	201
寻求灵修	207
选择沉默	218
一个不安的美国人	226
没有时间了	236
隐居的生活	241
小家庭的破裂	245
面对死亡	252
《麦田里的守望者》，受追捧的对象	266
塞林格走出隐居之地	274
往事重袭	285
他的守护天使	295
算是为了平行治疗	305
培育一方花园	309
缓慢向前的生活	317
重回维也纳	325
笔下的角色离他而去	332
垂暮之年	340

"您自己去看看吧！" 343

后　记 346
致　谢 357
参考书目 360

序　言

　　他一生渴望平静，他天性如此。如今，J.D. 塞林格已在属于自己的地方安息，这个渴望平静的人逃离了社会机器，逃离了伪装，逃离了烦恼，逃离了虚荣，以及其他所有的一切。

　　塞林格于 2010 年 1 月 27 日星期三，在科尼什的家中去世。褪去耀眼的光芒之后，这位作家在新罕布什尔州隐居了五十多年，这里是个无人问津的角落，一片杂木丛生、阴暗压抑的丘陵地带。他最终活了九十一岁。直到第二天，报纸才告知全世界：杰罗姆·大卫·塞林格去世了。儿子马修在他父亲的文学代理人哈罗德·奥博发布的公告中披露，他的父亲死于"自然原因"，在塞林格传播最广的作品《麦田里的守望者》出版之后，是这位代理人一直保护他免遭私生活的侵扰。他将此事处理得严丝合缝，以至于很多人以为塞林格已经去世很久。

　　然而，他瘦削有力的身影深深印刻在与之相遇于邮局、服务站或者超市的人们的脑海中。他曾是个美少年，经年之后在岁月中优雅地老去。他的高傲姿态，其实是因为过于遵循礼节，而他的本意只是捍卫自己的隐私。他用尖锐的眼神和沉默来迫使谈话对象顺从他自己的规则。他一直保持着独裁者般的行事作风，纵使承受着生理上的痛苦折磨，特别是在最后的日子里。战争给他带来了耳聋的后遗症，随着时间的推移症状越来越严重。

美国作家乔安娜·史密斯·拉科夫曾于1996年在塞林格的文学代理商那里工作了一年。在她出版的《我的塞林格之年》中，除了细致描述了办公室里的工作氛围，她也刻画出他为了维护隐私而终日忧虑，还写到他的声音"比平时需要的声量"要大一些。她解释说，长期以来他的耳朵都听不太清。

二十四岁时，塞林格穿上了美国陆军的制服。起初美国军队并不想召他入伍。为了能够在星条旗下起誓，他摸爬滚打地证明自己。1944年6月6日，他扛着行军装备，行囊里放着打字机，与成千上万名士兵一起，在诺曼底的犹他海滩登陆。

那是他生命中的危难时刻。

塞林格拂去身上的弹片，投入法国战役，为解放巴黎而战斗，他目睹了轰炸和阿登战役之后的残存废墟。一直到柏林投降，这期间敌人投喂的战火对他来说都是家常便饭。他眼睁睁地看着人们被炸弹的爆炸和火光冲天的炮弹所伤，支离破碎的尸体被炸上天，战友们倒在枪林弹雨中，或死或残。但如奇迹一般，塞林格安然无恙地活了下来。

在这样的人间地狱中，他罕有地、毫不羞愧地坦承：他很害怕。纵使他在战争中活了下来，不好不坏地过了这些年，战争后遗症其实一直困扰着他，一直过了紧张的好几个月，他的神经才慢慢放松下来。休战前一天，当他在纽伦堡的美国军事医院接受治疗时，医生诊断出他患有轻微的"PTSD"，后来他将这番体验写成小说《写在跟爱斯基摩人开战之前》[1]。

塞林格在抑郁、麻木无力的状态中度过了几个月，遭受着恐惧与沮丧感的折磨。他的一部分人格被永远拽进了恐惧的森林。当他重新走出来时，眼前之人已不是昔日的自己。他试图重新振作，想通过投身佛教寻求某种救赎，而这也永远改变了他。

复原后几周，新婚的他回到了纽约。这场婚姻不久之后便宣告失败。写作成为他长久岁月中的唯一寄托。

1951年，《麦田里的守望者》出版了。这部作品轰动了整个美国文坛，同时也迅速给他带来了成功。人们追捧他、奉承他、拥戴他。为了逃离营销宣传的龙卷风，他逃去了苏格兰。回来以后，他当即决定远离纽约和混乱的一切。旅行归来的他从此过起了非同寻常的生活，他以自己的方式向社会永别，但这并不是向生活本身永别，也不是向写作。之后他居住在新罕布什尔州的佛蒙特，直到去世。这是一片乡野多山的腹地，冬日的粗犷更加重了这抹色彩。8月，阳光照耀着树梢，有种让人心旷神摇的浪漫色彩。这里最终变成了他的庇护所。

塞林格在此之前并没有想到能过上如此隐蔽的生活。战

---

[1] 《写在跟爱斯基摩人开战之前》，1948年6月5日刊登于《纽约客》。后来出现在1953年利特尔和布朗公司出版的《九故事》中。《九故事》1961年由巴黎罗贝尔·拉封出版社出版，萨巴斯蒂安·贾里索由英语（美国版）译为法语，2017。（由于塞林格的作品被持续再版，我们在此处及下文，仅给出最近的版本，以作参考。）——原注（后文不再一一说明）

3

前,他曾在大城市里过着上流生活。之后更甚,但这一体验大多很短暂,如过客一般,目的很简单:就是为了给新书做宣传。

1952年11月20日,在一场布鲁克林举办的《麦田里的守望者》的读书会上,他为一场摄影做准备。黑白照片中的他坐在一张桌子旁,一本书在他面前打开,他则身着白衬衣,衣领敞开,右手支在大腿上;或是盯着某样东西,或者眼神迷失在书中,他一只手指划过外套的衣领,像是在挠痒痒,另一个他常用的姿势是用手掠过头发。他左手夹一支香烟,烟雾缭绕。这些是仅有的他公开的照片。在之后的岁月里,他所有的照片就是这些。他退出了公众视野,即使只是为了卖自己的书,也会让塞林格恼火。他对此非常敏感,简直成了强迫症。即使是曾与他共同生活过八个月的女作家乔伊斯·梅纳德也没有能够完成一本披露他的书:"作家的真实形象永远不应当被人们所了解[1]。"

对他来说,一位作家的作品不应当被人品头论足。仅仅是想要表达自我的力量就足以说服读者读下去。剩下的只是为了曝光,一种他所憎恶的行为。

塞林格固执己见,所以他一直到三十四岁都对虚荣的物质生活漠不关心,将外部世界挡在门外,几乎活成一个怪人。人们觉得他有社交恐惧,而真实情况无人知晓。这点上,他倒很

---

[1] 乔伊斯·梅纳德《世界中的家》,纽约,1998年出版。

像《麦田里的守望者》中的霍尔顿·考菲尔德，我们不难看出，霍尔顿就是塞林格的影子。他渴望宁静的生活，丝毫不沾染浮华之气。同时，他极其厌恶面对任何想要剥夺他这种隐秘舒适的人。由于他越来越少出现在公众场合，他也就越发激起人们的好奇心。

各种耍小聪明的人似乎都没能窥探到塞林格的内心，直到在科尼什，人们终于瞥见了一些。无论是出于挑战自我、勇敢，还是大胆，或者仅仅是为了想要了解他究竟是怎样一个人。人们试图报道、偷拍，或者他的仰慕者跟踪他，甚至围堵他。这样的行为令他非常气愤，而且这样做，永远也不会得到他的信任。除了偶遇，就没有其他能接近他的方法，也没办法跟他谈话，除非要些花招，或者干脆推测和假设，直到他跳出来为自己辩护，最后演变成激烈的回应。他一直如此行事，尖锐又固执，几十年里从没有改变过。

就因为如此，塞林格浑然不知自己被他人比作一只粗鄙的熊。他也会见见为数不多的几个朋友，但是对接触社会这件事毫不妥协。这位标榜思想境界高远的大人物，在生命最后的四十年中，呈现出创作力衰退的迹象，没有发表过任何一部新的作品，这更使他成了谜。然而，据他亲近的人，特别是与他通信的朋友说，他每天都在写作。他写出的这些一页又一页的文字去了哪里呢？我们很难得到一个确凿的回答。他是否计划在身后出版，还是会将原稿都保留在自己的个人档案里，到目前为止，我们都不得而知。

在图书馆的书架上，与其他小说家，例如巴尔扎克、狄更斯、托尔斯泰相比，他的书数量相差悬殊。即使是同他最喜爱的作家陀思妥耶夫斯基相比，也相去甚远。

他在世时，一共只创作了四部作品，其中只有一部长篇小说《麦田里的守望者》。这本书他耗费了十年来完成，也让一代又一代的人为之倾倒。他的影响力主要在美国，当然在世界其他地方也举足轻重，尤其在法国。没过多久之后，巴黎五区学校路，坐在63路公车上的一名乖巧少年，就一头扎进了霍尔顿·考菲尔德的冒险经历，之后将被塞林格深深地触动。

他还给文学界留下了其他三部长短不一的短篇小说集：1953年出版的《九故事》[1]，1961年出版的《弗兰妮与祖伊》[2]，以及在1963年出版的《西摩小传》[3]和之后发表的《抬高房梁，木匠们》。由于他的作品经常重版，这也持续为他带来了极其丰厚的收入和长久不衰的声誉。《麦田里的守望者》到2010年，也就是他去世的那一年，销售量总计超过3500万册[4]，这样的销量可以保证他过上高枕无忧的生活，拥有永不流逝的财

---

1 作品原名为《九故事》。
2 作品原名为《弗兰妮与祖伊》。《弗兰妮与祖伊》，由贝尔纳·维勒纳德从英语（美国版）译为法语，1962年由罗贝尔·拉封出版社出版。
3 作品原名为《抬高房梁，木匠们》和《西摩小传》。这两部作品由贝尔纳·维勒纳德从英语（美国版）译为法语，1964年由罗贝尔·拉封出版社出版。
4 根据1991年4月11日写给唐纳德·哈托格的一封未出版过的信的内容。"我的运气非常棒的一点就是我过去的作品使我变得足够富有，可以去做我想做的事，而不用去发表不必要的文章，或是过早发表一些文章，甚至是在我死后发表作品，听上去不发表是很好的主意。"

富。在之后的岁月里,他发现这是"最棒"的部分。

他和编辑们几乎没有商业上的往来,有时甚至对他们态度粗暴,那时的他真是很难伺候。他的执拗,以及对自己作品的无来由的厌恶,使得他所有的作品都不允许译成外语。同时,他也反对将他早期在期刊上发表过的小说编辑成书。他要么觉得这些文章已经过时,要么不愿意拿出来再次发表。这些作品有没有希望重见天日呢?由塞林格遗孀及儿子所创立的塞林格基金会回应说,他们会坚守塞林格的意愿。除了那些不顾他的意愿私自盗版的书,在他生前就已经有人在网上这么做了。

在众多想要深入挖掘塞林格私生活的人中,特德·拉塞尔,美国战后赫赫有名的杂志《生活》[1]的摄影师,于1961年9月成功捕捉到了塞林格在科尼什宅邸的围墙边挽着袖子仿佛木匠一般的高大身影。这位摄影师八十六岁时,在某些场合谈道:"我当时就蹲守在他房子的正对面。我在森林和灌木丛中俯身等了三天,照相机就藏在摄影包里,当到了第三天时,他出门遛狗,手里拿着一根拐杖。那时是黄昏。当时我就在距离他差不多几米远的地方。我以飞快的速度拍了两三张照片,不知道自己有没有拍清楚他的脸。幸运的是,他的狗没有叫。"[2]

另一次发生在1988年的行动则显得更为粗鲁。受雇于《纽约邮报》的两名狗仔,保罗·阿多和史蒂夫·康诺利,在塞林格从温莎的邮局出来时"伏击"了他。照相机快门的咔嚓

---

[1] 《探寻神秘的 J.D. 塞林格》,《生活》杂志,1961年11月3日刊。
[2] 根据与杂志文章作者在2016年6月7日的谈话内容。

声引起了他激烈的反击。

三天之后，当他在黎巴嫩（新罕布什尔州）悠闲地购物时，还是同样的两人在超市的停车场拦截住他的车，将他堵住。一看见他露面，两人就开始对着他一通猛拍。这种肆无忌惮的行为在塞林格看来完全是挑衅。人们看到他瞬间变成了一头被激怒的野兽，脸由于愤怒而变了形。那时他年事已高，两鬓风霜，脸上带着被时光雕刻的一道道皱纹，他挥起了拳头。为了写这本书我们请求保罗·阿多透露当时的情况，但他不愿意更多透露自己是在何种情况下得到了那张照片。太遗憾了。

塞林格撩拨着人们的好奇心。有很多次，胆大之徒试图逮住这个大人物，更好地了解他是怎么在某一天做了决定，逃往隐居地，并从此任何作品都不发表，以及为什么做了这样一个决定。带着前人的勇气，英国诗人及记者伊恩·汉密尔顿，成为尝试的第一人。幸运的是他被作家接待了。他的书《寻找 J.D. 塞林格》[1] 在打开通往作家内心之门的道路上取得了标志性进展，并迫使塞林格从缄默中走出来发声。汉密尔顿想要确认自己想知道的一些事情，塞林格给他指了一个方法，向法院提起公诉，并在公众面前现身，这么长时间以来，这是头一次。可以确定的是，中间没有产生任何不愉快。

他的女儿玛格丽特·塞林格写了一部奇特的作品，她在书

---

[1] 伊恩·汉密尔顿，《寻找 J.D. 塞林格》，1988 年由纽约兰登出版社出版。1996 年由苏菲·福茨从英语（美国版）译为法语，由橄榄树出版社出版。

中表达更多的是宣泄和自我分析，而不是阐述塞林格是怎样的人，这也不是一部描述敬爱的父亲的传记。《梦幻守望者》[1]这部作品有其存在的价值。此外，还有一些星星点点的，主观的评论文章以及研究论文相继发表。

说到底，塞林格究竟是一个怎样的人？他是否认为自己是一位在世的、给人距离感的神明，一个愤世嫉俗的人，甚至可以任凭他人诋毁的人？或者他仅仅是一个向往着简朴安宁生活的普通人？

这本法国版的传记，以最贴近作家的角度，描述了塞林格的精神世界，从他留下的文字以及同一时期其他人写他的作品展开介绍，最终展示了他究竟是怎样的一个人，过着怎样的生活。这本书里涉及海量从相关人士处挖掘到的材料，以及他直到去世全部从未出版过的文章。作品，不总是真实世界的镜子，同时也是一束耀眼的光，投射在其产生、幻灭、苦难人生道路的阶梯上。

应该注意的是，不要带着预判将这本书视为一本描写彻底详尽的书。这本书记录的仅仅是一场调查的结果，调查从2005年11月开始，经历了漫长的过程，极其私密。塞林格永远是一个能引起人们好奇心的话题，关于他的研究将永不枯

---

[1] 玛格丽特·塞林格，《梦幻守望者》，2000年以袖珍图书的形式由华盛顿广场出版社出版。2002年由克劳迪德-克里斯汀·法尼、米歇尔·加莱内和维维亚尼·米哈科夫从英语（美国版）译为法语，由巴黎尼罗河出版社出版。

竭，以前是这样，现在是这样，后世更是如此。由于他那部富于独创性的、独一无二的作品，由于他对于生活乃至生存深入的见地，他对于十七岁时的我们，该如何成长和思考，都猝不及防地捕获了我们的心[1]，直到永远。

---

1 《麦田里的守望者》法语版书名是《心灵捕手》，此处可为了达到双关的效果。——译注

塞林格的童年时光

塞林格不是那种会主动讲述自己的人。作为一名天生的小说家，他擅长的是将现实和虚构结合起来。传记作家？他认为这些人比照搬其他作家风格的人还不如，就像爱默生的诗："自我是人类最难理解的部分"。至于自传，这对他来说更是想都别想，虽然他在1949年曾经尝试过这一文体。为了替他的短篇小说《下到小船里》做宣传[1]，《哈泼斯》曾向他索要过一些个人信息。他如此高调回应："首先，如果我是杂志总监，我永远不会将一个专栏拿来浪费在作家的个人信息上，还要回答人们数不尽的问题，"他开门见山地说，"我一般不会对作者的出生地，子女的名字，工作时长，或是因为把枪走私给爱尔兰叛匪而被逮捕的日子感兴趣。"塞林格讥讽道。他又补充几句："那种什么都愿意对你们讲的作家，很有可能是穿着领口敞开的衬衣，给人拍3：4头像照，看上去就过得很惨的摄影师。"[2] 这番带有讥讽意味的俏皮话变成了他日后变化的预言，三年之后，1952年11月20日，当他在布鲁克林为《麦田里的

---

[1]《下到小船里》是短篇小说集《九故事》中的一篇，法语版名为《故事集》。
[2]《哈泼斯》，1949年4月刊。

守望者》做新书介绍时,他让摄影师拍下了一张正面肖像,穿着衬衣,还开着领口,只不过比他自己说的那种"惨相"稍微好一点。

传记作家对他来说也如洪水猛兽一般。他1962年6月22日给格洛丽亚·伊丽莎白写信,她是旧友伊丽莎白的女儿,那时她刚过二十岁,热切地想要成为一名作家,塞林格曾给予过她相当多中肯的鼓励。在信里塞林格坦承,永远要与传记作家那些"长满癞疮的走狗们"以及其他"窥探者"们(扫垃圾的)划清界限,这些人满口花言巧语,"打着虚伪的学术幌子遍地找寻流言蜚语",说不定什么时候就会在背后给你来上一枪。

当他刚开始作家生涯时,美国的文学周刊就有一个传统,就是在发表作者小说时随刊登上一篇作者自述,至于内容,由作者自己来定。那时塞林格还不为公众所知,所以没有操心这回事。直到1949年,在《哈泼斯》的请求下他妥协了,并写下:"我曾经花时间给杂志写自述,但我不认为自己写过什么真实的东西。"

这是一种掩饰或自嘲吗?不,这更多是一种中学生心理,不想让别人来揣度自己,这是他的真实状态,也是他表里如一、严格保留自己的真实的写作要素。1940年春,他为一本魅力非凡的纽约文学周刊《故事》写了第一份自述,以第三人称写的。作为专门出版小说的杂志,《故事》周刊为二十世纪的美国文学界持续输出了很多举足轻重的作家:福克纳、赛珍珠、梅勒、罗伯特·弗罗斯特、约翰·厄普代克、田纳西·威廉斯、杜鲁门·卡波特，在多期的文章中，这些人的文字脱颖而出。

塞林格的第一篇文章《年轻人们》出现在1940年3、4月刊上，并伴有这样几行自我介绍："J.D.塞林格，二十一岁，出生于纽约，毕业于公立小学，曾在一所军事学院和三所大学就读，在欧洲待过一年。他对戏剧写作尤为感兴趣。"没有比这更真实的了。岁月历经得越久，他的人生阅历就越丰富。从不欺瞒，这就是他主要的性格。

塞林格于1919年1月1日出生在纽约婴儿护理医院，这幢建筑位于61街161西，如今已不复存在。他的父亲索尔——所罗门的简称，是一位对希伯来文化很陌生的犹太人。他的母亲是从小接受宗教教育的天主教徒。

在一封未出版的、写给英国老友唐纳德·哈托格的信中，写信时的塞林格年事已高，他开玩笑地说到自己的生日恰巧与两位耳熟能详的"历史上最会玩纸牌的人"是同一天，一位是约翰·埃德加·胡佛[1]，坐着FBI的老板交椅，此人是执政近50年的诡计多端的政客；另一位是金·费尔比[2]，他曾经

---

1 约翰·埃德加·胡佛，1895年1月1日生于美国，在他的指挥下成立了联邦调查局（FBI），从1924年5月10日至1972年5月2日其逝世，他的铁腕统治了将近半个世纪。
2 金·费尔比出生于1922年1月1日。贵族出身，曾就读于剑桥大学，成为大不列颠秘密组织M16的成员，曾是双面间谍。后来成为一名克格勃战士，苏维埃秘密警察，他于1962年11月逃到苏联。

成功策划了英国皇家伊丽莎白二世陛下项目，成为为苏联效力的双面间谍。这两位是冷战时期的英雄人物，也为人们所憎恶。

我们不知道父母给他取名的确切日期。但绝不是官方出生登记那天。出生登记上只写了"婴儿塞林格"，编号564。肤色那一栏写的是"白色"。

当时塞林格的父亲三十一岁，是名奶酪经销商，母亲二十九岁，是名家庭主妇。两人均生于美国，都是移民的后裔，这一点是这对夫妇永远的共同点，随后也成为他们与孩子的共同点。在婚前不久，他的母亲，作为一名天主教徒，出生时姓为吉里奇，同时作为莫伊斯的妹妹和约瑟夫的妻子，将名字改为了米利亚姆，成了一个全职主妇。但不为人知的是，丈夫索尔曾经向她施压，希望她改信犹太教。而由于她是来自爱尔兰和苏格兰的天主教家庭，她决不会拿自己的宗教信仰开玩笑。在今后很长的时间内，他们的孩子们既不会去天主教堂也不去犹太教堂，也没有严格的宗教信仰。

杰罗姆，后来被亲切地叫作"索尼"（乳名），有一个大他五岁的姐姐。他的童年过得很平顺，中产家庭，没经历过特别值得一提的大起大落。生活水平相当富裕。父亲在一家名叫J.S.霍夫曼的公司任职，这是一家做东欧火腿和奶酪制品进出口生意的公司，总部在芝加哥，生意做得非常大。不久之后，他被任命为纽约一家分公司的总经理。之后塞林格一家搬到了城市的最北端哈莱姆区3681号公路，一个人口密集且光怪陆离的居住区。[1]一家人在儿子出生的这一年搬家,搬到了一所离曼哈顿中心和剧院更近的公寓。这幢独具特色的建筑位于113号街角,紧邻环河路,不远处就是依哈德逊河而建、有着赭红色砖墙的哥伦比亚大学。小塞林格得到了母亲无微不至的照料。这个小男孩喜欢玩弹珠,长大以后依然保持着自己的爱好,对打架斗殴不感兴趣。从小学开始,索尼就表现出很强的倾听与学习能力,也从没有因为写作业而气急败坏。一次智力评估显示,他的智商略高于平均水平,达到了104分。[2]然而他的学习成绩并不好,尤其是数学。他看不懂教材,被代数方程打得一败涂地。他的平均分倒是没跌到零分的地步,但也好不到哪去。老师认为基于他这样的智力水平,只拿到现在的分数实在是表现一般。要知道他的家庭情况非常稳定,而且从不缺母亲的关爱。

塞林格的母亲与他过于亲近,以至于姐姐桃瑞丝会感到难受。她感觉自己被排除在外,这种形影不离的母子关系是近乎排他的。玛格丽特·塞林格,作家的女儿,曾说有一次和桃瑞丝姑妈谈起自己儿子的教育问题。桃瑞丝在布鲁明戴尔一家纽约大商场工作,关于这个问题她是这样说的:"不要让孩子成为你生活的中心,这样一点好处也没有。妈妈就是这样为她的孩子们活了一辈子。"后来他母亲意识到"也许索尼也可以像

---

1 哈莱姆区为纽约的黑人居住区。——译注
2 来自《故事》期刊档案,文件来自普林斯顿大学燧石图书馆(下面以《故事》期刊档案,BFP》简称)。

其他人一样成功"。塞林格的姐姐补充道:"那时候总是索尼和妈妈、妈妈和索尼在一起。爸爸从来没有一个合适的角色。他从来没有被人好好了解过。"[1]

直到母亲去世,塞林格都活在母亲的关爱之中,童年的索尼始终被母爱所包围着。这也就能解释《麦田里的守望者》中的献词了:"献给我的母亲"。

然而,他的父亲紧密关注着儿子的学习情况。他在学年结束时被送去夏令营,同其他很多与他同龄且来自优渥家庭的男孩们一起。1930年夏天,正值十一岁的小塞林格,跟随夏令营来到了缅因州哈里森草屋,呼吸到了乡下的空气。他网球玩得很好,"很会社交"——目睹他如何打网球的人会这样来形容他,包括之后在部队,他也得到了同样的评价。在一次创作演出时,他发现自己对戏剧很有兴趣。他报名加入喜剧剧团,表现令人惊喜,还得到了"最受欢迎演员"的称号,给父母增了光。目睹戏剧界冒出的新星令他更加热爱这门艺术,他发自内心地感受到了动力。有一段时间,他甚至想要日后以戏剧为生。

当我们把他的青年时光进行一下分割,会发现那时的塞林格所具备的性格属于一个被疼爱、而非被溺爱的孩子。直到他成年,这种性格在他身上仍然留下一些印记。作家威廉·麦克斯韦从1950年代起就与塞林格熟识,他曾在《纽约客》上发

---

[1] 玛格丽特·塞林格的书《梦幻守望者》。

表过短篇小说，1951年《麦田里的守望者》在美国面市的时候，当月的新书俱乐部的小册子上曾有一篇麦克斯韦写塞林格的文章。文中全篇都在称颂塞林格的天赋，他能"像福楼拜一样写作"，"有着无尽的体力、无尽的耐心，对写作有无尽的新点子"，麦克斯韦写他是城里长大的孩子，要不然就是富裕之家出身，衣食无忧。为了证明这一点，他说塞林格的圣诞节玩具全来自梅西和金贝尔氏百货，那是象征着纽约商业界高品质勋章的百货公司。同样的结论还来自塞林格长期居住的父母家的公寓地段，公园大道是当时最时髦的居住区，住那里的人会打出租车去中央火车站开始度假之旅。"孩童时期的塞林格，"麦克斯韦写道，"在外地人一眼就能认出的地标性建筑边上玩耍，而他自己从来不知道那些建筑叫什么。他在中央公园骑自行车，还曾掉进过公园的湖里。"

这么说可能有点揶揄，似乎是在讥讽那些想要获得尊重的人。但是威廉·麦克斯韦曾经用和缓的措辞解释过，这只是一种"成年后才来到城市"和"从小就出生在城市"的区别，"因为拥有在纽约长大的童年毕竟还是一种很独特的经历"。

到了1932年秋，塞林格进入麦克伯尼学校，这是一座坐落于百老汇与中央公园之间的63街5号的私立男子学校，专门研究意大利建筑。旁边就是他喜爱去的自然历史博物馆，公园的草坪上绿树成荫。当他还是小孩子时，就很喜欢在美国印第安文明展厅里跑来跑去。若干年后，他还记得从口袋掉落的玻璃弹珠从博物馆的大理石地面上弹起的声音。

塞林格十三岁那年的9月26日进入麦克伯尼学校。十九世纪第一位基督教青年男子协会[1]秘书长罗伯特·罗斯·麦克伯尼制定了基督教校规，这些校规反映在学校的课程之中。学校是新伦巴第建筑风格，墙体是红砖，正面有一个带齿轮结构的平台，在这所学校，所学的知识与遵守的规矩都有对应的严格条例，一切活动都要遵循刻在石头上的铭言："精神，记忆，身体"，从学校外一眼看上去总是那么扎眼。学校内部，首先映入眼帘的就是贵气的英式教学楼，上面嵌着由来自锡耶纳的泥土上釉制成的方砖，还有彩色的圆形石，绿色、赭色、砖红，有上着漆的文艺复兴时期风格的横梁，还有高高的黑色大理石烟囱。更不要说那座金斯利小教堂。在塞林格就读的那个年代，孩子们从街的7号门进入学校，穿过装饰有动物和忏悔者雕塑的柱子进入课堂。到了1980年代，校训变成了"要去思辨"，由于土地的价格涨势凶猛，这幢建筑之后被改造成了公寓，对基督教年轻男子协会来说，这么做回报更为丰厚。

在麦克伯尼就读的两年期间，塞林格的成绩还是落后很多。他那平平无奇的成绩只能让他勉强维持中游水平。然而课外活动是他擅长且表现优异的方面：无论是编辑校报，还是花式击剑，他都表现突出。

同时他仍被戏剧的魔力牢牢抓住，也不排斥扮演反串角色。他曾经在两场演出中演过女性角色。在剧目《玛丽的脚

---

[1] YMCA，基督教青年男子协会。

踝》中，他演绎了伯恩斯夫人，在《琼西》中，他扮演了母亲的角色。老师们对他的称赞是"在戏剧艺术方面表现极好"，以及"口才好"。但是在其他方面，塞林格过得很艰难。他的分数一年不如一年；英语成绩从80分跌到了72分，拉丁语也一落千丈。代数成绩全班十八人排名第十五名，老师对他的批语是"本来可以做得更好"。生物则考到了全班十二人的第五名。基于学校的综合衡量标准，他的成绩是不达标的。即使他夏天在曼哈斯特学校补习，最后还是没避免被开除的厄运。一直关注他成绩的父亲对此十分恼火。1934年6月，学校还是给出了判决：塞林格，鉴于考试不通过，望其转学。他明明很有天赋，老师也主动给他开绿灯，但他们遗憾地发现"努力"这个词对于塞林格来说太过陌生。有时他也会得到老师们的赞扬。考虑到他的性格，人们在看到他的学业证明时，会发现他在学校的最后一年"深受青春期的困扰"[1]。

也就是在那个时候，父母告诉他和姐姐，母亲的真实名字是玛丽而不是米利亚姆。虽然她出生成长在一个严格遵循天主教教义的家庭，但是在她婚后，她被要求改信犹太教。这极可能是出于父亲的意愿，希望妻子能够信仰自己的宗教。塞林格的祖父是一位医生，名叫西蒙，同样也是肯塔基州路易斯维尔市一所教会的犹太教传教士，他希望这对夫妻可以有相同的信仰。

---

[1]《故事》期刊档案，所有涉及塞林格在麦克伯尼学校的成绩单资料均来自普林斯顿大学燧石图书馆。

1933年1月,年轻的塞林格情况变得更为糟糕。那一天是希特勒占领德国的日子,同样也是他的十四岁生日,以及完成犹太成年礼的日子。他父母的信仰秘密令他在今后很长的时间里都感到困扰。成为作家以后,在一篇描写自我认知的原稿中,他强调自己所创作的人物中有"一半犹太人"性格。"因为这是他更熟悉的"[1],他的女儿说自己的父亲曾这样向她承认。

在父亲看来,索尼平庸的成绩并不重要。如果说有什么期望,那就是希望他转行从商。他希望能强行扭转儿子的想法,离开这条错误的道路。有一个地方看起来很适合他重新接管儿子的生活,那就是瓦利福奇军事学校。这所院校就是为了教育像塞林格这个年纪的年轻人而建立的,它坐落在韦恩,一座位于山谷中乡村腹地不起眼的小城市,距离宾夕法尼亚州的费城两个多小时的车程。索尔·塞林格由于生意原因被叫回纽约,他让自己的妻子帮助塞林格在现场填写注册入学表格。这种事情不会经常发生,因为他不会轻易下放自己的权力。看看学校档案馆里面保存的入学文件上的签字,仿佛这就是塞林格"唯一的家长",主要居住地写的是:纽约,"公园大道1133号"。在宗教信仰那一栏,只写了一项:犹太教。这是他父亲所信仰的宗教。

入学时间被定在1934年9月22日。在那之前两天,塞林格的父亲给军队神甫瓦尔德玛·伊凡·鲁坦少校写信,一封

---

[1] 引自玛格丽特·塞林格《梦幻守望者》。

手写的信中顺带夹着一张50美元的支票，用以支付注册费用，在信中他保证一切都安排好了，杰罗姆周六上午一定会出现在瓦利福奇。

  亲爱的鲁坦少校，如果我有任何做得不妥之处，请您致电或给我发电报，费用由我承担。
  如果我有任何遗漏或是您需要更多信息，请不要犹豫，与我联系。
  也要感谢上周二塞林格夫人以及我的儿女拜访您时，您的亲切接待，我想要补充的是，他们回来后表示，您的魅力给他们留下了深刻印象。

  这位专横又忧虑的家长为了确保儿子能走上正轨，在结尾处写道：杰罗姆一定能够走上正确的道路，我坚信不疑，我可以向您保证，他一定会好好学习的。

  塞林格穿上了蓝灰色校服，扣子一直扣到领口，头发被剃成了板寸，反差很大的大耳朵露了出来，额头变得更加显眼。瓦利福奇军事学校1934年秋季入学登记照片上的塞林格有着一颗很滑稽的脑袋。他的状态，与其说是叛逆，反而更接近于被抛弃。他还是个孩子。学号234，在低年级就读，他需要牢记校训和内部的规矩，这是将自己塑造成一名遵守纪律的战士的必经之路，学习保家卫国的入门知识，所以他表现出很大的学习热情。还有一条没有被写进学校条例的规矩，就是要改善身体素质，一点点消除这些新兵的旧习，消除他们的舒适感，消除他们的小怪癖，以及消除他们的"个性"，海军会将他们塑造成"全新的人"，以便符合瓦利福奇的校训："勇气，荣誉，征服"。

向右看，向左看，向右看，向左看，所有人齐步走！最开始的训练是走正步，头要挺得笔直，双眼注视水平线，在一名高级军官的眼皮子底下练习，比如斯特恩中尉。塞林格被分配到代号为"B"的步兵连，在那里学习使用美国生产的斯普林菲尔德步枪。早上学习，下午进行体能训练，或者是拉练……做完这些之后，就是去军队食堂准时吃晚饭。每周一到两次，军队会进行检阅，类似于阅兵。连长在圣科尼利厄斯教堂的宗教办公室做事，这可以让他在指挥官面前抛头露面。

军队的气氛充满了阳刚之气，让人很难胡思乱想或是做白日梦。每天严格遵守军营的作息，早上6点在军号声中醒来，塞林格一如往常地整理床铺，洗漱，刮胡子，整理仪表，鞋子擦得锃亮，军装的扣子擦得发光。房间也要收拾得干净整洁无懈可击。晚上的熄灯时间是10点。有时，他会有意违反一下规矩，和他的好友奥尔顿·P.麦克洛斯基中士，翻墙溜到通往圣戴维兹乡村俱乐部的路上，在位于角落的四角酒吧喝一杯啤酒。他用这种方式来打破常规。学生们罕有属于自己的私人时间，假期变得相当令人期待，因为那时他们可以从军装里暂时解脱出来。

就像在之前的学校里一样，在瓦利福奇，塞林格也得到了善于社交的评价，但不是缺乏个性的那一种。如果要用一个准确的词去形容他，那就是一个有点脱离大众的人物。合群不是他的天性，他的行为也带有一丝对于其他同僚的蔑视。也有例外情况，他有一个值得信任的朋友圈子。在这个圈子之中，他的英语老师会时不时邀他同他的夫人一起喝下午茶。

这所军事学校有自己的惯例活动。每一年，学校都会出版一本名为《十字军刀》的周刊，这本刊物装帧可谓奢华，内容五花八门，目的是为了表彰学校里品质优良的学生，以及学校里的好人好事。塞林格是这本周刊的文学编辑。那些品行最优的学生会被介绍刊登出来，他们的照片、优良品德，以及他们所拥有的好习惯会被写为优秀事迹。当我们找寻关于他那几年的线索时，会发现信息极为有限。1935—1936年的册子显示，他获得了下士军衔，参加了各种各样的活动——从室内田径运动到合唱团，从航空学到法语课。他还是"面具与马刺剧院"的成员，在校园演出的戏剧剧目上也花了不少心思，尤其是桃乐茜·帕克[1]和珀西瓦尔·王尔德[2]的剧目。这似乎并不是一份完美的"军事"履历，同时他也是《瓦利福奇周刊》的临时文学编辑；他做得很成功，但没有被人提及。当塞林格成为我们所熟知的作家时，他之前的同学们谈到他对文学和戏剧有极高

1　桃乐茜·帕克，原名桃乐茜·罗斯查尔德（1893—1967），诗人，评论家以及好莱坞的电影编剧，她非常善于创作精湛的文字游戏和讥讽性的语言。
2　珀西瓦尔·王尔德（1887—1953），短篇小说家，侦探小说及幻想类小说家，于1914至1922年间创作了大量的戏剧作品。

的兴趣，经常在熄灯之后躲在枕头下面写作。这无疑增加了这位早熟作家的神秘性。

在这种身心都被男性化所占据的环境中，女性的出现，甚至仅仅是匆匆露面，都足以变成一场事件。有一天，塞林格的母亲来探望他。很久之后，同学们再次见到了她。"我记得在学校里遇见过，"理查德·P.冈德下士说，"这位女士极具魅力，举止优雅，非常引人注目，她很爱自己的儿子，看起来儿子就像是她的唯一。"杰罗姆非常乐意高声朗读寄给别人的信，在信中，他讲述了在瓦利福奇的生活。但是这些信最后去了哪里，只留下无尽的迷思。

盖伊·伍德沃德中士补充道："塞林格母亲让我们十分难忘。她很美，卓尔不群，着装也不同寻常。这是一位你根本无法忽视的女性。"接下来他所说的话，对于那些之前怀疑他母亲非常溺爱儿子的人来说，是一个佐证。"就我所记得的而言，"中士补充，"她是坐一辆很大的豪华车来的，是时髦的款式，来给他送曲奇。他家看起来很有钱。"

在学校里，穿着军装的学生们几乎看不出有什么差别。在这连成一片的建筑里，所有人都驻扎在军营。宿舍排成一排，从这头走到那一头要经过长长的走廊，走廊被灯照亮，更加重了制度严格的意味氛围。学生们两人一间住在逼仄的小房间里。塞林格在很长的时间里与一名叫作阿尔弗雷德·萨内利的人分享一个房间，对于这个人，我们知之甚少。床架是铁做的，形状就像整理架。食堂里给所有人发放一样的食物。即使是在这样严肃的学校环境与生活条件下，这两年的底层军队生活似乎没有影响塞林格的心境，这一点从他1936年6月与学校毕业前所作的歌词就可以看出。《不要隐藏自己的眼泪》后来成了学院的校歌，一年又一年，学生们在完成学业时唱诵着这首歌，带着一丝自豪。歌词抒发着胸中的情感：

> 在这最后一天，不要隐藏自己的眼泪
> 你的悲伤，并不是一种羞耻：
> 从此以后，再也不能身穿灰色军装列队其中
> 再也不能继续这游戏……

后面还有：

> 火把闪烁，军号吹响
> 我们会牢记军规
> 年轻人们笑对现在：
> 我们将带着遗憾出发。
> 彼此说了再见，我们还有前面的路
> 去追逐成功。
> 我们将离开瓦利福奇
> 让我们最后一次怀念此处……

歌词中的怀旧之情反映出塞林格当时的心境，也只有他自

己能言说。由于他一直不是个能言善辩的人，这份歌词或多或少表达了他对这段回忆的真实回顾。反过来说，这段在学校的经历也在他身上打下了烙印。在写《麦田里的守望者》时，基于自己的经历写出潘西预备学校，也就是小说的主人公霍尔顿·考菲尔德就读的学校。不同之处在于，小说中描绘的学校气氛比歌中所唱的更为阴郁压抑。他这样写究竟是对现实的扭曲，还是将心中隐秘的痛苦抒发出来？实情可能是两者参半。

塞林格在1936年6月脱去了在瓦利福奇的军装。他重新回到了纽约东街91号和公园大道1133号东南角交界处的公寓。有可能那时他与父亲有过几次争吵，父亲只想让自己的儿子挽起袖子投入现实生活中。国际食品贸易对于他来说似乎是最容易生存的领域，能给他提供一个有保障的未来，这无疑是父亲设想的理想结局。接受良好的教育，就是为了这个。他的父亲对此深信不疑。儿子却焦躁不安，就像晚些时候玛格丽特·塞林格所亲历的。"当时我还小，对于家庭型的企业一无所知，父亲在这件事上表现出的就是缺乏能力"[1]，作家的女儿证实道。杰罗姆最终同意了父亲的想法，当年秋天，他注册进入纽约大学。没有人知道他究竟是否真的在那里学习过课程，关于他的学业档案，一丝痕迹都没留下。

然而，塞林格正在经历自我探索的过程，就像他在往来书

---

[1] 摘自玛格丽特·塞林格，《梦幻守望者》。

信中写到的一样。他见证自己成为令《纽约客》惦记的专栏作家，成为智力测试方面的"超人"；只是那时他还什么都没写，一切都需要后面的事情来证明。他想要尝试戏剧。做夸张的表演，他不怕直面观众，但他的所有经历使他成为一个令人尊敬的业余玩家。他四处拜访剧院，想寻觅一份工作——就算不是从事他最喜爱的喜剧也行——但不幸的是，没有任何一家剧院向他投出橄榄枝。

1937年维也纳，难忘的一天

1937年秋天，遵照父亲的要求，塞林格启程去往欧洲，在那里度过了几个月，行程是先从维也纳开车到位于波兰边境的比得哥煦，随后再回到维也纳，之后途经伯恩、巴黎、伦敦，最后回到纽约。

他究竟是哪一天抵达奥地利首都的？待了多少天？这些问题都没有答案。伊恩·汉密尔顿，塞林格的第一位传记作家，说这次旅行持续了五个月。1953年11月一篇来自佛蒙特州温莎女子中学的简短采访中，雪莉·布兰妮，一位成功竞争"上位"的女孩，向塞林格提了几个问题，他说自己曾在欧洲待了十个月。

早在十几年前，确切地说是1944年11月，在一封写给《故事》期刊编辑惠特·伯内特的自我介绍中（虽然最后并没有全部出版），塞林格写道："当时我十八九岁，在欧洲度过了一年的时光，大部分时间是在维也纳。"[1]十个月在维也纳，两个月在比得哥煦。

---

1 摘自《故事》周刊1944年11—12月刊中，J.D.塞林格为其小说《一周一次，不会害你丧命》所写的自我介绍。

在这趟毕生难忘的旅行中，他结识了一位同龄人，这位年轻人名叫唐纳德·哈托格，是一名英国人，他的父亲是索尔·塞林格的朋友，就像他父亲一样，也是一名犹太人。两人在之后的很多年间保持密切的书信往来，虽然没有确切的证明，但这是事实。两人均被送往维也纳，学习德语和肉类贸易，也就是追随他们的父亲所从事的事业。"我想他们的父亲认为儿子也会从事同样的职业，所以觉得德语会对他们有用，"哈托格的女儿弗朗西丝·哈托格，在大英博物馆旁边的一家伦敦小酒馆接受采访时说，"我父亲将这条路坚定地走了下去，但是很明显杰瑞没有这样做。"这是塞林格成年之后的名字。

　　在那时，他所看到的欧洲正经历着衰败与动荡，这给塞林格留下了难以磨灭的印象。那个时期的维也纳，如同神殿一般，闪烁着最后的圣光，美丽非凡，对他们来说，生活就像拥有一切可能！他们两人都正值青春，十八岁的年纪。"那时的维也纳多好啊。"[1] 塞林格在即将迎接七十岁生日时发出这般感叹。两位好伙伴组成了一个友好又快活的小团队，队里还有弗朗西丝·罗宾逊，一位与他们同龄、充满活力的年轻姑娘，带着一股天生的活力，他们认为这位姑娘具有谜一般的魅力。但塞林格回应这位姑娘的是巨大的失望，因为他性格反复无常，之后还会有很多事都印证了他异于常人的性格。而且，数年之后，塞林格在战争中经历了很多，他说不清自己算不算"幸

---

[1] 塞林格于1989年6月29日写给唐纳德·哈托格的一封未被出版的信，UEA。

存者",这就好比说一个人在恐惧中存活下来,是否值得庆幸一样。

他也很有幸认识了比比·萨菲尔,一个十四岁的犹太小伙子,穿着传统蒂罗尔短裤的他令人过目难忘。塞林格曾住在比比的父母家。这间公寓位于一幢带阳台的房子的顶层,房子面对一座覆盖着松树林的小山丘。他们在奥地利首都,远离父母监管,日子过得简单而快乐,他与哈托格一起漫步在音乐厅旁的公园,在市政的艾斯洛夫林溜冰场溜冰,或是去斯维登基诺看电影,抑或简简单单去萨菲尔家吃顿饭。那可真是一段美好的时光。在科尼什的那些年,塞林格会经常去买些"咔嚓",这是一种剥了壳的荞麦籽,可以用来制作一道东欧人民很喜爱的传统菜肴。但令他非常遗憾的是,后来当他做出来,发现再也找不回当年在寄宿家庭所尝到的味道了。

1938年年初,那时希特勒和他的铁骑还没有到维也纳的城区,但局势的动荡已经在空气中弥漫开来。塞林格预感到一场灾难即将到来,虽然他也说不清这场灾难具体的模样。但有一些事情已经预示着,欢乐即将从维也纳这座如此有魅力的城市里褪去,而导致它消逝的,正是那一年3月发生的德奥合并事件。德意志国防军开始驻扎奥地利。奥地利与德国的合并成了历史性的转折点。那一刻之后,时间就分成了"合并前"与"合并后"。无论怎样,塞林格是曾经在"合并前"生活过的人,所以他笔下的回忆总带着之前的色彩。战后当他与好友哈托格重聚时,他轻松愉快地就能说出当年"合并前"他们一起游玩的那些地名、咖啡馆的名字、电影院的名字，"除了我们，其他任何人都没有听说过的地方"[1]。这是那些年留下的好的一面。

在那之后不久维也纳也惨遭蹂躏，他的预言被证实了，在更之后，战争结束，和平回归。他并没有觉得那些叛国者的行为有何卑鄙。一天在纽约，他意外邂逅了萨菲尔，那时他已经变成一名上了年纪的男人，在电影售票处工作，头发稀疏，已不再是那个生命力旺盛的男孩，他们聊起了过去。萨菲尔向他讲述一家人在何种情况下匆匆离开了奥地利。一切都是因为一个他们家信任的厨师将他们告发，她曾经是他们的仆人与家丁。他不知道她这么做是出于惊恐之下的反应还是一种突然迸发的天性，萨菲尔真的不太清楚。他们只有尽快逃往特拉维夫，在那里平安脱险。

塞林格与萨菲尔一家走得越来越远，虽然他从未完全忘记他们一家人。他还听到过几个故事，结尾总是还有很多很多类似的事情发生过。这就是为什么战后他一直保留着当年美好的回忆，没有再踏足奥地利首都，他于1980年代回到维也纳，那也仅仅是为了让他的儿子马修认识这座城市。

德奥"合并前"的维也纳时光是如此美妙，在他心里刻下深深的烙印，以至于他以此为灵感写出了《一个我认识的女孩》。但是现在，他把这段经历只当作自己人生中的一段插曲，

---

[1] 塞林格于1986年2月9日写给唐纳德·哈托格的一封未被出版的信，UEA。

直到 1944 年为《故事》周刊投稿时才回过头来审视过往,并写在自己的作家介绍里。

"他发现维也纳最好的华尔兹舞者是一位身高超过一米八,身材丰满的英国姑娘。她经常会用纯正的英语大声向乐队指挥请求:'您能不能帮忙演奏《维也纳,维也纳,你是我梦中的城市》?'"

塞林格是跳舞高手。在一封给他的老朋友、舞场旧友"唐",即唐纳德·哈托格的信中,他回忆起这位年轻姑娘曾经多么恳切地请求与他共舞一曲。后来她请求再跳一支舞,然后还有第三支、第四支。他从美国带来的吸烟装[1]由于尺寸大太多,几乎从来没有穿过,"垫肩就像是被撑起来过"[2],但是这丝毫不影响他的风度。当回想起自己带着女孩跳舞的样子,他甚至也为自己的行头感到骄傲。但是有一个问题把他给难住了:"她的名字是什么来着?"他问自己的老朋友唐,唐告诉他,她叫贝蒂·斯特罗纳克。

塞林格忘记了自己舞伴的名字,也记不清在那里究竟待了多久。然而他还记得自己父亲的要求,他已经拖延了在维也纳学习德语的时间,后来他继续去波兰学习当地习俗,以此来熟悉火腿的贸易准则。

---

[1] 吸烟装(LeSmoking)在最初的时候是指上流社会的男士在晚宴结束后,脱下燕尾服坐在吸烟室里抽烟,换上那种黑色轻便装,也叫"烟装"。——译注
[2] 塞林格于 1995 年 7 月 17 日写给唐纳德·哈托格的一封未被出版的信,UEA。

巴黎对他来说是短暂的停留，他没有太多时间精进法语。在这段短暂的旅程中，他感受到了许多，还遇到了小说家威廉·麦克斯韦。他强调自己在维也纳时在一户奥地利人家中生活，还说自己"除了学习出口准则，还学习了一点德语，以及深入了解了人性"[1]。

　　几年之后，塞林格回想起在波兰的日子，语气中带着一份从容。"在比得哥熙他们最后培训了我大约两个月，在那里我给猪放血，然后在大雪中和一位经验丰富的屠夫把这些猪运上车厢"。

　　晚些时候他将这段模糊的回忆和目睹的事写进小说《为埃斯米而作——既有爱也有污秽凄苦》[2]，里面有一幕是军队的一位战友将自己暴力卑鄙的行为拿来吹嘘："这个肮脏的杂种在往洞里躲时被我们发现了，他被狠狠揍了一顿。"

　　1937年冬天，塞林格来到比得哥熙。这座位于维斯瓦河边的城市商业气息浓厚，物资富饶，仿佛还停留在十九世纪，女人们穿着低筒靴，头戴帽子，身着长长的黑裙，高大的历史建筑保留着十九世纪被普鲁士占领时期的新古典主义风格。德国人在一百五十多年后再次出现在这片土地，他们集结起来，作为一个团体统治着这里超过十三万人口的居民。他们说着本

---

[1] 来自1951年7月当月新书俱乐部威廉·麦克斯韦的文章。
[2] 来自《九故事》，第一次（1961年出版）标题被译为《为埃斯米而作——既有爱也有污秽凄苦》，2017年被译为《为埃斯米而作——我把所有污秽献给你》。

地的语言，积极参与城里的政治、经济和文化生活。他们中有些人被希特勒民粹主义和好战主义的演讲所吸引，自认为是救世主，甚至蔑视波兰法律。但最先让塞林格感到震撼的，是铺着石砖的宽阔街道、四通八达的有轨电车铁轨和穿越纵横的马车道、庄严大气的广场、剧院和肃穆的犹太教堂，这些建筑都在1940年被德国人夷为平地。市政登记簿上记载：塞林格来到这座城市，入住一家随父亲移民到东欧的家庭的这一年，全市共有犹太人2076名。他们中的一大部分刚从德国纳粹的手中逃脱，到此安顿下来。但是他们在这里也被当作异类对待。他们受到社会的歧视，既没有小学也没有中学可以接受教育，他们被迫往返波兰或德国的学校念书。根据一项普鲁士占领时期的传统，每个月无法证明有1000塔勒，也就是现在的600欧元收入的家庭，要被遗弃在高墙之外，去到福登，一座距离比得哥煦十几公里的小镇生活。

  在城市中心，离蜿蜒的水渠不远处的布列达，红砖砌成的一座座屠宰场组成了耸立的防御墙，每天有几百只动物被拉去那里放血，然后送去培根出口公司。大部分是猪肉，肥猪来自附近平坦广阔乡村上分布的猪圈，但也有牛肉、羊肉和禽类。这是一个兴旺的行业。鼎盛时期一天要屠宰750头牲口。城市的空气中总弥漫着一股血腥味，直到2000年部分屠宰场群建筑被破坏，这股味道才消散了一些。塞林格也呼吸着同样浓烈的血腥气味，有时早上4点他就要起床协助一名猪肉批发商做事，他恨透了这份差事。我们可以想象。肉质变软的牲口被翻斗车推到水槽前面，用钩子挂起来。之后是冷冻，然后被分装，变成火腿和肉肠，或是经过处理做成罐头。由于往美国的出口量激增，这项商业活动进步飞速。这里略微介绍一下培根出口公司。这家公司在波兰有好几处生产厂，在华沙有几间办公室，一个销售点和几个仓库，也生产用于生肉储存的冰块，以及动物骨粉。动物油脂、皮毛和角也可以经过处理做成可销售的商品。

塞林格去比得哥熙并不是偶然。是他的父亲安排的，因为在距离那里15公里左右有个名叫埃辛的小村庄，那是他们家族遥远的起源地。另外，对他父亲来说，给自己的儿子觅得一块属于自己的领地更容易，而不是在奥斯卡·罗宾逊的波兰屠宰场一直干下去，这位大老板坐的是芝加哥屠宰生意的头把交椅，索尔·塞林格曾经为他工作，并获得信任，成为纽约业务负责人。由于他品质和业务过硬，这位日后作家的父亲赢得了同僚们的认可，对公司的迅猛发展做出了巨大贡献，以至于他被受命担当总经理的角色，之后，他又被任命为火腿与奶酪行业企业联合会主席，从1947年到1954年期间持续连任。

根据比得哥熙的市政居民档案馆记录，当时塞林格住在位于威尔街44号的一幢外墙褪色的黄色房子里，就在屠宰场大门口的正对面，侧面有一座钟塔。他生活过的这幢建筑倒是经历了时间的变迁而不败。他只需要跨过一条街就可以去上班。但是他的职责不仅限于屠宰牲口。虽然他当时的业务水平不高，他也为公司编撰广告。

在波兰为期两个月的学徒期一满，他就决定返回维也纳。他启程出发了。1938 年 3 月 12 日，希特勒的军队席卷了奥地利。维也纳的犹太人区被破坏殆尽。放开手脚的纳粹实施了一场大屠杀。塞林格没有经历这一切。他在几天前就踏上了返程的火车。他先去了瑞士的伯恩，后来又去了巴黎做短暂的停留。这趟欧洲之旅的最后一站是伦敦，在那里他稍微放松了几天，去老维克剧院看了劳伦斯·欧利维出演的莎翁剧《奥赛罗》，之后踏上了返回纽约的邮轮法兰西号，三天之后，德奥合并事件发生了。

要去理解塞林格在这一时期的内心活动，最好的办法就是去探究他与父母的对话，他对于希特勒统治下德国扩张的看法，或是对于犹太人命运的看法，同时也需要去看他所写的作品，这些作品通常是受个人经历启发所作，还要去探究他与其他人的访谈，通过他笔下的人物和情节来寻找蛛丝马迹。比如他于 1948 年在《家中好书》杂志上发表过一篇短篇小说，这是一本战后专为受过教育的家庭妇女所办的杂志，主要内容是美容和流行时尚。在法国，这篇小说《一个我认识的女孩》并没有被出版，原文标题为《维也纳，维也纳》，与其说是一篇虚构小说，不如说是一篇自传回忆体小说，里面非常清楚地描述了塞林格当时的实际情况和他心中所忧。小说里的主人公说，父亲在他一学年的大学成绩不及格后，对他的失败表示失望，决定结束他的学习生涯，转而给他指引了一条从商的道路。这个孩子被送到维也纳和巴黎学习德语和法语,两门做生意用得着的语言。塞林格的回忆几乎不会出错。日期可能记不太确切,但是剩下的所有一切——他遇到的人,去过的地方,那些城市,甚至是发生过的对话——都重现了他1937—1938年在欧洲出游时的情景。他笔下的欧洲是他穿着美国陆军军装时的欧洲,那个欧洲在第二次世界大战结束时一同死去了。约翰,《一个我认识的女孩》的主人公,就是他本人的剪影,他每天要学习三小时德语。我们偶然得知主人公曾经买了三顶纯羊毛的蒂罗尔帽,他在布里斯托尔宾馆的吧台向一个长相非常特别的人借钱,此人是跳舞的好手,还是滑冰和滑雪爱好者,会听桃乐茜·拉穆尔[1]和康妮·鲍斯威尔[2]的音乐,这两位是1930年代和1940年代的美国之光,也是塞林格本人喜爱的歌手。最后,他还尝试写过戏剧剧本,如果没有这一点,这张自画像会显得不完整,这个爱好是拼图的最后一块。

透过公寓的窗户,二十二岁的小说主人公发现一名年轻的姑娘正倚在他家楼下的阳台,她名叫莉亚,芳龄十六岁,来自一个维也纳犹太人家庭。她说着不太标准的英语,正好他说着不太流利的德语。他们俩互生好感。他认为这个房间已经无法

---

1 桃乐茜·拉穆尔(1914—1996),十七岁获得新奥尔良小姐的殊荣,1936年被派拉蒙影视公司所聘用。作为演员和歌手,她曾与宾·克罗斯比和鲍勃·霍普在著名的系列电影《通往新加坡,桑给巴尔岛,摩洛哥之路》中合作过。
2 康妮·鲍斯威尔(1907—1976),爵士歌手,1930年代曾与其姊妹玛莎和赫尔维蒂组成鲍斯威尔姐妹组合。她曾与宾·克罗斯比在1942年的电影《月光心情》中合作,在电影中有一段精彩的个人表演。

承载她的美丽。然而,她已经有了未婚夫,并且准备在她十七岁时成婚。他们之间的羁绊最终也仅仅体现为在客厅的墙角一个慌张的拥抱。随后他离开了维也纳,继续旅行,下一站是去巴黎掌握第二种欧洲的语言,最后回到美国。他曾答应给她寄一本《飘》,但最终并没有寄成。相反,莉亚写信告诉他,她结婚了,他却无法给她写回信,因为她既没有写下自己的婚后姓也没有留下地址。他就像塞林格笔下的人物,经常错过一些机会。

这篇小说以一位生活优渥的年轻小伙子的口吻写成,他无忧无虑,与随后混乱的世界形成了强烈对比:希特勒的铁骑踏平了维也纳。"在维也纳被占领的几星期、几个月后,我都一直想着莉亚,"塞林格写道,"只是偶尔想想是不够的。有时,当我在最近的报纸上看到维也纳的犹太人趴在地上,等待被水冲洗的照片时,我会穿过宿舍走廊,冲回自己的房间,拉开书房的抽屉,拿出一把自动手枪,放到口袋里,然后不动声色地从窗口跳出,混进街道。""我不是那种会袖手旁观的人"[1],他决定采取行动。冷静沉着的塞林格下定了决心。"在欧洲战争期间,我在步兵的一个信息情报部门得到了一份工作。我的工作是审讯很多当地居民和国防军的囚犯。"小说的主人公以胜利者的姿态在几个月后跟随联军回到了维也纳,就像塞林格自己的经历一样。一个当地士官告诉他"维也纳的犹太人遭遇了非

---

[1] 《一个我认识的女孩》在法国未曾出版。

常恐怖的待遇"。在找莉亚的过程中，他发现她和她的家人被扔进焚尸炉烧死了。他坚持要回到战前他曾经住过的公寓再看一眼，回到那个两人第一次相遇时莉亚倚靠的阳台，他在脑海中补全了永远不可能实现的一幕，两人的重逢。然后他走下楼梯，一言不发地离开了那里。

作家之初

塞林格穿越大西洋，游历了欧洲。1938年，春天刚刚到来的时候，他回到了位于中央公园大道的公寓，回到了父母身边，此时的他已不再是一个游手好闲的年轻人。但他的父亲仍对他不满，他觉得瓦利福奇军事学校和郊外的新鲜空气对他很有好处，所以这次把他送到了宾夕法尼亚的乌里诺大学，仍是一所乡下的学校，以便于他重新开始学习生活。现在他十九岁了，变成了一个身材颀长的男青年，双眼有神惹人注目，他不怎么爱笑，但这样更显沉稳。他的目光热切，由内心深处散发出来。当他在瓦利福奇的昔日同窗理查德·P.冈德再见到他时，这位自从毕业典礼后两年都没见的同学发现快认不出他了。"他变得很有精神，非常幽默，妙语连珠，说起话来游刃有余。"他如此回忆道。他发现在如此短短时间内，塞林格的外形也发生了巨大的变化，这让他惊讶不已，"他完全褪去了十七岁时我认识他时的少年的模样，"他说，"他变成了一个高大的成熟大学生，气质阴郁，浓密的睫毛下面有一双会说话的大眼睛。"[1]

---

[1]《故事》期刊档案，BFP。

到了秋天，在距离瓦利福奇半小时车程的乌里诺克里奇维尔，一个外省的乡村，迎来了新一届寄宿生塞林格，他拉长着脸，把他的包放在学校柯蒂斯前厅，他感觉很受伤，尤其是为了一位名叫弗朗西丝·蒂埃罗夫的年轻姑娘。男孩们没有特别注意到这个人。如果是最有观察力的学生可能会注意到他咬指甲，他那又长又敏感的手指末端被尼古丁熏黄了。塞林格给人一种成熟的见过世面的印象。他是那一届校园里唯一一个从纽约来的学生，1939年1月出来的成绩单上明确写着，他来自纽约大学，但是那时没有任何东西可以证明他真的曾在那里待过。他有属于自己的单人宿舍，302号房间，由蓝色石头建成的宾夕法尼亚寄宿楼对面则是普法勒科学部[1]。塞林格注册了英国文学和写作课，第一学年还注册了生物和历史，第二学年注册了法语和数学。他的成熟是大部分同学所没有的。塞林格与弗朗西丝相处得很愉快，她回忆他是一位"帅气有礼的男孩，带着纽约式的处事风格，穿着切斯特菲尔德牌黑色大衣，将天鹅绒的领子立起来"[2]。两人感情甚笃。后来她嫁给了另外一个人，婚后改名为弗朗西丝·格拉斯梅尔。当他创作《弗兰妮与祖伊》时，她的夫姓给了塞林格灵感，于是就有了"格拉斯"这个名字。

在乌里诺，他也不曾忘记好好地打趣一番弗朗西丝，塞林

---

[1] 由乔治·爱德华·普法勒博士（1874—1957）命名。他是放射学专业的物理学专家，曾担任塞林格就读的乌里诺大学管理委员会成员。
[2] 摘自宾夕法尼亚，克里奇维尔，乌里诺大学档案馆。

格向她建议陪她和她的丈夫一起去度蜜月，还建议她把第一个孩子，如果是个男孩，就取名索耶·格拉斯梅尔，向马克·吐温笔下的汤姆·索亚致敬。他们在40年间一直保持着联系。当塞林格发现她准备与英国诗人及记者伊恩·汉密尔顿合作时，便断绝了与她所有的联系。他受到了刺激，这是因为他看到了汉密尔顿所写的传记《寻找塞林格》。他因为他们的草率行事而盛怒，主动断绝了来往，然而她的做法并无恶意，她只是真诚地想帮忙。

无论他的性格怎样，当年在乌里诺的弗朗西丝觉得他风度翩翩，他的幽默中带有一种尖锐，常常能把走廊上的人逗得哈哈大笑，而且他还有强烈的信念，那就是一定要写出能发表的作品。塞林格没有掩饰自己每周为大学的报纸工作的事，报纸就叫《乌里诺周刊》。她回忆道："他写的那些大胆的专栏文章非常好笑。他总是很卖力地工作。"

他的作品每周一会刊登出来，第一次刊登出来的文章题为《一个善于交际的二年级大学生的幻想》，刊登日期是1938年10月17日，是一封写给母亲的信，写在一个专栏里，篇幅简短，口吻轻松，一气呵成。他在信中言辞巧妙，描述了很多自己的真实状态，他在里面拿自己的现状以及与父母的关系来打趣。

"亲爱的妈妈，"他在这封只有几行字的"信"中发出了质问，"你和你的丈夫没能够正确地培养我。"他使用双叠韵词来哀叹自己的不幸，这些词无法直译得当，"学校生活对我来说索然无味——你亲爱的，悲伤呈上。菲比·弗罗什。"[1]

大学生活给这位作家提供了不少灵感。在另一篇专栏中，他写到了一位菲比姨妈，他非常中意这个名字，后来他给《麦田里的守望者》主角霍尔顿·考菲尔德的妹妹也起了这个名字。就是在那时候他积累了很多写作的素材，酝酿着之后将要诞生的小说。之后他又写了一篇名为《故事》的文章，在里面，他以未成年人的口吻，讲述了一个现代神话。这篇文章实际上也是他的自述："从前，有个年轻人想要长出胡子。这个年轻人不想为像他父亲这样的人工作——也不想为其他不讲理的人工作。所以，他回到了大学。"他用这种可爱的、玩世不恭的态度来描述他与至亲的关系，把自己描述成一个洒脱自在的毛头小子，进行着不温不火的反叛。说到胡子，之后他在二战期间一直留着形状优美的胡子。

而下一周，周刊的专栏文章成了《J.D.S 搞丢了的文凭》[2]，他还组织了一场与读者的私人见面会，期间他嘲讽了罗斯福。他编出了一部发生在美国总统富兰克林和他的夫人艾琳诺之间的对白剧，里面有轻微的讥讽和嘟嘟囔囔的对话，总共有三幕和一个收尾。

每次他都会在作品里加入言语粗鲁的对话。每当他写出一篇戏剧评论、电影评论或者是电台节目的评论，都会被视作言语尖酸或刻薄的风格。他对玛格丽特·米切尔笔下最受欢迎的

---

[1] 乌里诺大学档案馆。
[2] 《J.D.S.搞丢了的文凭》载《乌里诺周刊》。乌里诺大学档案馆。

小说《飘》的女主角斯佳丽的刻画是:"有点斜视,大兔牙",要么就是"她穿 42 码的鞋"。

另外,他对海明威也没有手下留情,他指名道姓地说,他第一场大剧院的剧目是天才级别的,是他过去作品中最值得骄傲的一部。"但自从《太阳照常升起》《杀手》和《永别了,武器》之后,海明威就开始不认真写了,而且过于唠叨。"塞林格这样写道。他的咄咄逼人其实有种矛盾情绪。他像一个未成年人,一个不愿意被大人们所左右的大学生。但同时,他又很向往这位作家的成功,海明威经历过战场,从一战中和西班牙战争中死里逃生,以至于在解放巴黎后塞林格热切地赶往利兹酒店,欣喜万分地接受海明威对于他在周刊发表的小说的赞赏。

塞林格对于斯科特·菲茨杰拉德则从来不会怀有任何成见,阅读他的作品总能带给塞林格无边无际的愉悦感。"上帝啊,我多么喜爱这个男人"[1],他在写给朋友伊丽莎白的信中直言。在这封信中,他还写道自己"该死的愚蠢评论"总是揪着这些"天才"作家的小怪癖不放……海明威是因为他说话晦涩,托马斯·沃尔夫则是因为饭量太大。在他看来,只有菲茨杰拉德才是特别的存在,只有对他才保持着纯粹的好感。

他在乌里诺实施的每周一次的评论"屠杀"中,有一个例外:编剧让·季洛杜,他会推荐人们去看他的剧目《安菲特

---

[1] 摘自 1941 年 10 月 2 日写给伊丽莎白·默里的信,收藏于特克萨斯,奥斯汀,哈里·兰瑟姆中心(以下用 HRC 代替)。

律翁》，对他来说，这一部从古至今成功搬上舞台的剧目，是一部集大成之作。电影方面，能让他心跳加速的是马克斯兄弟的作品，虽然他对《客房服务》的评价有所保留，他也很喜爱斯宾塞·屈塞和米基·鲁尼，这两位是好莱坞黑白电影的怪才导演。

在受古斯塔夫·福楼拜的《庸见词典》[1]启发而作的小说《校园词典》中，塞林格同样挖苦了大学生活。他把"系主任"比喻成"一小撮每天晚上睡够八小时的人"，每次"笔试"的时候都能见到"大部分人因为讨厌的考试，手上都起了老茧"。他以小孩子的方式写出了一种幽默感。谈到"休息室"，在他看来就是"一群无所事事，喜欢踩着别人的脚走来走去的人光顾的地方"。还有其他种种……我们看到，他会对某些事物口诛笔伐，另一些则手下留情。

塞林格写的这些专栏没怎么体现出他的大学生活和艺术爱好，只展现出他在写评论时的笃定心态。当他为特纳·布洛克[2]的三幕剧《写信的女人》写评论时，也体现了这种笃定，这出戏剧曾由大学三年级和四年级的学生在校园里上演。在文章中，他署名"杰罗姆·塞林格"，这篇文章发表在报纸上，他强调这部戏是一次勇敢的尝试，这些业余演员将作者所不具备的幽默感表演了出来。他对这部剧的每个演员都表达了自己

---

[1] 古斯塔夫·福楼拜的《庸见字典》，巴黎路易·柯纳尔出版社，1913年出版。
[2] 特纳·布洛克（1909—1959），曾出演过几部不太出名的电视连续剧。

的敬意。他能够真正体会到共鸣，并且能够理解作为一个团体去组织剧目的种种困难。这是他最后一次写评论。我们不知道原因，但塞林格突然中断了与《乌里诺周刊》的合作，并且离开了学校，仅仅在入学后的第三个月，根据他在那里度过的时光我们可以看出，在那里他没有找到自己的位置。然而无论如何，这段时光给他留下了美好的记忆。"当我回想起在乌里诺的时光，我感到很愉快。"若干年后，他这样写道。后来他还给学校写信，询问入学条件，要请一位年轻女子来照顾他的孩子，他在信中提及了当时的校园环境是多么友好。这封信后来被存在乌里诺大学的档案馆里。

第一本小说

塞林格还有其他的抱负。这是隐藏在他心中的秘密，甚至没有对他的父母提起过。他想致力于写作，靠笔杆子来生活。在纽约的哥伦比亚大学，他注册了惠特·伯内特的课程，这位在文坛备受尊敬的人物在三年前成立了写作工作室，教授人们怎么写小说。此外，他还主持编撰了一本在文学界备受推崇的期刊《故事》，由他忠诚的助理——同时也是他的妻子——玛莎帮他一起操持，在塞林格的眼中，玛莎就像是一颗珍珠。

《裸者与死者》的作者诺曼·梅勒曾在《故事》期刊上发表过自己的第一批文章，当时用的是他的全名：诺曼·K.梅勒。"这本期刊成就了我。"他这样说道，"从1930年代末到整个第二次世界大战期间，年轻的作家都梦想着自己的文章能发表在期刊上。"塞林格也贪婪地渴求自己的作品能得以发表，他什么方法都用尽了。

1939年初，他给伯内特写了一封非常奇特的信，在信中表达了他对老师的感激之情，同时还表达了一定程度的自负，他把自己塑造成一个既爱讽刺又自命不凡的人。这封信极尽所能地体现了他的性格，但不知是否收到了伯内特出于对学生尊重所给予的回信。或者这是塞林格尝试将自己当成作家来测试自己是否有说服力的一封信?《故事》期刊的档案里没有更详细的信息。但这种尝试的确很有说服力。在这封精彩的信中,塞林格把自己描述成一个"身材高大"、"棕色头发"的人,在他描述自己穿着时,他说自己既"风度翩翩"又"衣衫褴褛"。说到自己的性格时,也是个矛盾体。他说自己总是很多疑,同时又很容易对人过于信任,既容易开心,又容易忧郁,既热情,又冷漠。他说自己完成了一部无与伦比的剧本,按捺不住要马上写出后续的两场戏。他在信的开头就用了很昂扬奋进的语气,他说自己一握着笔就不停地发抖,他甚至给期刊写信时用上了"亲爱的《故事》期刊"这种称呼,"两只手都被汗湿了",他这样写难免会让人觉得他在搞恶作剧。但并不尽然。那个时候的塞林格急于发表自己的作品,这么做也并不令人惊讶,他的做法没有任何损失,只有好处,他是在孤注一掷,广撒网换取一个机会。而且他尤其看重伯内特的意见,他是文学界的灵魂人物,他在塞林格生命中的重要性不言而喻。

惠特·伯内特生于1899年,比塞林格年长二十岁。他长着一张典型的学者脸:留着列夫·托洛茨基式的胡子,只不过他的脸要圆润很多,眼神清澈,充满文学的神秘感,他还有一个无拘无束的大额头,头发向后梳着。他经常穿白色的衣服,就是衣着考究那类人常穿的类型。他给哥伦比亚大学的年轻学生和野心勃勃的塞林格提供的建议和鼓励,有用且坚决。无论塞林格那封卖弄的信是否故意为了给老师留下印象,在多年之后，当他远离文学圈子，他都始终记得这位老师的高贵品质，记得他曾像明亮的蜡烛那样毫无保留地点亮了塞林格的天赋。从这个意义上来说，塞林格并不是一个忘恩负义的人。

1975年，在伯内特去世后的第三年，塞林格写道："请允许我简单说一下在哥伦比亚这些年他对我的影响，无论怎么看，他给予我的影响都是好的，他教育我成长，令我受益匪浅。"伯内特有着出了名的内敛性格，因此得到的多半是赞誉。塞林格知道自己亏欠伯内特太多人情：伯内特不仅将自己的作品发表在他的《故事》期刊上，还鼓励自己去更大的杂志投稿。而且也是他，最早激励自己去创作一部长篇小说。

这位去世后方才出名的老师照亮了塞林格写作的前路。他将自己对于文学的炽热之爱和严谨变成了一门杰出的课程。

"伯内特先生的短篇小说课简单易学又充满智慧。总是能让所有人真真切切地体验到写作的动力。"但塞林格还是要补一句小小的嘲弄："他上课基本上都会迟到——他已经忙到整个人被租用了，他能做的就是尽量早点从别的事里抽身溜走。有时我在想，一位教学生写作的教授，教得这么好又有责任心，还会有人能比他做得更好吗？除了伯内特先生，没有别人能行了。他是怎么做到的？他为何要做到如此地步？关于这一点我有自己的小想法。但是这里唯一值得说的是，他对于教学充满热情，没有什么比看到一篇好的小说被创作出来更能点燃他的喜悦之情。在课堂上，你能看到他眼中闪烁的光芒，"教授热爱文学的方式令他深受触动,"你能看出来,他喜爱任何一篇好小说,无论是谁写的,蒲宁或是萨洛扬[1],莫泊桑或是迪恩·法尔斯[2],苔丝·斯利辛格[3]或是海明威,多萝西·帕克或是克劳伦斯·戴伊[4],他不会对某个作家有偏爱,也不会对任何作家的写作风格抱有成见。"

塞林格觉得这位教授具有独特的风格,他并不是一位学院派的人,尤其是因为他的工作方式,他写道。同样也因为他对文学的奉献不是为了在大学体制里往上爬,也不是为了在文学界沽名钓誉。塞林格回忆起这段时光时,对教授流露的都是钦佩之情。

有一晚在课堂上,伯内特大声读起威廉·福克纳的小说《夕阳》。他以低沉的声音朗读着,一下就抓住了听者的注意力,不带一点夸张。他用平和的语调,并不去追求朗读的效果,他低声沉吟,念出的声音从口中发出立即就会消逝在作者的词句背后。塞林格发出了惊叹:"无论是其他任何人,或者

---

[1] 伊凡·蒲宁(1870—1953)。俄罗斯作家,1933年诺贝尔文学奖得主。威廉·萨洛扬(1908—1981),亚美尼亚—美国作家,曾创作戏剧和小说,著有《秋千架上的大胆青年》。
[2] 迪恩·法尔斯,著有《彗星上的独奏》。
[3] 苔丝·斯利辛格(1905—1945),小说家、电影剧本作家。她的小说《弗林德斯小姐》刊登于1932年12月的《故事》期刊。
[4] 克劳伦斯·戴伊(1874—1935),长期担任《纽约客》杂志的编辑。他专长创作以第一人称展开的关于家庭生活的书:《父亲与我们》《母亲与我们》《我们这些猴子》《父亲与上帝》等。

是随便从一个拥挤的地铁车厢里抓一个人，都会读得更有戏剧性或者'更好'。"为了支持这位身后出名的老师，塞林格斥责那个时代，说那个时代是利益至上的，他的同辈们在时代的泥潭中打滚，世上遍布着寄生虫，这些人长时间在时代的浪潮中翻腾，活跃在演讲台和电视上，把那些小说读得那么"完美"，他对此感到不忿。

然而这正是伯内特不愿意去做的事情，也就是因此，塞林格才如此喜爱这位老师。"福克纳的小说真是惊世之作，"他写道，"不止一次，在他朗读的过程中，通过他安静的、让人心生向往的声音，让我与作者的灵魂产生了碰撞。"塞林格对从未见过福克纳表示遗憾，虽然有几次他都起意想给他写封信，告诉他伯内特曾经在课堂上，是如何用自己"独特"的朗读将他的《夕阳》给自己的记忆烙下不可磨灭的印象。

塞林格和写作班的其他同学并不往来，如果我们深入挖掘，会看到1961年伯内特在美国《时代》杂志上的文章。"塞林格到哥伦比亚的第一个学期，他总喜欢看向窗外。第二学期开始的时候，他还是喜欢看着窗外。直到第三学期结束的时候，他交给我一篇短篇小说，还有其他两篇……他是那种会花时间打磨自己作品的人；当他想清楚了，他拿来的就是直接可以发表的作品。"

塞林格已经六个月没去上课，他期望能将自己的小说发表在杂志上。其实他手里已经有几部小说了，那是他很早以前就开始写的作品。究竟是从什么时候开始写的呢？塞林格的回答莫衷一是。"我大概从十五岁开始写作，"1945 年他在《时尚先生》里这么说道。然而那之前五年在一封致《故事》期刊的信中塞林格说，写作从十七岁开始就对他尤为重要。真是塞林格的风格。

在哥伦比亚大学，伯内特一直激励他往前走。他既充当塞林格前进路上的台阶，又为他提供精神上的支持，帮他向当时名声很盛的杂志投稿，例如《科利尔》《时尚先生》，这些杂志的读者都酷爱短篇小说。他对塞林格付出的是持续不懈的指引，引荐他去投稿，为塞林格的作家事业开辟道路。因为他从塞林格课堂上的表现就知道他并不是什么勤奋好学的好学生。而且他自己也愧对教授对他的关怀。他觉得自己配不上这份关心，为自己的忘恩负义而难过，这份心情他在给教授的一封罕见严肃的信中说到。他就像一个犯了错的孩子一样，承认自己因为在课上没有认真学习而羞愧，也没有去读教授推荐的小说。这一切是因为他自己太懒，或是"自我感觉过于良好"，塞林格其实早在一个学期前就想给他寄出那封著名的开头为"亲爱的《故事》期刊"的信，在自序中，他说自己就是一块毫无价值的、用来包裹暴露狂的布。由于自我心态扭曲，他的情绪始终压抑着。但是在了解了惠特·伯内特的良善灵魂之后，塞林格才开始对他无比信任，因为教授了解青少年的种种心理，这些只是他所具备的众多优秀品德中的一小部分，更不要说他从来不觉得塞林格的过失和缺课有多严重。

在课堂上，塞林格偶尔也会与他开玩笑，同时还因一位姑娘的出现而分了心，这是一位热情又温柔的姑娘：斯黛琳小姐。塞林格对她表现出了少有的柔情。她名叫格蕾丝·斯黛琳，住在布鲁克林，是塞林格的同学。他借机靠近她，然而她并没有像他想象的那样，带着电影里的柔光靠上他的肩膀，她在他耳边轻轻呢喃："你抽烟抽得太凶了。"

斯黛琳大气、纤柔又浪漫，她醉心于植物学，但是有一点点小缺憾是，斯黛琳无法理解塞林格的想法，也听不懂他那些讥讽的俏皮话。对其他同学，塞林格始终保持自己高人一等的尊严，忽视他们，其中不乏很多聪明的男孩。如果他不这么心高气傲，不那么轻易就讨厌别人，或许他还有可能跟他人相处得来，但他从来没去向他人表达过，任由误解像鸿沟一样扩大。他的同学把他看作一个文学的弄潮儿，清高又自我，这样的标签让他愤怒，他把自己当作一个狂野的天才，一个不羁、更高级的人。"天啊，"他在内心高呼，"我，塞林格，是个艺术家！"

与伯内特的相处则完全是另一个样子。伯内特能在一个作家的作品面前抹去自己，并且相当认同塞林格的文学观。两人都深信，一篇好的小说，会与一名好的读者自动发生联系，最重要的就是产生情感上的连接。而且，一个好的读者应该有能力去鉴赏藏于字里行间的言外之意。而作家也应让读者有想象的空间，而不是隐藏起来的神秘诱惑，或者故弄玄虚，这也是塞林格带给读者的永恒魔力。还有要在作品中使用恰当的词，这是福楼拜所擅长的，这也一直困扰着塞林格，最后他找到了方法，向老师交出了一篇短篇小说。

教授并没有马上给他答复。1940年1月17日，伯内特给了他回信，在信中他为自己迟来的回复道歉，他终于接受了这篇很有魅力的小说《年轻人们》。这部作品从未被翻译成外语，大部分都已发表在那个年代的美国杂志上。值得一提的是，他希望将文章发表在下一期的期刊上，按照当时的市场价格，塞林格明确希望自己能拿到25美元的酬劳。这个数目不多，但该拿还是要拿。六个月过去了，他没有等到任何支票，塞林格就写了一封语气随意的信。伯内特看到这封信很惊讶，为了得到原谅，他表示希望能给他"买几瓶好酒"。

《年轻人们》最后发表在了1940年3、4月刊上，讲了一个爱情故事。塞林格用简洁的表达方式，把心思花在雕琢对话上，没有一丝一毫的浪漫之意，也没有激烈的恋情。

故事讲述的是两个年轻人的相互错过。在一次聚会上，一群初中生想办法打发时间，他们中的一些人点燃香烟，一些人啜着烈酒，还有一些人放开胆子互相搭讪。露西尔·亨德森是房子的女主人，她八面玲珑，而且庸俗得可怕，她将一名年轻姑娘埃德娜介绍给一位年轻男孩威廉·詹姆士，一场浮夸的对话开始了。他们在交谈，但只是在自说自话，当回应的话语从他们的嘴里说出来时，无不跑题千里。人们也说起塞林格，他们认为塞林格模仿的是契诃夫，那是塞林格最青睐的作家。他的小说有自己鲜明的格调，人物的形象也是，这些人物就站在一条直线上，互相说着既平庸又有深意的话，小说的深度有时会从平庸中迸发出来。只有舞台的背景会换。人物的对白也不是俄罗斯舞台剧的对白，主角们所怀的抱负也不是。在这样的情境下，人物之间没有任何沟通。

塞林格笔下的主角都很年轻，有一种无处安放的焦虑。回到小说，詹姆士第二天要做一篇关于约翰·拉斯金的英国艺术评论——这篇《老鼠》（出自埃德娜之口）——说这话只是为了把手放在一瓶威士忌上面。埃德娜，这位有魅力的年轻女子，吸了两口香烟，对一群人说完你好，就想待在阳台上打发时间。那一晚，天空布满了星星，她希望能与塞林格分享这片星空。但是她不太走运，换来的是对方毫无反应的脸，这次调情显得笨手笨脚，完全没有激起水花。她重新坐回晚上聚会开始时她坐的红色沙发，又给自己倒了一杯威士忌。无法理解的沟壑将他们隔开，事实证明，这条沟壑是谁也无法填满的。生活就这样继续向前。

好莱坞的梦中情人

《年轻人们》的即将发表让塞林格欣喜若狂。他把这个消息告诉愿意听他倾诉的所有人。"我很高兴能在《故事》上发表。"他给伯内特写信道。并对教授的夫人玛莎说，他父母周末不在家，他准备在家喝到微醺，美妙的微醺。他会喝到天旋地转，然后抱着打字机从一个房间跳舞旋转到另一个房间。他还会用留声机放上唱片，高声朗读，大灌啤酒。塞林格现在满脑子的兴奋劲儿，仿佛今后每晚都是圣诞节。

但这种惬意的状态并没持续太久，塞林格就决定松开欢乐的缆绳，重新投入写作中去。他这一个月一直缺课，什么也没有干，只顾享受。他后悔自己缺席了每周一晚上伯内特的课，但是又嘲笑别人对他的种种评论。他的同学们到处传播他的闲言碎语。他们嘲笑他的文学抱负、嘲笑他的作品、讥讽他急于发表自己的文章，甚至还有他的血统。"你知道吗，塞林格有一部分犹太血统。他不肯承认，但我父亲认识他父亲"。对于这些言论，塞林格只有一种应对方式，就是完全无视。

这一期的《故事》付印了，伯内特双手合十祈祷塞林格好运。塞林格希望没有什么太过偏激的评论，他接受了作家俱乐部的晚餐邀请。约会定在5月15日。但彼时,他正在筹划另一篇小说,如果成功,那就意味着他不仅仅只发表过一篇小说了。

"我的小说印在杂志上看起来很不错,"他在收到期刊时发出赞叹,"我为小说的发表感到既开心又难过。"[1]他向自己的编辑坦言。同时他也给出了回报。知道"亲爱的玛莎小姐"吃了不少苦头,他向她丈夫建议为她高声朗诵福克纳的小说《夕阳》,就像他当时在课堂上做的那样。"那天晚上您在课堂上的朗读将我内心的混沌一扫而光,那之后,我自己又读了好几遍。"他兴高采烈地写道。

塞林格就这样进入了文学的世界。一开始他就显得潜力十足。一位文学代理雅克·尚布伦,读到他的小说后非常兴奋,希望能为他出版新书。他写给塞林格的溢美之词里满是奉承,令飘飘然的小说家忍不住想寄给他一份草稿。但是他们通了一封信之后,就到此为止了。不久之后塞林格就签约了哈罗德·奥伯位于纽约的代理公司,同时那也是菲茨杰拉德的代理,他之后一生都忠于这家代理公司。

有一段时期,据塞林格自述,他并不为自己能出书而感到自豪。他母亲经常去赛克家购物,这是一家位于第五大道的时髦百货商场,当她准备付钱时,女售货员让她报名字。她照做

---

[1] 摘自1940年3月1日写给惠特·伯内特的信,来自《故事》期刊档案馆,BFP。

了之后售货员问她:"您该不会正好和J.D.塞林格有关系吧?那个作家。"玛丽安·塞林格脸上洋溢着幸福的笑容,她说自己就是这位作家的母亲。"太棒了!"这位年轻姑娘欣喜地惊呼,"杰瑞和我一起在哥伦比亚大学上过伯内特的课。"[1]他的母亲有点累了,离开了商场,没有再说什么,但是当她把这个场景描述给儿子听时,关于售货员的描述就不带太多赞美了。让他感到好笑的是,她有很强烈的保护欲。

也就是在这个阶段,塞林格决定使用J.D.塞林格作为自己的笔名。杰罗姆,他认为这个名字太难听了,他宁肯不用,而且杰罗姆听起来太像另外一个作家的名字,很容易让别人搞混。另外,从实用角度,他也想避免和同时代另一个有点名气的作家杰罗姆·菲斯·鲍德温混淆,所以他选择自己的名字放在出版书页的封底。而"杰瑞"这个名字,亲近的朋友对他的简称,也不可能拿来用,因为太过口语化了。

那个时候他与伯内特的关系变得亲密起来。他们之间的通信直接且频繁,在信中他们相互认可并尊重对方。一开始,塞林格对他表现出相当的敬重,因为他忘不了他是第一个对他伸出援手的人。伯内特也很乐意与他通信,说自己很荣幸将他的第二任妻子海丽介绍给他,这位夫人也曾是他的女学生。

他在写给伯内特的一封便签中提及了自己另外的作品,其中有一篇小说叫《幸存者》,如今已经看不到了。它可能躺在

---

[1] 摘自1940年9月6日写给惠特·伯内特的信,来自《故事》期刊档案馆,BFP。

一个衣柜的底层抽屉里。创作的冲动无法抑制,塞林格连夜写出了这篇的一大部分,他想确保把稿子交出去之前能有一个自己满意的结尾。一番思忖之后,他觉得这部小说最好还是继续躺在抽屉里。"我只想听听您的意见。"塞林格写信道。这篇作品后来被《故事》期刊的主编拒绝了。

同时,他还写了《去见艾迪》,一部围绕演出后台和粗鄙世态的小说,但没有人愿意出版。故事讲述一个女艺术家一直任由当歌手的哥哥摆布。心理上的施压、威胁、潜伏的暴力……塞林格极尽所能地描述着人间丑态。

然而,这篇再次被拒稿。对方主编告诉他,他一个字都读不下去。塞林格对此表示遗憾,但他安慰自己,至少他的导师说过喜欢这篇小说。虽然他的小说被拒绝了,但是他觉得内心满足,因为得到了他导师的认可。伯内特不仅觉得他前途无量,还建议他把小说投到《时尚先生》去,还以他的名义写信给编辑,附上了他的推荐信。

塞林格照做了,但他真是不走运,因为某种原因再次被拒绝了。《时尚先生》的总编辑阿诺德·金里奇并没有质疑他的能力,而是认为小说的形式不符合要求。塞林格对此颇为不平,他本来对阿诺德充满期待,因为他曾扶持过菲茨杰拉德,在他生命的最后几个年头给对方提供过帮助,还在1930年代发表过海明威的作品。

对方的回复在他看来非常虚伪。他宁愿对方告诉他,他的作品一文不值,而不是躲在针对作家设立的严苛又讨人厌的条条框框背后。他人的挑剔指点让塞林格感到沮丧。他对自己的作品太过自信,受不了自己被这样对待,他说:"这就像我们说一个女人很漂亮,只是她的脸蛋长得不好";又或者我们形容一个资深老酒鬼"是个好人,只是在他不喝酒的时候"。当有些话听起来虚伪得昭然若揭,塞林格就会撤去这些虚伪的浮沫。依照他的脾气,言语里带着挖苦,一如既往。

但愤怒转瞬即逝,塞林格很快又想再试一次。他性格里没有轻言放弃这一项,他又转而寻找戏剧方向的可能性,这是他心里多多少少一直怀抱着的梦想。他对伯内特说了自己的想法,有一天他的这位老师给他引荐了一位艺术代理。因为想要帮他,他老师希望自己的建议能够被采纳。最好能让代理把塞林格介绍出去。虽然有可能被别人说是自吹自擂,但是塞林格说服自己他能给舞台带去一些东西,不仅仅是新鲜,更是完全不一样的东西,更重要的是,填补一个戏剧领域从未出现过的空白——青少年剧目。

塞林格非常渴求做好这件事,因此想要改编《年轻人们》,甚至还想亲自出演男主角詹姆士。他不仅仅是被海报的夺目光彩所吸引,更简单直接的原因是,他确信自己可以比任何人更好地刻画出自己所塑造的这个角色。在他找到能胜任埃德娜的女孩之后,就开始了彩排。他现在有一个明确的目标,第一个就是赚钱,赚得越快越好。如果他这一步走不好,就无法踏出第二步涉足音乐喜剧;他会唱歌,至少他觉得自己可以胜任。而且,就算失败了,他还可以尝试别的,他总能做成一件事。

塞林格并不怀疑自己作为艺术家的能力，但只是还不确定他是否打心里明白，其实写作才是他最可信、最可靠的道路。

放空之旅

塞林格再次受到了打击。剧本的反馈令他失望。上一次成功带来的欢欣鼓舞跌落谷底,他突然感觉自己很脆弱,比自己想象的更脆弱。他那时只有二十一岁,自我揶揄已经提前预见到了这种情况,他变成了那种只有一部作品的作家。怀疑的声音又回来了,从头到脚,由内而外。他开始了一场放空的旅行,他离开纽约,踏上行程。在马萨诸塞州的科德角,他大口呼吸着空气,在魁北克的美利湾,他度过了一段夏日时光,浪花拍打着他。海边别墅对他来说很有裨益。他开始创作一本长度非同寻常的小说,在一处位于加拿大由蒸汽船公司开发的豪华酒店开始动笔,酒店叫黎塞留庄园。"那是一个我不会去住的地方。"他明确说道。每周二晚,他会玩宾果游戏,就像其他碰运气的游戏一样,想要重新快乐起来。9月份塞林格在返程时又恢复了生气。他又恢复了对自己的信心,这份信心让他保持了几天坚不可摧的状态。他充盈的自负又重新满溢了出来。这种被赐予的天性只属于他。

伯内特并没有放弃他们之间的合作关系。他认为他所看重的学生拥有铁一样坚固的天赋,他敦促他写一部长篇小说,而不是只局限于短篇小说。"我希望你能尽快步入正途。"他催促道。在他们之后的一次面谈中,塞林格发自内心地向他坦白说自己想以写作为生。但究竟走哪一条路?哪里是他的目标?可以肯定的是,他想要追求的是某种"新东西",之前文学界从未有过的东西。至于想要写什么形式的作品,鉴于他已经和小说纠缠了一段时间,他明确表示自己想写"自传"。在这方面,塞林格心意坚定。

但他并不确定自己能否写出一部好作品;但只要他肯去写,伯内特就认为他能够一鸣惊人,他对他的信心是毫不动摇的。事实上,塞林格与旧日教授持续往来的书信是很宝贵的资料,里面不仅有写作的信息,还有两人关于文学的讨论,也有关于写作风格的探讨,传统写作和当代写作风格都囊括在内。伯内特从来不担心他会写砸,他知道如何教导以确保作家写出好的作品。在《故事》期刊发表弗朗西丝·艾森伯格的一篇短篇小说的前夜,伯内特问塞林格是否记得曾和她一起在大学里上过课。这种情况下塞林格一般会夸口,但他坦诚地说自己未曾和她碰过面。

在与伯内特通信的这二十年中,塞林格曾多次提起她,提起以前的同学,他们过得怎么样,也提起文学上的事,他的创作思路,他喜欢以及讨厌的事。更罕见的是,我们可以看到在那些年(战争年代),他也会评论政治。

1940年9月,美国总统竞选前夜。最后富兰克林·罗斯福当选，他获得了第三次连任。尽管政界的活跃人士们并没有给公众留下过分的负面形象，那些候选人也没有展现出不利于他的意向，塞林格说他自己最后还是要投给他。并不是因为他支持新政派所倡导的想法，这种政治主张希望将国家从1929年的经济危机中修正过来，进行有计划的改革，他之所以投出这一票，是因为在两个不好的政党中选择，他宁愿选择不那么糟糕的一派。

塞林格并非那种会往约翰·斯坦贝克或是约翰·多斯·帕索斯的方向发展的作家。他从不担心来自实验派的防御言论。如果他，一个自认为高于其他作家的人，发出了一种声音，那仅仅是因为，他觉得温德尔·威尔基这个民主党候选人的竞争对手，一个共和党成员，是一个"虚伪的家伙"[1]。然而这类他反复证明是"作弊的人"、"恐怖的散布者"，以同样的方式散布谣言，直到霍尔顿·考菲尔德在《麦田里的守望者》中诞生。在他的眼中，温德尔·威尔基拥有所有他具备的缺点。塞林格在一部时事电影里看到他时，就会对他有批评之词。当被人问到对于他的看法时，他会强烈表示此人"尤其软弱"，他的夫人会提前为他要回答的问题准备笔记。至于托马斯·埃德蒙·杜威[2]，共和党头号倒霉的候选人，他会在评价温德尔·威

---

[1] 摘自1940年4月13日写给伊丽莎白·默里的信，HRC。
[2] 托马斯·埃德蒙·杜威（1902—1971），1943年至1955年任纽约州州长，曾是共和党候选人，参加过1944年和1948年的总统竞选。

尔基的时候顺带毫不掩饰地说此人是个"蠢材"[1]。

然而，罗斯福狡猾的一面也没有逃过他的眼睛。从1938年秋天他在乌里诺大学就读开始，他就在周报上挖苦对方。"我憎恨战争"[2]，在他的剧目中他让罗斯福像一个哗众取宠的演员一样在镜子前重复这句话。"嗯……"他满足地嘟囔着，还不忘记问问他的夫人，"埃莱诺，你怎么看？"罗斯福是个职业骗子，但塞林格并不容易上当。在当时的大环境下，他也没有忘记自己的犹太血统。旅居欧洲时，他就预测到纳粹想要破坏和平的计划。无论如何，他更想把选票投给一位像罗斯福这样的总统，他假装推行一种无为而治的政治政策，但是时机一旦成熟，他也知道要将问题上升到利益高度，选择一名足以胜任的候选人，一名严守规矩，绝不碰政策红线的人。混乱已经显形。塞林格只是让混乱的模糊影像凸显得更为清晰，他没有放弃行动，伯内特带着莎士比亚似的口吻哀叹："哦，这是一个怎样风声鹤唳的世界！"[3]

---

[1] 摘自1940年4月13日写给伊丽莎白·默里的信，HRC。
[2] 摘自1938年10月18日《乌里诺周刊》编年纪。
[3] 1940年9月6日写给惠特·伯内特的明信片，来自《故事》期刊存档，BFP。

游轮上的热场员

几个月过去了，1940年马上就要过完，塞林格还是不太清楚应该把他的短篇小说《去见艾迪》寄给哪位圣贤。最后这种不明朗的状态被一张支票解救了。12月，一家小期刊《堪萨斯城市大学评论》答应可以让它面世。对他来说，这真是个安慰，但酬劳是微不足道的，因为这本期刊的发行量实在太小了。

小说很快付印，因为从出版的角度来说，1941年已经在开局不利的情况下开始了。伯内特也给自己安排了满满的计划以防会听到关于他的消息。然而他还是很高兴看到，塞林格这一年在《时尚先生》积累了不少名声，以及在《纽约客》那边也有了不错的发展。本来伯内特以为拒绝发表他的文章有可能会伤害他俩间的感情。但是现在看刚好相反。

纵观他们之间的书信往来，可以看到在他们的关系中，塞林格事实上慢慢不再是被人监督的大学生的角色。伯内特如今称呼他"杰瑞"而不再是"塞林格先生"，不久在回信中塞林格以"亲爱的惠特"回应。

无论这位《故事》的老板出版塞林格的作品与否，伯内特对他写作的指导意见都很重要。就在塞林格尝试新的写作形式之时，他就强调希望得到老师一如既往的指导。那时他笔下精心斟酌的对话和极其自然的语言都独具特色。

在 1941 年，作为一种练习，塞林格试着重写一些他其实已经放弃的故事，这是他很久之前想过但是没有做的事。《诀窍》[1]是一部兼具两种写作形式的作品：在这部作品中，他将叙述和对话穿插使用。美国《科利尔》杂志[2]花了一页篇幅将它刊登出来，在页头还配了一副总结文章大意的漫画。画上有两个士兵，其中一个艰难地呼喊着，两个人都蠢笨愚钝，两个人正在艰难地行军跋涉，想要"得到窍门"——走正步、开枪等动作的窍门，他们就在高级士官那傲慢的眼神下走着。在他的文字世界中，塞林格可以再次回到瓦利福奇，并在那段经历上创造出厉害的故事。在颇受欢迎的刊物上成功撕开了一个突破口，足以令他胜利欢呼，虽然他可以继续写大兵主题的作品，就像当时流行的一样。然而……

他的文章发表的同时，欧洲硝烟四起。在美国，政府向人民发出了参军动员令。140 万年轻人应召入伍，是一年前入伍人员数量的八倍；"对于一个二十二岁的年轻人来说，塞林格非常了解大众的喜好，这一点令人印象深刻"，汉密尔顿在他的书《寻找塞林格》[3]中揶揄道。在读《科利尔》时，这本主流杂志的封面上就有 B-19 轰炸机的图片，被称为是"史上建造

---

1 《诀窍》，未曾翻译。
2 刊登于 1941 年 7 月 12 日刊。
3 伊恩·汉密尔顿，《寻找 J.D. 塞林格》。

的最大型的战斗机",喷着美国的国旗色,很明显他的小说刊登在这种杂志上是一种军事行为。之前美国是确凿无疑地站在国际是非之外的,但随着时间的推移,每天都有一些新的信号出现,预示着美国的参战势在必行。

塞林格终于实现了绝地反击,文章成功地大量出版,令他的嘴角也上扬了。1941年9月,《时尚先生》在前一年,才声称他的文章与杂志的格调不符,这下又买了他的另一篇文章《破碎故事之心》。这篇小说带着照片,还配有一篇自传说明,在这篇自传中,他自夸去维也纳是为了痛饮啤酒,照片中的他打着领带,头发梳得一丝不乱,像是化过妆一般的脸转向四分之三方向。故事在一位年轻女子和比她年长十一岁的男子之间展开,讲述的是在第三大道的公交车上一次荒诞的相遇。女主人公正在读一篇化妆品广告,嘴巴微张。突然之间,他坠入了对她的爱意之中,想尽一切办法想要得到她的住址。塞林格编造出了很多发生在两个主人公身上的场景,不可思议的、悲喜交加的,直到故事的结尾,读者才会发现,实际上他们根本不认识对方,在他鼓起勇气对她说话之前,她就已经下车了。作家发出了仿佛马克斯兄弟般的诙谐笑声。

两部小说同样大卖,但还是不能保证他足够的收入。塞林格需要钱,这是一个一直以来都存在的问题。毫无疑问,他那位于公园大道上父母的豪华公寓始终是他的庇护所。但是他已经二十二岁了,虽然从不曾为生活所迫,他还是渴望赚钱养活自己，这样做只是为了证明自己可以独立，并且取悦他的父亲，留下好印象。

就是在这个时候，为了过完当月的最后几天，他在1941年2月14日应聘在一艘豪华巡航邮轮上做"活跃气氛的主持人"。这艘名为M.S.孔舒姆号的船要开往加勒比，在甲板上可以享受阳光和蛋白色的大海，船体内部采用的是帝国大厦建筑风格的装潢。一位瓦利福奇的同学，名叫赫伯特·考夫曼，小名为"赫伯"，与他一起上船工作。

塞林格的任务就是充当爵士乐的主持人，介绍1930年代的经典美国音乐，那是音乐厅的黄金年代，他存在的目的就是让那些庸俗妇人和漂亮小姐跳起舞来。他化身为打扮得一丝不苟的帅小伙，说话漂亮，眼神忧郁，举止优雅，他简直就是吸引那些小老板、小老板娘和所有富有游客的完美人选。组织乒乓球聚会和其他娱乐项目也都仰仗他的表现。这趟冒险总共持续了19天。这次出航为他提供了一个可以在船上观察生活素材的独特机会，可以看到游客们无所事事和（过于）忙碌的各种状态。纵观他的整个人生，都没有与之相似的灵感来源了，塞林格渐入佳境。他马上创作出两篇小说，《1941年，一个没有一点腰身的女孩》[1]和《泰迪》,《泰迪》后来收录在《九故事》里。

---

[1] 《1941年，一个没有一点腰身的女孩》于1947年出现在美国杂志《小姐》上，从未被翻译成法语。

在第一篇小说中，孔舒姆号孤独地停泊在哈瓦那港，那片海湾的岸边有几座赌场和卡斯特罗的雕塑，成了心照不宣的装饰。塞林格笔下的主人公雷·金塞拉，"是游轮上青年主持人组的一员"，不偏不倚正好是塞林格的另一个翻版，他一返回岸上，就要应召入伍去参军。他知道，这也是等待他的命运。因为战争无处不在：在欧洲、陆地上、海上；在美国，马上就要来临。战争同样已经潜伏在人们的脑子里，令游客们情绪阴郁。灾难的爆发就在眼前，因此好好地活着，麻痹自己变得紧迫起来。当乐队开始奏乐，在过道上人们跳起伦巴。

雷，这个塞林格形象的化身，想要结婚，意思是"不想以处男之身死去"。他在巴斯克回力球娱乐室遇见了芭芭拉，一位十八岁的姑娘，神情有些忧郁，但是十分动人，而且已经有了婚约：她未来的婆婆与她共住一个房间。在他们之间，爱的火苗在相视的第一眼就喷射了出来。他喝下的龙舌兰酒和身体里的热忱让他的头脑昏昏沉沉。他们相互亲吻，一次、两次、三次，然后他们不停地拥吻，直到嘴唇"有点开裂了"。

为了欺骗自己的大脑不被明天的焦虑所占据，塞林格以开玩笑的口吻打趣道："在巡航游轮上有几件事情你可以做：在侍者端着盘子经过时取一些冷盘来吃，读一本杂志或一本书，给人们看孙子的照片，织毛衣，操心钱的事，操心男人的事，操心女人的事，晕船，看看往泳池边走的姑娘们，看看海里飞起来的鱼……但是当两个人都在同一艘船上，同时他们坐得离彼此很近，他们没法很自在地拥抱。要么就是船的台阶太高，要么就是他们挨得太近"。

芭芭拉在经过一番考量之后，重新获得了属于自己的房间。自己决定她要和谁睡觉，不，她决定不再嫁给别人指定给她的人。她穿上裙子、拖鞋，在午夜时分回到了甲板上。孤身一人，迷失在沉思中，她意识到自己已经跨越了一个海角：她不再是那个顺从又容易被左右的少女，她现在可以预测自己的命运。她将要为自己的选择承担责任。

《特迪》则是另一个故事，一个热爱科学的、爱推理的十岁小男孩。在这样一艘大西洋巡航邮轮上与自己的父母和妹妹在一起，他看上去非常喜爱孔舒姆号——这一点没有明说，但是有迹可循——他每天都拿走父亲的报纸以此来激怒他，引起了一位名叫鲍勃·尼科尔森的三十多岁的教师说不清、道不明的好奇心。两人的对话由此展开。特迪说起了自己六岁时遭遇的第一次神秘经历。他讲述了一些不同寻常、带有奥秘、难以描述的内容。他们讨论起生命，以及生命的脆弱性，讨论起死亡以及"韦登蒂奇"转世再生理论。然而特迪没法再继续讲下去了，游泳课在等着他。他走掉了。突然，一声惊恐的呼叫划破了天空，戏剧的一幕，黑色幽默……塞林格把读者的心提到了嗓子眼。

此外，孔舒姆号也是他编织寓言故事的容器。塞林格读了菲茨杰拉德的书《末代大亨》——"多棒的书！"他发出感叹。

但是比起《了不起的盖茨比》还是略逊一筹，对他来说，后者是作者艺术水平及天赋的巅峰。是否因为《末代大亨》的作者于1940年逝世，导致它被搬上好莱坞的大荧幕也并不成功？这本书"仍然很出色"，塞林格评价道，反观《了不起的盖茨比》，他认为菲茨杰拉德并没有达到史诗级别的水平，他的评价非常负面，但又敏锐异常。他对女主人公黛西印象深刻，还有其他几位主角的内心被刻画得非常到位，就像"孔舒姆号上深夜里被点亮的舷窗"。还有几部经典之作也令他动容，排在第一位的是大师之作，托尔斯泰的《安娜·卡列尼娜》，以及陀思妥耶夫斯基的《卡拉马佐夫兄弟》，但在塞林格口中，没有一部能媲美《了不起的盖茨比》，没有一本书能像它那样写得精美绝伦。事实上，这三部中，这一部是他唯一用母语读过的书，而且从一开始，他就已经接受了菲茨杰拉德的写作手法，对于梦想幻灭的描写令他十分欣赏。

国家的召唤

塞林格不是一个胆小的懦夫,他身上有着自己的愤怒。1941年12月7日,日本奇袭了位于珍珠港的海军基地,美国军事力量遭受重创,这件事让他的爱国之情变得更为浓厚,加之他曾在瓦利福奇军事学校的学习经历,他一心想应征入伍。他在国旗下宣了誓,但是因为心脏有一点小问题,被分配在1-B,他参军的体能水平受到了质疑。军队以打发"残障人士和同性恋"[1]的名目将他除名,这让感到他难受、恶心、无比愤怒。

他现在丝毫不想继续躺在长椅上玩文字游戏,只想入伍,为国家效力。因此他对军队的决定非常不满。"我不喜欢上周末的炮弹偷袭",裕仁天皇下令用轰炸机炮弹粉碎了美国海军的四天之后,他暗暗发出抱怨。伯内特,他在哥伦比亚往日的教授,在他的书信中变成了一位密友,是第一位他表达愤懑的对象。被军队抛弃和感到自己无用的感受是如此强烈,他想尽一切办法,这样的或那样的,找到国防部门,毫不犹豫地询问

---

[1] 摘自1941年12月11日写给惠特·伯内特的信,来自《故事》期刊存档,BFP。

他的老师是否有这方面的关系，他是否认识某个人或者某个部门，能拯救他未能如愿服役的愿望。

塞林格同时也向米尔顿·G.贝克上校发出了求助的请求，他曾于1928年创建了瓦利福奇军事学校。作为一所备受尊敬的学校的校长，他在军队有一些自己的门路。在一封日期为1941年12月12日的信中，塞林格简单向他汇报自己在过去的两年中投身于小说的写作，其中有一些已经发表。在信的后半部分，他邀请阅读他即将要发表在《纽约客》上的一篇小说。他希望这篇小说能合他的胃口，能令他满意。这份久负盛名的周刊也向他保证，他的文章会得到重视，文章大体上已经被接受。然而杂志的管理层却改变了主意，延迟了对文章的发表。塞林格在名为《冲出麦迪逊大街的小小叛逆》的小说上练习自己的写作思路。这是一篇"有点悲伤的喜剧"，讲述的是关于"一个在上预科学校，要去过圣诞节假期的男孩"的故事，这篇小说从写作风格、对话和全篇的人生观的角度看来，其实是之后将要面世的《麦田里的守望者》的雏形；这种试验性的作品，同样也出现在马塞尔·普鲁斯特身上，他的《让·桑德伊》是《追忆似水年华》的先作。

主人公霍尔顿·莫里西·考菲尔德，是一个不守规矩的中学生，生活在纽约周围的一切都使他厌烦：上学、在麦迪逊大街等公交车、看电影、乘电梯、在布鲁克兄弟家试穿一条裤子，甚至是对偶遇到的他女朋友萨莉的一位朋友说早安也令他厌烦。霍尔顿脑子里满是些疯狂的想法，总而言之不是那种最现实、也实在不是那些最聪明的想法。他想活着，只是想活着，因为他孑然一身，在这个世界上，他只有自己和萨莉。他在脑子里产生了"弄"一辆朋友的车的想法，还要一路向北走，开去马萨诸塞州或佛蒙特州，具体去哪无所谓。但是他做了相反的事，酩酊大醉，把一切都毁了。他在《麦田里的守望者》里，又重新照搬了这一场景。"这个喝得醉醺醺的小伙，坐在酒吧里，这个人就是我，我这一次喝醉了，还有其他几次也是一样。"[1] 他说，这一段是唯一他写出来的，至少在精神层面，是他本人的写照。宣扬自由的神奇的风，被意外情况的到来所阻断，生存的沉重性，对自由的呼喊，这些内容在小说里通篇都有体现，在《纽约客》的眼中似乎却只有对于逃跑的鼓励。在当时的政治背景下，杂志社放弃将其出版，对它有了一种先入为主的评判，认为不应该鼓励这种行为，这样就不会给那些已经、或者是即将成为士兵的年轻人任何憧憬。塞林格由于最近发表的几篇小说而被评为知名作家之列，不稳重地希望这一篇小说也能得到赞誉，在受到杂志社反转的反馈之后，感到暴怒，竟被一个独断专横的杂志社这样评判。最终，这篇文章被判定为过于冗长，一个编造的借口。但是《纽约客》在二战后将其出版。然而这篇小说并不窝藏任何能够鼓动人们反叛的内容。萨莉，霍尔顿的女友，一位理智、脚踏实地的女孩劝

---

[1] 摘自1942年9月2日写给伊丽莎白·默里的信，HRC。

他不要仅凭自己的头脑一热就做出一些事情。她判断说,当他们长大变成成年人后会有很多时间,会结婚,会有很多时间"走遍数不尽的美丽地方"。霍尔顿压根不相信,他认为事情不会是那样,他所深信不疑的是,他们会失去童真,循规蹈矩的生活重新将他们席卷而入。他们将会变得和所有人一样,必须要在离开家门前对所有的家庭成员说再见,带着自己的手提箱和"麻烦事"去乘电梯。再往远一点看,他们要在旅行时寄出明信片。另外,不用怀疑的是,他将需要去他父亲的公司工作、乘坐公交车、读报纸……过着一眼能望到头的生活,再也没有任何惊喜,像一个枯燥无味的普通人一样活着,这样的远景让他感到实实在在的绝望。霍尔顿逃进了一家酒吧,一杯一杯喝下9美元的威士忌混苏打水,然后,他跌跌撞撞地拖着步子走到麦迪逊大街的街角,去等公交车。

下了决心要重返军队的塞林格打出几张重要的牌。在他写给瓦利福奇校长的声援信中,他又提起自己在预备军官训练处待了两年,还有另外两年在大学里度过。日本对于珍珠港的进攻,对于举国上下来说,像"屈辱的一天",罗斯福总统的演讲,也让他感到了心痛。他没有故作神秘,从没有像此刻一样意识到自己对于祖国的热爱。"我花了六天时间意识到,美国对于我来说有多么重大的意义。"[1]他强调。最后他还祝愿校长

---

[1] 《故事》期刊存档,BFP。

和他的夫人能尽量度过一个愉快的圣诞节。

与此同时，在美国，全民都参与到了战争之中，没人会注意到一个非常想要表现自己英勇的年轻人，为了实现愿望去找寻年长者的帮助。伯内特和贝克上校都没有吝惜自己对他的支持，他们二位都表现出对于塞林格真诚的认同。人们有时忘了他的情况是值得被再次考虑的，而且如果有人替他担保，至少说明，他的意愿是坚定的。总而言之，四个半月之后，在1942年4月27日，塞林格被叫去在国旗下宣誓了。

他被分配到了位于新泽西州的迪克斯堡步兵训练场，随后转到了不远处的蒙茅斯堡。从他去那里开始，他就在步兵的传输团服役。他要在军官培训学校经历十周的实习，培训他的是一等军士和教官。他们使用的教学方法与给海军军官二年级学生的方法相似，训练分为两部分。每天早上他需要端端正正地坐下来听课，到了下午，他的任务则是带领新来的士兵。在帐篷下，他和一群同志分享信息，对他来说，可以读，甚至是诋毁那些培训纸页。毫无疑问，他们都很热情，问题是，他们把时间花在听收音机里游戏节目的问题上，所有人都吃着橙子。真是一种集体的病态。自从他入伍以来，即使他的身体状况一直都很好，却找不到任何一种方式能让自己写出一行字来。他后悔没有带上他的打字机，而且钢笔和铅笔也很难弄到。当然，情况可能更糟糕。他想要达观地看待这一切。正当他开始在作家行列里获得一点地位时，他突然有一种在猛冲前进之时瞬间被迫停下的感觉。如果他的光芒被读者遗忘，渐渐暗淡下去会怎样？这个问题在他的脑中划过，因为说到底，他最近产出的作品都没有脱颖而出的识别度。现在他又新添了烦恼，作品知名度不高。在阿曼多酒吧，他经常光顾的酒吧之一，他不敢看厕所镜子中的自己，怕认不出来。他想要笑出声，但是军队里的严苛制度和军规令他筋疲力尽。对自己的质疑把他勒得死死的。然而，一丝微弱的希望，非常微弱的希望降临了。在一次闲逛时，他遇到了"一份小小的幸运"，一位女士邀请他晚上去自己家写作。考虑到这份建议可以听取，也可以让他重新回到工作状态。另外，难道他真的还有什么可写的吗？这个想法令他恐惧，受到折磨。一阵控制不了的疲惫感将他整个吞噬，他任由自己被重压带走，被吞没。他思考着。一个作家是否有权力像扔一盘散沙一样把自己笔下的人物扔到纸面上，在他所知道的必要的时候，有权力将他们都聚拢起来？塞林格的回答是毋庸置疑的：没有这样的权力。写作即使对于他来说，也需要一份超出凡人的努力。然而，在那时看来，即使他的文章组织结构得非常好，他却没有能力将自己的麻木连根拔起。这一段放空的时光之后并没有对他的文章出版造成任何不良的后果。

几位信任他的好友

塞林格有几篇保留的作品。《洛伊斯·塔格特漫长的初次登台》[1]，创作于1941年，被寄给他的代理公司，特意强调说"这带着他四分之三的心血"。伯内特非常喜欢这篇小说，承诺在出版时给他兑现25元的支票。他把这件事告诉了作家哈罗德·奥伯的代理公司，这家公司很欣赏他的远见。他是幸运的，因为在那之前，他寄往《纽约客》和《时尚芭莎》的文章受到的是一次又一次被拒绝的打击。

这个恐怖故事由一个残忍的主角和另外两个性格温和、脑袋愚蠢的主角构成，这篇小说在文学创作上的独特之处，就是它标志着塞林格从学生时代到入伍之间的状态跨越。人生的一页翻了过去，代表着在纽约街头富有又无所事事的生活状态，翻到了新的一页。

洛伊斯·塔格特是一个没有头脑的富人家的孩子，一个没精打采的人，她与比尔，一个无名之辈订婚了，如果不出意

---

[1] 《洛伊斯·塔格特漫长的初次登台》，小说，未曾翻译为外语，发表在《故事》1942年9—10月刊上。

外，他们会结婚。这个人性格不安又古怪，结果他爱上了她，但是是在他们结婚之后。除了有一天早上醒来，他被自己妻子的脸惊讶到了："脸埋进了枕头里，浮肿，沉睡到脸变了形，嘴唇发干"，他感到一阵性冲动，既突然又狂野。他突然涌起了一股强烈的欲望。

有一天，为了玩闹，他用香烟去烫她的手背；还有一次，他想用高尔夫球杆去碾她的脚趾头，这项公寓内的运动是他教给她的。洛伊斯没有更多勇气去探索他剩下的人格侧面，返回了父母的家，与他们一起生活，这对夫妇是住在纽约的有钱人，给她灌输了一些怪异的想法。但是担忧带给她重压，所以她的主要工作变成了逛街购物和去一家非常高级的酒吧，斯托克酒吧，见她的女朋友们。

一个朋友说服她和一个她之前觉得是"惹人厌"的家伙卡尔在一起，认为他属于"时髦型"的人，所以她再婚了，不知道为了什么。另外，他也有他的独特之处：他受一种过敏症的折磨，必须只能穿白色的袜子，其他有颜色的袜子会让他得湿疹。这对夫妻马上形成了沉重的相处模式，随后生下了一个孩子。小婴儿托马斯·塔格特出生后的六个月，照顾他变成了他们无所事事又忧郁沮丧的生活的唯一意义，这简直是一场灾难：小婴儿把自己裹在长羊毛被子里导致窒息。这对父母四目相对，瘫倒在沙发里，一句话也说不出来。这荒唐的最后一幕向欧仁·尤内斯库致敬：洛伊斯命令卡尔重新穿上白色的袜子。

塞林格爱死了这篇小说。他非常乐意花时间去写它，一遍又一遍地读它，带着永无止境的满足感。因为这不是一部通常意义上的作品，他相信自己创作出了一部有成就的作品。通常，为了想到一个满意的结尾，他会陷入近似于恐慌的状态。在这种状态里，他会感到害怕，就好像"没有好好把鼻子擦干净，让它保持干净的状态"[1]一样。或者是类似的状态。

有时他会为一个小说想三个结尾，最后，他不知道选择哪个结尾更为合理。这并不是因为他对自己没有信心。当他写作时，他会把自己分身置于自己狂热粉丝的视角。但是一旦作品完成，他会希望得到来自外界的声音。是什么样的声音无所谓，显而易见。

来自《故事》期刊总编辑、他的老师伯内特的鼓舞对他来说，是绝对的精神支撑。就如同来自伊丽莎白的支持一样重要，这是一个令人意想不到的女人，一个不幸陷入爱情的女人，一个让塞林格更为重视的女人。不仅仅因为她在1941年夏天的某一个日子给他介绍了她在新泽西州的邻居奥娜·奥尼尔，随后他们去了她的母亲阿格尼斯·博尔顿的家，更是因为她是他最忠实、最公正的读者。

他们是经由她最小的弟弟威廉介绍认识的，那时塞林格与他一同在瓦利福奇读书。你是我"为数不多但非常重要的读

---

[1] 摘自1940年4月13日写给伊丽莎白·默里的信，HRC。

者"[1],他对她说。"我真诚地感谢与你的通信,这真令我感到愉快。"[2]起初,在信的结尾,他只会签一些"逗乐"的词或者怪诞有意思的名字,例如苏、切特·阿伯纳希或者甚至是科尔特斯这样的名字,塞林格显得如此爱开玩笑,就像一个小孩,急切地想要证明自己写作风格的吸引力、自己的幽默感,还有创造力。他对她讲述着平庸的生活,例如:"我本来想要把一整天都花在写我最新的一部小说上,结果,我去剪了头发。"[3]同时,他也很欣赏她的母亲,所以他很乐意与她结识,她的母亲同样也喜爱塞林格的小说,就像她女儿一样。无论是写信给谁,塞林格不是一个会被人忽略的对象。他对自己亲近的人总有说不完的内容。

对于伊丽莎白,塞林格在不久之后就爱称其为莉兹和爱莉兹,他们从此之后,一直保持二十多年来的通信。"亲爱的金子做的女孩"[4],有一天他甚至给了她这样一个称呼。他会给她写很长的信,在信里充满了他展现出来的克制与幽默感。然而,她更喜欢寄明信片,几乎很少回他的信,即使回信,也非常简短。有一天,为了开玩笑,他甚至威胁她要给她寄一大摞克雷斯吉,美国最大的一元店零售商的带金边字的纸。他对她的爱慕是如此强烈,以至于在《洛伊斯·塔格特》中为她创造了一个招人喜爱的小角色。

---

1 摘自 1941 年 10 月 19 日写给伊丽莎白·默里的信,HRC。
2 摘自 1941 年 8 月 20 日写给伊丽莎白·默里的信,HRC。
3 摘自 1940 年 4 月 24 日写给伊丽莎白·默里的信,HRC。
4 摘自 1941 年 10 月 31 日写给伊丽莎白·默里的信,HRC。

伊丽莎白主要居住在两个地方，斯塔滕岛的东安山和玛纳斯宽，那是一片位于哈德逊河对面新泽西州的住宅区，在二战前，他曾经去后者拜访过几次。

小说中的卡尔，女主角的丈夫，有一个令人恼火的习惯，就是告诉那些开车的司机不准走滨河的路去玛纳斯宽。洛伊斯·塔格特阻止他这么胡闹下去，路是给所有人走的。

三年之后，塞林格又一次展现出对他朋友的关注，他在小说《一个在法国的男孩》[1]中提及主人公去了自己信中所写的"玛纳斯宽，新泽西州"。他对她的信任是彻头彻尾的。在他取得了最初的几次小成功后，她建议他不要过于情绪亢奋，他接受了她这出于友谊、客观公正的建议。

伊丽莎白在言语中、精神和心灵上都带给他益处。她的评价是正中要害的。他遇到她时只有十九岁，而她比他年长二十岁。她已经生活了足够久的时间。她的第一任丈夫在第一次世界大战前的一次坠机事故中遇难，那时她正怀着儿子约翰。她的第二任丈夫是一名苏格兰人，他似乎是一个粗鄙之人，这场婚姻失败了，就如同第三次婚姻一样。她的女儿，格洛丽亚，塞林格挚爱的一位女孩，患有旷野恐惧症和一种会导致人僵硬的焦虑症。为了替女儿支付医药账单，她的曾孙女萨拉·诺里斯[2]说，伊丽莎白做兼职秘书，根据她对他讲述的，这是一

---

[1] 小说出现在 1945 年 3 月 31 日的《周六晚间邮报》中。未曾翻译为外语。
[2] 摘自 2011 年 8 月 12 日萨拉·诺里斯刊登于《第 16 章》，一本田纳西州作家、读者和"闲人"写作协会杂志。

项"讨厌的工作"。她对金钱并不感兴趣。这样的生活并不妨碍她有忠诚的朋友、社交生活以及保持思想上的活跃。对于塞林格来说，他喜爱的是"真实不做作"的人，而并非那些做作之流。

后来，他在哈罗德·奥博出版社那里有了自己的文学代理人多萝西·奥尔丁。她是通过他在瓦利福奇的另一个好伙计介绍认识的，他对此人的感觉是矛盾的。他称他为"植物"，一个搞笑的称呼，一个蠢得要死的人，总是在抱怨，自以为是。学生时代的此人曾借住在塞林格父母家一段时间。十九岁的他们一起登上了开往加勒比海的邮轮孔舒姆号。头几年新鲜的同学情谊属于"意外情况"[1]，最后关系朝变坏的方向发展。塞林格的自满，在同学看来是愚蠢的行为，这也令塞林格恼羞成怒。而且"植物"从来都不会对他的小说表示赞扬。让人觉得他根本就没有读过。而且他再也没有与他在纽约的街道上不经意地偶遇过了。

多萝西·奥尔丁开始将他介绍给编辑们——这是她的工作——从1940年《故事》期刊刊登他的第一部小说《年轻人们》开始，他便将自己的稿子寄给她，她则负责提交给杂志社的总编辑看看能不能出版，这一切不会一直一帆风顺，完全不会。他遭遇了被拒绝，很多次的拒绝。他有处理悲伤的方法，

---

[1] 摘自1940年4月13日写给伊丽莎白·默里的信，HRC。

从不会感到气馁。她的角色是连接代理公司与像菲茨杰拉德、威廉·福克纳，或是阿加莎·克里斯蒂这样占据专栏榜单的知名作家。她需要成为一个有判断力、高效、受人尊敬、非常强势的人。"一个优秀的代理能够成就一段传奇"[1]，乔安娜·史密斯·雷科夫证实道。

未婚，未育，她把自己的生活完完全全献给了代理公司，对于塞林格的奉献也是前无古人后无来者的。她在今后的这些年，以及塞林格成名后，都以"无形的大师"的身份来要求自己。她的愿望就是书的出版能够顺利进行，对此她抱有极大的热忱。从出版的宣传资料，到读者来信，所有的事情她都会经手。她保护着他免于接触轻率、好奇的读者，甚至是让他免于憎恨别人。

塞林格对她有着绝对的信任，虽然他认为当她给书的销售定位有点"过于商业化"，但这一点在之后争取《麦田里的守望者》的权益谈判时显得非常有用。每当他在信中提到她，无需怀疑，就像是提起他唯一的中间对话人和媒介。他把《九故事》交由她来代理，同时也给了格斯·洛布兰科，一个《纽约客》的编辑。尤其是二战期间，当他在面对个人纠纷和存在主义焦虑时，对她的信任没准就像自己对老友伊丽莎白一样多？我们永远不得而知，但是有一件事很能回答问题，有一天，他要求她销毁他们之间的一切来往信件，她毫不迟疑地照做了！

---

[1] 乔安娜·史密斯·雷科夫，《我的塞林格之年》作者，前句摘自此书。

完全无视文学历史角度这些信件的重要性，以及后世对作家的个人理解的重要性。1997 年她去世时已年逾九十，那时的她已经很久没有处理塞林格的事务，在一次中风后她倒下了。

1940 年代初，出版行业一片萧条。同样，那时伯内特已经同意在《故事》期刊上刊登塞林格的《洛伊斯·塔格特漫长的初次登台》，将他推向了一个连这位教授都不敢想象的位置。因为他想要人们看到他的作品，从冷漠的大众眼中逃离，这些人时刻不忘告诉他，现在有战争，一些事物的力量迫使他无法集中精神。在他看来，已经出版了一本小说这件事是一种有效的让读者回想起他这个人的途径，相当于用公开的方式告诉他们"只要和平一到来，我一定会想办法回来的"，就像市面上流行的一样，做出爱国主义的行为来。

带着名为"关于一个新手的讽刺小故事"的副标题，《洛伊斯·塔格特漫长的初次登台》出现在了一本鼓励大家为美国士兵捐款的期刊上。这本期刊由一所全国志愿者发起机构编撰，名为联合服务组织（USO），成立于 1941 年 4 月，目的是帮助参军的"男男女女"。"来 USO 捐款"是他们的口号。"战争的胜利不仅仅在于掩体"[1]，期刊的第一页就印着这种鼓舞人心的句子。有一张照片，拍摄的是掩藏在一道战壕里的美国通讯部队的军营，和塞林格所在的军营一样，写着美国第四装备

---

1 摘自纽约公立图书馆存档文件。

军。战争，杂志强调，是因为有了一个让人能"为之去赴死"的原因而能够获胜，从塞林格的反应来看，他应该是相当支持这个项目。而且除了被人说成是懒鬼或者逃兵，他还有其他的选择吗？在这期杂志里，还有一则关于他的介绍，他被说成是"我们士兵中的一员，他们从事着一项光荣的工作，这份工作是我们鼓励所有人去做的"。那时他二十三岁。

对乌娜的一见钟情

这篇小说引起了公众的热议。到了 1941 年秋天，塞林格开始和一位年轻姑娘约会，她既叛逆又高贵，有着美丽的棕色眼睛，穿着芭蕾舞鞋摇曳生姿，她是乌娜·奥尼尔，美国著名编剧尤金·奥尼尔的女儿，她后来成为了查理·卓别林的第四任也是最后一任妻子。1943 年 6 月 16 日，她与夏洛特的创造者成婚，这位拥有透亮皮肤和发自内心的大大微笑的古典冰山美人，命运已经与两位和她同龄的继承人（卓别林之前的婚姻带来的两个孩子）紧密结合在一起。与塞林格有绯闻的小姐还有珠宝界的大亨葛罗莉亚·范德比尔特，以及卡罗尔·马库斯、百老汇的红人威廉·萨罗扬日后的妻子。塞林格很欣赏萨罗扬，欣赏这位永不疲倦的、乐观的演员所表演的戏剧，以及他刊登出来的小说，特别是他 1934 年在《故事》上刊登出来的第一篇小说《秋千架上的大胆青年》。杂志上的社交新闻栏写到了这个三位女孩组成的新星三人组，被她们清新的气质和白皙的面庞所打动，类似于对拉斐尔的光环的敬仰。这类女人，她们擦口红都要用价值 50 美元带花边的手帕，而不用面巾纸，她们要追逐时尚，出现的时候要脸上带妆，经常出入看得上眼的俱乐部，要在浮夸和虚荣的场所保持优雅的姿态。

她们通常出入的是斯托克俱乐部，一个高档场所，里面充斥着艺术家、政客、欧洲贵族，这也是那些想要被刊登在报刊上的人喜欢被拍到的场所。塞林格待在那里就挪不动步子。他在遇到乌娜时，刚刚二十二岁，乌娜十六岁。夏天的某一天，当塞林格陪同他的朋友伊丽莎白去她母亲位于新泽西波因特普莱森特的家时，伊丽莎白将乌娜介绍给了塞林格。

爱情的牧歌立刻在这个身材颀长的年轻人与这位娇小的小姐间演奏起来。实话实说，两个人有点不般配。塞林格认为她"富有魅力"。而且她更是一位"光彩夺目，漂亮，被宠爱的"人儿。他丝毫不反感被溺爱的孩子，尤其是对女孩。"这仅仅说明别人很关心他们"，他以探究的口吻说。因为他与自己的父母住在公园大道，所以他完全可以接受这一点，毫不尴尬。除了第一次她来纽约看他时，她的母亲陪同一起前往。这样做让他的一腔热情被浇熄了，但他还是更愿意开开玩笑："艾格尼丝也来了，他发出讥讽。""我的墓志铭就是：艾格尼丝也来了。"[1]

乌娜是父亲尤金·奥尼尔——1936年荣获诺贝尔文学奖的世界著名戏剧家——与其母亲艾格尼丝·博尔顿——他的第二任妻子——结合的产物。当她还在摇篮里时，父亲就离开了

---

[1] 摘自1941年9月15日写给伊丽莎白·默里的信，HRC。

家。从那以后，她的母亲就竭尽所能地呵护着她。她有趣的名字令塞林格感到迷惑，当她把名字写给他时，他不太确定这个名字拼写得是否正确。她的社交生活非常丰富，第一次见面过后，她没有表现出太多想要再次见面的热情。让他等待，这是不是一种欲擒故纵的策略呢？

来自她的回复很少，这使他更加辗转反侧；足以证明这一点的是，在一封与伊丽莎白的信中，他带着揪心的不安说："自从乌娜上次来纽约，我就没有再见过她。"[1] 她不可能会让狂热的社交占据自己的整个生活。足足过了三个礼拜，他们的第二次约会才到来。奇怪的是，塞林格在投入这段恋情时，想要与她结婚。他对乌娜的爱恋是一时的热情，在1941年10月他们见过一次或两次面之后，他就毫不掩饰地表现出来。他的爱尔兰前任伴侣是否知道，或者有没有领略到他短暂的热烈呢？塞林格没有刻意去寻找答案。"她就是很可爱，我爱她"[2]，他为自己辩护道，他爱着她。由于隔着距离，他们便会通信。

在他们的书信往来里，我们只能发现一些只言片语、残羹剩饭，但是所有的信息都指明，他们只保持了几个月的密切关系。他们之间爱意软语的通信内容究竟是什么，他们爱情的支撑是什么？难以得知，为了保存对父母的记忆，卓别林夫妇孩子们当中的绝大多数都拒绝授权公开这些信件。

然而我们还是得到了一丝慰藉：他们告诉笔者"卓别林夫

---

1 摘自1941年10月2日写给伊丽莎白·默里的信，HRC。
2 摘自1941年10月19日写给伊丽莎白·默里的信，HRC。

人"的个人存档文件基金将文件全部存放在巴黎,里面有14封塞林格写给乌娜的信,这些信绝大部分为手写。只有一封信是用打字机敲出来的。这部分并不代表着全部曾经存在过的信件,有一些信已经被乌娜遗忘在某处,或是被毁掉了。没有一封信上面有注明寄出的日期。

更令人浮想联翩的是,其他所有信件的信封都不见了。尽管如此,还是有一个珍贵的信息,那就是有几封信上有发件人的地址,能够推断出这些信是写于1941年9月15日至1942年7月之间的。总的来说,其中有五封信既没有日期也没有地址,另外九封信中的七封里,塞林格提到了他位于纽约公园大道1133号的家。这些信息对判断他们之间爱情维持了多久起了决定性作用。

塞林格有可能是在新泽西的军事训练的休假空当写的信。有两封信是1942年7月从乔治亚州班布里奇的美国空军学校寄出的,那时他正在那里培训新军官学员。他通常在晚上给她写信,在经过了一天的培训与训练之后,所以他把这些事写在了给乌娜的信里。[1]

乌娜-卓别林夫妇的第六个孩子(总共八个)出于好奇心,读完了两人之间全部的往来信件。她回忆起来在1970年代的某一个晚上,在瑞士沃韦的家族房产中,她的母亲高声向她的三个女儿:简(她自己)、约瑟芬和安妮,读起那些信。"一个字也不要对你们父亲讲,如果他知道我还留着这些信,会气得

---

[1] 摘自乌娜·卓别林位于巴黎的存档文件。

发狂。"她们会替乌娜保守秘密,简说。[1]卓别林,现在已经变成了一个耄耋之年的老人,在旁边的一间书房,对着一台开着的电视机打盹儿。

简确认没有一封信篇幅冗长。其中的一封,"那是一封特别短的信,充其量算是一大段文字而已",塞林格说自己想到了一个年轻人的故事,后来被证实就是之后《麦田里的守望者》的主角。在简看来,这些信件写作的总体口吻让人感觉他们之间的关系"有点像是带有爱情意味的友情"。"那些信非常、非常、非常优美",她惊叹道,"我的母亲不仅仅是因为他们俩之间的感情而保留着这些信,也是因为它们写得太好了。"而杰拉尔丁、她的姐姐,则表示自己从来没有听母亲谈起过塞林格,她说"从来没有提起过"[2]。子女里的老三约瑟芬,对他们之间关系信息的丝毫泄露都非常警觉,证实说"乌娜没有过多地提起过塞林格,她那时只有十五岁!而且卓别林才是她全心全意所惦念的人!"[3]到了"最小的"这一个安妮,她发誓说母亲"不是真的"爱塞林格,他根本没有办法"约她出去"。但是,有一天她对母亲提起自己对于这位作家无条件的倾慕,她的母亲回应道:"他本来可以成为你的父亲。"[4]

---

1 摘自 2010 年 10 月 26 日与简的谈话内容。
2 摘自杰拉尔丁·卓别林 2015 年 1 月 8 日写给作者的邮件。
3 摘自约瑟芬·卓别林 2015 年 1 月 8 日写给作者的邮件。
4 摘自 2015 年 1 月 5 日与安妮的电话交谈内容。安妮是艺术家安妮特-艾米莉·卓别林的名字。

乌娜对他翻了脸,但是塞林格没有如此那般地失魂落魄,其中一封信的内容可以作为评判,有一次,有一个人在巴黎的莎士比亚书店揭露了作家写的内容。[1]"你没有说实话。你是个骗子",塞林格给她写道:"骗子是不会上天堂的。只有那些嘴上叼着戒指的姑娘才能上天堂。还有丽塔·海沃思。"而且为了延续怪异而不是超现实主义的写作风格,他写道:"今后,我会变得开心起来。我会骑着一匹白马在公园大道从上到下、从下到上地炫耀自己,我会给街边的瞎乞丐扔去一瓶瓶的香槟。"[2]在信的结尾处,他写道:"发自内心的。"

对自己信任的好友伊丽莎白,塞林格则可以将他内心的痛苦敞开诉说,他的表达方式更为直接。"我为她疯狂"[3],他在给她的信中提到了乌娜。这份感情带来的痛苦在他笔下的主角霍尔顿·考菲尔德的身上发出回响,他发出感叹:"女孩啊,老天啊,她们能让你发疯。她们真有这个能力。"

塞林格是否会感到自己的付出没有得到回报?他就像疯了一样东奔西跑想要获得乌娜的芳心。他带她去博物馆,去电

---

[1] 2014年12月12日,在一场为法国作家弗雷德里克·拜贝德的书《乌娜与塞林格》(格拉塞出版社,2014)的聚会上,一篇塞林格的小说《破碎故事之心》,被拿来在公众面前朗读,这篇小说并未在法国出版。一个安妮·卓别林认可的人,但是家族的其他人并不认可,"对于乌娜与塞林格之间信件内容的泄露非常警戒"。马修·塞林格也不认可。
[2] 塞林格写给乌娜的信,被安妮·卓别林在YouTube上朗读。另外,她还在2014年12月15日的《费加罗》报上把内容重新进行了演绎。
[3] 摘自1941年10月31日写给伊丽莎白·默里的信,HRC。

影院，去中心公园散步，出入咖啡馆和高档餐厅。1941年11月的一个晚上，他邀请她去看戏剧，但是事情进行得不顺利。"我们一直吵架。""小乌娜的自恋已经无可救药……"他忧伤地发现了问题的所在。

"而且就像所有人都了解，也有时会认为的那样，我这二十几年也自命不凡……啊，两个美丽的人儿。（关于这一点多少是真的，但基本都是无关紧要的小事。说真心话，我知道我非常爱她。）"[1]

她对他的感觉就难以得知了，因为缺少直接的证据。另外我们也没有看到她的回信，或者是从塞林格嘴里提到曾经收到过的信。因此我们只能得到一点点信息，数年之后，她的两个密友马居斯和范德比尔特透露了一些只言片语，她们的口风都很严。

但是事情在1942年4月13日出现了一个转折点，在乌娜十七岁生日的前夜，她被授予年度最有潜力年轻女性的名号。她那时还在纽约，在照相机和闪光灯的焦点之下，但是她不会待很久。她马上就要出名了，远离曼哈顿，远离斯托克俱乐部……远离塞林格。

---

[1] 摘自1941年12月5日写给伊丽莎白·默里的信，HRC。

一场失落的爱情

美国也进入了第二次世界大战的战场。塞林格应召参军。而乌娜的心思也飞向了新的方向。1942年秋天，她陪同好友马居斯赶赴旧金山，同她一样，这也是一个聪明伶俐的女孩，是作家萨罗扬在回到部队前非常想要迎娶的人。因为他即将投入保卫国家的战役，他很害怕会就此丧命，无论如何希望死前能有一个子嗣。他将自己的想法开诚布公地对卡罗尔的母亲罗辛·马居斯说了，他对于这样一位美人抱有很大的好奇心，对于将要看到她，感到欣喜异常。一抵达目的地，这两位年轻的女士就受到了热情的迎接。萨克拉门托参议院酒店已经为她们二人订了一间两周的房间。

塞林格对这一切是否知情？他还待在东海岸的军营里。他不是一个会允许自己意志消沉的男人，他是否还在狂热地追求他的美人呢？马居斯不假思索地回答道："乌娜几乎每天都会收到从纽约寄来的那个杰瑞的信：那些信有时足足有15页，在信里他会对一大堆事情发表评论。"她当时想出了什么策略让萨罗扬喜爱她呢，这位作家一直在萨克拉门托的军事基地，他要求她每天给他写一封充满激情的信。然而，马居斯不擅于写信，她缺乏灵感；她努力地摆脱自己平庸的思想，在脑中搜寻只言片语。同时，也害怕她的情郎认为她是个白痴，改变心意迎娶他人，她找来自己的朋友乌娜寻求帮助。她答应了。"她把杰瑞信里那些最生动有趣的段落标出来，让我在写给比尔的信中抄写一遍，就像是我自己写的一样。"[1] 马居斯回忆道。

爱情的游戏是残酷的，塞林格在这场游戏中，被当成可利用的目标和笑柄。但无论二战后马居斯所说的是否属实，那个已经成名的作家，是否有美国式的骄傲感呢？我们知道，回忆有时会美化记忆中的事。然而，通过卓别林基金会里保存的信件来判断，塞林格的爱情书信似乎没有显得很冗长。简说他给乌娜写的信通常都限制在正反一页的长度，字写得很大，快速而稀松，完全不同于他写给好友伯内特、伊丽莎白，甚至是给哈托格的风格……

无论塞林格对乌娜所表达的感情的冲击力有多么强烈，她那一边能回应的能量并不能达到他预期的高度。当他给她写一些略带点怪异的幽默语句时，例如，他写道："我刚刚把打字机送进了洗衣机。"[2] 这样的句子也不会引起任何回应。当她给他回信时，只会写自己想和他说话，想要听到他的声音；就是一种非常平淡的爱情关系。这样温和寡淡的回应也不会削减塞林格的一片赤诚。

"我明天就想娶乌娜，如果她愿意嫁给我的话"，1942年

---

[1] 亚瑟与芭芭拉·盖尔布，《奥尼尔》，纽约：哈洛出版社，1962年出版。
[2] 劳伦斯·李和巴里·吉佛德，《萨罗扬传》，哈洛出版社，1984年出版。

的秋天他坚持着。在一封给另外一人的信中，[1]他说自己想要在一次外出假期时结婚，但是他的未婚妻希望婚礼在她好莱坞的父亲家里举行。他说自己已经做好了去加利福尼亚与她碰头的全部准备。"我希望能拿到《科利尔》杂志欠我的一点钱，去好莱坞告诉她我的想法。"[2]这本杂志刚刚买下他的一篇小说，《一个步兵的私人笔记》[3]。故事发生在日本袭击珍珠港的前夜，讲述了一个遭遇困难的步兵，这个故事里充满了感人的戏剧色彩，多多少少揉进了他自己的真实经历。

乌娜以前过得并不好。她与父亲的关系时有时断，总是很痛苦，她希望能够重复恢复彼此的亲情联系。去加利福尼亚的旅行就给她提供了机缘。尤金·奥尼尔并不是个坏人、只是众多因沾染酒精而导致性格扭曲、被自己惹人厌的脾气所折磨的人中的一个。

乌娜的母亲是他的第二任妻子，之后他娶了一个女演员卡洛塔·蒙特里，她表现得非常强势，对自己的继女也不例外。从她经常往返纽约到她涂的红色指甲，一切事都会被继母当作斥责的借口。

乌娜想要成为演员，学习表演令她气馁。她并不为此忧

---

[1] 摘自 1942 年 11 月 2 日写给马乔里·谢尔德的信，塞林格文档，摩根图书馆，纽约。
[2] 摘自 1941 年 11 月 2 日写给伊丽莎白·默里的信，HRC。
[3] 《一个步兵的私人笔记》。小说并未译为外语，出现在《科利尔》杂志 1942 年 12 月 12 日刊。

虑，她有自己零碎的事情要做，也有办法能够通过考试。不仅仅因为她穿着皮毛大衣——她穿的是水貂皮大衣，不像其他人，穿的是臭鼬。当她将眼光投向天空，微笑的脸庞会露出好看整齐的雪白牙齿，她看起来明媚可人。

在酒店里，她写信给住在豪宅里的父亲，告诉他自己想要去拜访。父亲住在陶庄园，坐落在旧金山与萨克拉门托之间的丘陵地区，鸟瞰山下。这封信得到的回复是断然的拒绝。

"我只知道你整天泡在俱乐部里，你还接受那些媒体杂志的采访，"父亲奥尼尔暴怒，"你给公众留下的形象就是一个不纯洁的人，除非你的志向就是演低俗、没有天赋的二流电影，就像那些照片被刊登在报纸上的人，他们会红个一两年，然后就会开始没落，过着默默无闻、窘迫、暗淡无光的生活。"他愤怒地给了她闭门羹："我不想看见你变回去年的样子！"[1]

乌娜很难消化得了父亲的训斥。她在经历了这件事之后，过了几周的时间才克服难受的心情，恢复回来。从此以后，父女之间形成了永久性的隔阂。在那之后他们再也没有见过面。

之后，她又过上了自己想要的生活。她的朋友卡罗尔离开了，她则继续踏上游历太平洋沿岸的旅行。她年轻漂亮，有亲和力，成为名人之后，得到很多邀约。她可以出去玩乐，炫耀

---

[1] 引自亚瑟与芭芭拉·盖尔布《奥尼尔》。

自己，与人共进晚餐。有一天晚上，她结识了查理·卓别林。这位电影界的天才在他的自传中[1]详细再现了他们结识的情景和细节。那时，他正在写《凡尔杜先生》的电影剧本，但是与此同时，另外一部由爱尔兰剧作家保罗·文森特·卡罗尔[2]的戏剧改编的电影《影子与实体》，由于缺少一位能够准确诠释角色的女主角而正躺在他的抽屉里。作为好莱坞著名经纪人的米娜·沃利斯，认为乌娜拥有罕见的光芒。她把这件事告诉了卓别林，他希望助她一臂之力，安排了一次晚餐。

到了约定的那一天，在会客厅相互介绍之后，卓别林一下子坐在了乌娜旁边，单独一个人与她坐在一起，就在壁炉旁。她"明媚"的美感与"罕有"的魅力瞬间打动了卓别林。就餐时，来了第四位客人：提姆·杜兰特，一位背景演员，同时也是卓别林称赞的网球拍档和一位杂务管家。在聚餐过程中，房子的女主人偶然间注意到乌娜刚刚过完十七岁生日，正是电影年轻女主角的年龄。"我的心情非常激动。"[3]这位电影导演坦诚地说道。但是这部戏需要一位有经验的演员。几天之后，米娜·沃利斯打电话问他能否为"奥尼尔小姐"做些什么，福克斯电影制片公司表示了对她的兴趣。"自从我结识乌娜的那天起，就一直不停地被她的幽默感和宽容所惊讶。正是因为这个

---

[1] 查理·卓别林《我的自传》，纽约：西蒙与舒斯特出版社，1964年出版。1964年被让·罗森塔尔由英语译为法语出版，巴黎：罗贝尔·拉封出版社出版。
[2] 同时也是一位电影与电视编剧。
[3] 摘自查理·卓别林《我的自传》。

原因和其他很多原因，我爱上了她。"他写道。卓别林，那时已年近五十三岁，他补充道："她那时刚刚满十八岁。但是我确信她并没有那个年龄的任性。"

一团噼啪哗啵的炉火，一张摆满佳宴的餐桌，两道由心交汇的目光，几句情愫互生的话语，一纸与子成说的契约，两个素不相识的生命突然交融在一起。各路小道报纸都愉快地传播着两人的罗曼蒂克消息。

塞林格的存在被完全忽略，报纸甚至对他只字未提。很久之后他才会迎来自己的荣誉时刻。乌娜拒绝了他，单纯是因为她冷冰冰地计较社会声望，而塞林格并没有吗？还是她觉得自己还年轻，并不考虑回应他爱的等待？诚然，他已经发表了一些文章，但与她的父亲奥尼尔相比，他的声望还达不到那样的高度。同时他也承诺不了她想要的物质生活。

塞林格通过事实得到了回答：乌娜在逃避他。与卓别林的婚礼如期举行。1943年6月16日，在卡平特利亚、加州圣巴巴拉附近举行的一场活动上，查理在摄影师们的闪光灯前给她戴上了一枚戒指。两人的结合标志着塞林格爱情幻想之光的熄灭。这场丰盛的爱没了。

从表面上看，塞林格表现得平静淡泊。但是当他在瓦利福奇的老友赫伯特·考夫曼在信中直言不讳地问他这场婚姻的宣布是不是给他带来了精神上的重创时，他的反应不是哀伤地自怨自艾，而只用了一个词来表达自己的心情："可笑。"这就是他内心最"客观"的想法:"这真是对我的羞辱!"[1]

然而,在夏天到来的时候,塞林格才感觉到了真真切切的打击。不完全是因为军队行军的不确定性,他刚刚被转移到了田纳西州纳什维尔的一个军事基地,同样也因为报纸上那些关于乌娜的消息。有小报说她把自己的内衣在卓别林的公寓里脱得到处都是,这种明显不过的证据,正好说明他俩的爱情甜美而又顺利地进展着,再也没有回转的希望了。

无论这则传出的轶事是真是假,说到底这不重要,他承认自己受到了打击。他失去了一些东西,失去了时间。他想不起来过往中最细节的小事了,他不再清楚地知道自己的位置。他能够回忆起交往过程中那些重要的事件和流淌的情绪,他最后准备好了把自己的心情写成一本小说。但是什么也没写出来。"我能够回想起乌娜那张可爱的小脸,以及同她待在纽约时一起打发时间的奇怪讨厌的家伙们(跟他们,我学习了打拉米牌),但是我回忆不起来作为孩子的她、完整的她、那个曾经耀眼的她。"[2] 他应当为了爱一个人而承受这么大的痛苦吗?最后的最后,他希望艾格尼丝·博尔顿、乌娜的母亲能够吃点苦头,他想对着她那"干瘪的屁股扔一只破鞋"!对卓别林也是,这个"得了前列腺炎的老家伙"!再把他俩写进高档内衣的宣传语里。

---

1 摘自1943年7月20日写给伊丽莎白·默里的信,HRC。
2 摘自1943年6月11日写给伊丽莎白·默里的信,HRC。

卓别林，黑色的野兽

为了让爱情的伤口愈合，塞林格开始不停歇地写作。几篇不同风格的小说，都已经在即将完成的节骨眼上。其中有一篇相当商业化，他正在进行故事的收尾部分，另一篇小说讲述的是一位名叫"小不点"的年轻女孩的故事，今天这部小说已经无从考证，他原本想寄给《故事》或者《周六晚间邮报》。他认为故事的结局很不幸。然而，他很喜欢这个故事。还有第三篇名为《巴黎》的小说，他将稿子寄给了《哈泼斯》杂志，在小说里，他假想将希特勒装进一只行李箱，一只非常小的行李箱里，带到巴黎。这篇文章，同样也石沉大海。

同时，他也写完了另一篇小说的结局《你是正在拿头撞墙吗？》，故事里的主人公是另一个霍尔顿·考菲尔德。因为这位艺术家有自己的写作技巧。他更清楚没有其他人物更适合这些杂志形形色色的故事读者了。《小姐》那样的期刊就不会像《周六晚间邮报》或《纽约客》那样具备高要求，这两份是纽约的知识分子为了追求卓越完美而办的杂志，也是他本人充满野心想要征服的杂志。为了这家期刊，他另外起草了一篇关于军队的文章，但他对那篇文章完全不满意。他非常希望《周六晚间邮报》能够定期购买他的小说，这样他就能慢慢发表自己喜欢的作品了，更不用说他们能够实实在在地增加每篇文章的报酬了。

自从他去了纳什维尔这座可人的城市，他就没有严格地要求自己必须要做什么。当然了，他在写作，每三个晚上有两晚在写作，周遭平静的氛围能够激发他的灵感。另一个晚上，他会去城里逛逛。

读书对他来说也是一种逃避的方法。他重新拿起了托尔斯泰的《安娜·卡列尼娜》，这本书对于他来说就是世界上最美的小说。这本书的名字就像是对他施了巫术。诚然，他喜爱陀思妥耶夫斯基，喜爱他犀利的思想，可能比托尔斯泰更为犀利。他认为陀氏的写作辐射范围更广，但是在人物刻画的深度方面不如《战争与和平》的作者。塞林格发觉阿辽沙·卡拉马佐夫的人物形象非常美，他被这个人物深深吸引了，甚至在与托尔斯泰的人物相比时，觉得前者"真实"得多。在与他同时期的作家中，他读得更多的是约翰·奥哈拉[1]的作品，但是他轻松的写作风格令他厌烦。他向老天爷祈祷那些电影工作室能买一篇他的小说，最好能尽快。如果能成真的话，那真是一桩拯救他的善行。

要想忘记乌娜，最好还是不要去想她。塞林格很少会敞开心扉，到了必要的时候，他会展现出自己爱嘲讽人的那一面。

---

[1] 约翰·奥哈拉（1905—1970）。著有多本小说，其中有《相约萨马拉》，1934年出版。

卓别林和他的岳母就会遭到这样的攻击！在一封给伊丽莎白的信中，他气急败坏地将自己针对这对新婚夫妇的怨气尽情发泄。他想象这两位晚间在家里，卓别林头发花白，蹲着，破衣烂衫下身裸露着，就像"一只死耗子"[1]；乌娜穿着海蓝色的晚宴长裙拼命鼓掌，掌声把卫生间都震动起来。她的母亲艾格尼丝，则穿着一件詹特森牌泳衣，美国最时髦的牌子，走来走去给他们倒鸡尾酒。

塞林格似乎是在打趣；实际上，这痛苦已经深入骨髓。看到乌娜这样一位如此年轻、如此惹人怜爱的姑娘，屈服于一个糟老头，这还真是上天绝妙的安排，他翻了一个白眼。这件事钳住了他的灵魂。当他一字一顿地向伯内特描述起这桩令人发笑的婚姻时，他鞭挞着报纸上登出来的两人的结婚照，说这就是"一场犯罪"[2]。

为什么？他不也曾经怀抱过娶她的幻想？事到如今，他的梦想破碎了，他感到黑色的忧郁将他吞没。白天，他忙碌于军事课程或是被训练弄得精疲力竭，甚至没有向祖国另一端打个电话的力气。他整个人都萎靡不振，没办法在电话亭前排两个小时队，等其他美国大兵把时间让给他。

幸运的是，写作对于他是一种强有力的消遣方式，那个时期，几家大的杂志社已经开始刊登他的小说。写作能够让他暂时从自己的爱情伤口里解脱。也许嘲讽的文字也能让他心里

1　摘自 1943 年 7 月 20 日写给伊丽莎白·默里的信，HRC。
2　摘自 1943 年 7 月 20 日写给惠特·伯内特的信，HRC。

好受一点，就像他写的《好心的中士》[1]：一个关于士兵、炮弹、在葬礼上洒下眼泪的故事。在故事里，他也向自己心中的痛苦投射了复仇式的描写。

"你见过卓别林吗？"伯克问道，一名约莫二十五六岁的军士。"我听说过他。他是电影里的那个家伙。"费里·伯恩斯回答道，他十六岁就参军了。但在军队记录上，他写自己十八岁。这个男孩看起来不高大，所以伯克对他也很友善。他给他准备了一沓包在手帕里的军功章，然后带他去吃饭，去看电影，看一部卓别林的电影。伯克在电影结束前出去了。"发生了什么事，伯克先生？是因为你不喜欢查理·卓别林吗？"电影情节一结束，费里询问他，他刚才笑到肋骨发疼。"他还好，"伯克回答他，"只是我不喜欢那些总是被大块头追逐的小个子，他一点也不好笑。这种人，永远也讨不到姑娘的欢心。这种人，就是要留点心。"

这里所说的"大块头"就是卓别林。他成功地夺走了乌娜，从此，他只能借酒浇愁，当他的精神状况跌入谷底时，就来上一杯。

他与乌娜之间的感情如昙花一现般结束了。在这个时候，乌娜什么评论也没有发表。塞林格需要重新遭受各种杂志的八卦冲击，好让家长里短的长舌妇、搬弄是非的传话筒和业余康

---

[1] 《好心的中士》刊登在 1944 年 4 月 15 日的《周六晚间邮报》上。此处为译文。

康舞者，再度有料可爆。首先作出动作的是杜鲁门·卡波特，一位牙尖嘴利的作家。有一天在一家纽约地标性餐厅，旁边几百米就是圣雷吉斯酒店。他在那里吃饭时，旁边一桌就是卡罗尔前任萨罗扬夫人和范特比尔特，她们俩是乌娜的朋友。他偶然听到了她们的闲谈，她俩年岁见长，两个人那时都已经再婚了好几次。对话开始了。

"乌娜无论嫁给哪个男人都会是一位绝佳的妻子。"范特比尔特说出了自己的观察结果。

太可笑了。只有天才才能和乌娜比肩。在遇到查理之前，她是想嫁给奥森·威尔斯的……那时她还不到十七岁呢。是奥森把她介绍给查理的。他跟她讲："我认识了一个绝对与你类型相配的人。他很富有，是个天才。他什么都不爱，最喜欢给年轻温顺的小女孩做父亲。"

萨罗扬打断她："你还记得她和塞林格的那一段吗？"

范特比尔特想了想，撇撇嘴，她想不起来了。

"那时候我们还住在布里尔利，"卡罗尔说，"就是在乌娜认识奥森之前。她那时有个神秘的男朋友，你知道的，就是那个年轻的犹太人，他妈妈是典型的公园大道街区的女人，他叫杰瑞·塞林格。他梦想成为作家，他在海岸那一头服役时经常给乌娜写十多页的信。那些信可真的是爱情论文啊，非常感人。比上帝本身还感人。所以就是太感人了，乌娜会给我读那些信，有一次她问我怎么看，我跟她说，对方肯定是个特别容易哭鼻子的男孩。实际上，她想从我这儿知道的是，我是不是认为这个人聪明有才华，或者仅仅是个可笑的人，还是两者兼备。我告诉她，两者兼备！后来几年过去了，当我读到《麦田里的守望者》的时候，我意识到作者就是乌娜的杰瑞，这让我更加深了自己对他的判断。"

"我从来没听她给我讲过关于这个塞林格的奇怪故事啊。"范特比尔特说。

"我也从来没听到过关于他的怪异故事。但有一件事是肯定的，他根本、一点都不像一个典型的公园大道上出生的犹太男青年。"

杜鲁门·卡波特将这一场景写进了《应许的祈祷》中。坚守着自己在餐桌边听到的内容和其他一些在沙龙里听到的对话，他信誓旦旦地说没有任何东西是"编造出来的"[1]。但是人们口头上说的话也不必全信。

塞林格也经历了其他一些事情，他了解人们的灵魂、人们的夸耀、人们的脆弱、人们做过的错事，也有一些人拥有一颗善良的心。当他审视乌娜，一个可怜的、他曾经爱过的年轻富家女时，他没有怨恨。他对她只有理解与柔情。1957年，有一天他去剧院看尤金·奥尼尔编剧的一出戏，在那里重新见到乌娜，那时老爷子已经去世四年多，这场相遇还是让他"心头一

---

[1] 杜鲁门·卡波特，《应许的祈祷》，1988年由玛丽·奥迪尔、福克缇埃·马赛科译为法语，巴黎格拉塞出版社出版。

热"[1]。

让我们重新潜回他的记忆中,他回忆起一封乌娜写给他的信,"有趣又充满了孩子气"。那是在她第一次看了自己父亲创作的戏剧《啊,荒凉!》[2]之后。她咒骂了整个世界,害怕自己不够好。要么就是说起她害怕布里尔利学校,这是她就读的位于纽约的专属富家女子学校,学校里有位小姐的父亲告诉她的家长说,她看起来不是那么好。两年之后,塞林格又一次同另外一个人提起了这桩趣事,讲的差不多是同样的内容。乌娜缺少自信的这一面非常感染他。他曾经希望她能获得一颗"善良又勇敢"的心而最后能得到宁静,这正是她父亲打击她的地方。"请将我的致敬带给艾格尼丝,如果她还记得我的话。"他强调说。当他给乌娜回信时,写的是"我爱的问候"[3]。

两年之后的1959年,乌娜的母亲艾格尼丝(博尔顿)-奥尼尔,出版了一本讲述她与这位剧作家婚姻头两年的故事《一个漫长故事的碎片》[4],塞林格担心她发布出来的内情。他将这整本书快速地浏览了一遍,它写得如此艰涩,以至于他需要一些勇气才能把它读完。某些段落的内容已经足够敏感到引起他的注意。与其想要责怪作者,他更愿意减轻对她的责难。

"我翻了一页又一页,"他说道,"发现她满足于写差不多

---

1 摘自1957年7月6日写给伊丽莎白·默里的信,HRC。
2 尤金·奥尼尔于1933年创作的戏剧。
3 摘自1957年7月6日写给伊丽莎白·默里的信,HRC。
4 原标题为《漫长故事的一部分》,1958年出版。

同样的事情，鉴于她喝光了一瓶又一瓶的酒，这并不是她的错。但这也不能让她成为背着十字架生活的圣洁的妻子，即使是世界上最轻的十字架也不行。"塞林格很担心她，非常担心。不仅仅是因为酒精毁了她，而是因为过了这么多年，她还是没有能够找到能"安放她自尊心"[1]的地方，她自有做这件事的必要性。他感觉她充满了人性。就像他对乌娜的父亲一样的评价，这是一个忧郁的男人，但是他温柔，同样也是一个好人。

这一年夏天的某一天，塞林格突然间收到一封来自"有趣的椰子"[2]写给《纽约客》的信，说他正在给一本专门针对年轻成年女性的月刊杂志《红书》写一篇关于乌娜的文章。随文章还贴上一张她婴儿时的照片，穿着白色的小鞋子，等等。艾格尼丝提供了素材。这个记者说他是通过伊丽莎白得知塞林格认识少女时期的乌娜的。他没有立刻向他已经相交多年的忠诚的朋友大发雷霆，他猜想她是出于对秘密的不谨慎才说了出去，没想到这段关系被写成了笑料，但是他们之间的友谊一下子失去了亲密感。在信的末尾处，这位记者先生请求作家好心地"迅速"给他一些关于心中昔日心爱之人的回忆。不用说，他没有回信。

乌娜对于艾格尼丝将自己的隐私暴露出来的行为是否感到不满？塞林格永远无从得知，但是他很可能觉得她不会赞成那

---

[1] 摘自 1959 年 1 月 26 日写给伊丽莎白·默里的信，HRC。
[2] 摘自 1959 年 7 月 15 日写给伊丽莎白·默里的信，HRC。

样的做法。"如果她赞成,那么她不应该那样想。"[1]《红书》出版了。全篇都围绕标题《我女儿与卓别林的生活》[2]在洋洋洒洒地展开描写。是什么撩拨了塞林格针对艾格尼丝的不信任与冰冷的愤怒:"她是怎样一个悲惨又愚蠢的长舌妇啊!"[3]

之前当伊丽莎白还被他信任时,从她那里他还得知,艾格尼丝因为想出名而不得,为了出卖家族的秘密,想找一两篇信的手稿。"这样就没法销毁这些信了,然后再把它们撕碎。"她向塞林格表示,乌娜的母亲做的买卖令人难过。他自己也只希望一件事:乌娜与她的母亲保持最良好的关系,所以他不想去回忆往事。"我确定她对我至少还有点印象。"他笃定地说,把自己仅仅想成"家里曾经出现过的一个过客一般的朋友"[4]。

---

[1] 摘自 1959 年 7 月 15 日写给伊丽莎白·默里的信,HRC。
[2]《我女儿与查理·卓别林的生活》,《红书》,1959 年 9 月刊登。
[3] 摘自 1959 年 8 月 6 日写给伊丽莎白·默里的信,HRC。
[4] 摘自 1959 年 1 月 26 日写给伊丽莎白·默里的信,HRC。

星条旗下

1942年7月中旬,他获得了一个周末外出的短暂假期,可以回来重新体会一番城市生活。他很想见见伯内特,但彼时他不在城中。他为了工作,在休假期间也开绿灯。为了能够实时了解文学界的动向,塞林格希望母亲将杂志上的文章剪下来。于是母亲给他寄了一沓《故事》期刊主编的文章,还把《时代周刊》文化栏的那几页也剪了下来,并在边缝写上:"这不是你的伯内特写的吗?"文章讲到一篇正在创作中的小说即将面世,名为《吾之最爱》,晚些时日,读者就可以看到。没有一篇是塞林格的文章,因为他没法选择出一篇他"最爱"的小说,之前他在小说被拒绝发表后回复的内容,除了一句简短的话之外没有其他解释。"抱歉,惠特,但是我没有任何新作品。致以亲切问候"[1]。

在他驻扎的蒙茅斯堡军官学校,塞林格想要去站岗。他已经受够了日复一日被命令去完成重复性的训练任务。他想换口气,爬爬梯子。探索一番新委派的职务似乎对他很有益处。为

---

[1] 根据惠特·伯内特《吾之最爱》中前言部分内容(克利夫兰,世界出版公司1942年出版)。

了达到目的，他向上面的有关人士请求可以为他写几封推荐信，同时对他来说也是人格担保，无可厚非。再一次，他首先想到的人又绕回了伯内特。请求"正确的人"来列举对他的证明，后者说"杰瑞·塞林格是一个有智慧的人"，"拥有想象力"的人，"能够迅速执行一项行动并且很果断"。"这是一个有责任心的人"，他补充道，甚至说他是"一名优秀的军官"，在这一行业"他想坚定不移地一直从事下去"[1]。

贝克上校，瓦利福奇的创始人，他几乎提前一个月就给了回信，并毫不吝惜自己的溢美之词。在他寄出的证明信中，他说自己更有观察这名"单纯的士兵塞林格"的优势条件，在1934年9月到1936年6月的学业训练中，他被这位往日学员的表现所信服，"所有美国军队所要求的高广价值观的士兵的特质，他都具备"。"单纯的士兵塞林格，"他坚持道，"是一个非常有人格魅力的人，他的思维活跃，运动能力高于平均水平。在工作中，他做任何事情都值得信赖，且忠诚。"

军事学院的校长对关于他的回复是强烈推荐，希望军队能够认真考虑对他的岗位分配。在他看来，这"对于国家来说确实是一种荣幸"[2]。

五封信都送达了军事管理机构。一旦课程结束，塞林格就等着离开通讯部队总部，转到军官学员学校去。但是他的体

---

[1] 摘自《故事》期刊存档，BFP。
[2] 1942年6月5日米尔顿·G.贝克，瓦利福奇军事学校校长的信，摘自《故事》期刊存档。

格测试被判定为不达标,测试成绩不及格。经过在曼哈顿一端的加弗努尔导的短暂驻扎,他重新考试,终于成功转学到乔治亚的班布里奇空军军官学员学校(候补空军),这次行程亮起了绿灯。他祈祷能坚持到为离开做好准备,他的心情一天一个变化。

塞林格的内心承认其他"家伙们",他是这么叫他们的,这些从属于他到目前为止服务的通讯部队的家伙们,之后会执行他发出的指令。现在,他在空军部队获得了批准,他的上级发现他的部门调换了。当他撒谎说自己从来没动手做成过什么物件,甚至没有修过一个玩具时,他自己也觉得好笑。现在他去了南方,威廉·福克纳与厄斯金·考德威尔的故乡,在那里他仿佛在文学田园里郊游野餐。那片地区气候温暖,多沼泽,湿润的天气一点也不适合他。他更喜欢让"糖果们"[1]保持干爽的状态,待在更靠北一点的地方。

1942年,一个根本性的转折事件发生在塞林格的工作生涯上,这件事基本上影响了他之后的每一天、服役期间每一步行动。军营里的生活,这身橄榄绿的军装下感受到的果敢或恐惧、战争的无常、同伴的不幸,被他当作素材写进小说中,自己通常是其中的主角。因为这符合他一直延续至今的写作特点,个人经历中的重要部分会被糅合进虚构小说中。纵观他所

---

[1] 摘自1944年1月14日写给惠特·伯内特的信,《故事》期刊存档,BFP。

有的小说，虽然有一大部分不曾被翻译，但我们可以透过这些小说看到，日本在太平洋对美国舰队发起的致命性突袭所引发的创伤后遗症产生了多大的影响，他曾经上过前线，他受到了怎样的冲击，就像他在小说《一个步兵的日记》[1]中提及的一样。这下清楚了，基于这个事实，小说家便开始推演，将四处观察到的外部事件相互交织。其中有一些事情，很明显纯粹是想象出来的，当我们近距离去看时，会发现那只是他将别人的经历用句子巧妙地调换到自己身上而已。

好比用白色的鹅卵石在路上做标记，塞林格剥下自己生活里的点点滴滴，摆放在他的作品、他的故事和小说上。

在美国海军毫无预兆地被日本偷袭了之后，他的男主角劳勒希望入伍参军。他极度渴求能登陆大西洋的另一岸去作战，他的名字被从候选人清单里拎了出来，因为面试的军官说有一个女人来反复恳求他这么做，"她是我所认识的声音最温柔的女人"。她已经是两个孩子的母亲，需要自己的祈求得到满足。受到如此的侮辱，这位自愿请缨的士兵，抱怨军队令他遭受了歧视待遇，他要像魔鬼一样去战斗，只希望自己的声音被听见。他希望"能有所行动"。他的要求最终得到了满足。劳勒登陆了。面试的军官有好几次想打电话给这个女人，告诉她士兵已经启程了，使她明白自己的愿望变成了徒劳。但是他没有那份勇气。几天过去了，他才拿起了电

---

[1] 《一个步兵的日记》刊登在 1942 年 12 月 12 日的《科利尔》杂志上。

话筒。

"他发现没有什么特别需要对她讲的，"塞林格写道，另外"这件事听上去就像假的"。为什么？怎么做到的？主人公是怎样坚持保持缄默的？作家很好地掌控着悬疑。这个女人其实就是劳勒的妻子，而面试的军官正是这对夫妻的儿子。

塞林格不是那种会将故事一吐为快的人，更不会将自己的写作过程泄露。

在信中，当他把反转的故事带着羞耻感讲出来，写出了大胆与洒脱之间存在的矛盾冲突。能写出这样的作品，是因为他保持一定观察距离去描述故事里所发生的事件。在他的故事里，他会采用类似的手法，给微妙地给故事注入戏剧的张力，然后再一下抛出结论。大部分时候，故事是通过戏剧的表现形式来完成。在现实生活中，他为了重新回到部队，毫不迟疑地选择动用自己的私人关系，然而小说的主人公劳勒，却身处一个更不自在的状态，身为一位男性，他并不怎么光彩，有一个想要阻止他奔赴战场的妻子。这两种情况，都无尊严可言，他们都感觉被推到了舞台的前面。

回到塞林格那边，他在临时住所里安营扎寨，等待了一个又一个月。终于，他等来了一次休假。然而当他一脚踏上纽约的土地，心已不在原处。他被一种奇怪的感觉困扰，就好像瘫痪了，好像被一种麻痹症掐断了手脚的感知。他再一次承诺自己会去拜访伯内特，他肯定会满足想要见他会面的愿望："如果他没有太多事务的话，他肯定会埋头于一本小说里。"[1]他也给自己的文学代理人写了信，最后塞林格放弃了去看望老师的念头，他被这次短暂的回城休憩拖住了脚步。他突然感觉自己"太像大兵了"，他的心态变成了"随便做些什么"[2]。除了一遍遍地听当时红极一时的流行乐，其他什么想法也没有付诸实施。

然而他也有证明自己的客观原因：他刚刚发表了一篇小说，《沃罗尼兄弟》[3]，刊登在《周六晚间邮报》上。但是等待了一些时日文章才发表。他感觉自己就像个做苦役的水手，以为自己终于做到头了，船却一直没靠岸。其间，邮报周刊以很高的酬劳向他买了名为《火星上的雷克斯·帕萨德》，讲了一个小男孩的故事，与圣·埃克苏佩里的《小王子》非常相似，都是冒险故事。

塞林格曾经把这篇故事寄给《周六晚间邮报》并得到认可，因为钱如果照常打过来的话，他会很认真地决定结婚。他当时很执念于这个念头。这不是他第一次产生幻想。活着本身就总是令他感到厌烦，他在其他年轻姑娘面前也不会感到羞怯。通常姑娘们在面对他的进攻时会退缩，但即使她们接受了，他最经常做的事也是心猿意马，甚至有时候会借口去牙医

---

[1] 摘自 1942 年 11 月 25 日写给哈罗德·奥伯的信，来自《故事》期刊存档，BFP。
[2] 摘自写给伊丽莎白·默里的信，未标明日期，从班布里奇军事基地寄出，HRC。
[3] 《沃罗尼兄弟》小说刊登在 1943 年 7 月 17 日的《周六晚间邮报》上。并未被翻译。

那里，或者其他的托词，来逃离她们的精神控制。他能够从一个点燃爱意的眼神里传递出出人意料的深沉，这种能力能够使姑娘甘于等待；至少他可以如此自夸。

在爱情方面，塞林格有几次甚至是在爱情开始之前，就向对方释放出对未来不抱幻想的信号，就是为了表现得令人厌烦。他相信做了事情就会有后果，所以避免招蜂引蝶，这样他能够有一点休闲的时间。他试着去为自己的行为自圆其说，他说服自己只是想要避免婚礼，这样做可以防止他想结婚，婚姻，这是个"古老的好制度"。总而言之，他发现自己把问题解决了，一了百了。

乌娜并不是他的初恋，在她之前，他同一位女大学生谈过一场认真的恋爱。她出生于富庶之家，这位被爱情选中的姑娘在最后一学年进入了芬奇学院，这是一所位于纽约的年轻女子学校，该校在培养城市运动方面很出名——网球，击剑，游泳，舞蹈，同时也因学校内部的装潢和教给学生们的家政作业而闻名，教她们如何做一名居家的好妻子和好妈妈。这种教育方式简直就是为了取悦塞林格，并不是为了保持名声。那时，婚姻对他来说真是水到渠成的事，情感上他已经有了这样的想法，他们的关系很稳定，而且也很确定。可是事情的结果却走向了另一个方向，在一封给伯内特的密信中，他表达了后悔的心情[1]。

---

1 一封没有注明日期的致惠特·伯内特的信，《故事》期刊存档，由乔治亚州班布里奇寄出，根据信中的内容推断是1943年7月、或是前后差不多的时间写的。

写作以求解脱

不知何时才能解脱的塞林格，寻求不到其他打发情绪的方法，只能求助写作。这是他唯一喜爱的活动，而且军队生活能给他提供源源不断的故事和各种各样的素材。他曾经创作了一篇军队题材的小说，但是他把稿子撕了，觉得它太过形式主义。虽然和他其他作品的笔调一致，但还是觉得不对头。

如果不能同自己笔下的角色完全抽离，他就无法形成作品。他不可以被各种各样的感觉、情绪和其他病态的羸弱因素所渗透，他需要达到自己完全掌控一切的状态。因为对于他，只有真诚是衡量他存在价值的不可回避的指标，就像之后他呈现于纸上的霍尔顿·考菲尔德一样。

正是因为如此，塞林格的脑中从来没有放下写一部关于一个十七岁男孩的小说的念头。只是就像我们看到的，眼下他身体里的血液还过于燥热。要做成这件事，有一个预备动作：保持头脑的冷静——这是"必不可少"的条件，以此来避免过分掉入煽情的陷阱，或是靠故意卖弄来吸引读者。做到这一点是绝对有必要的。同样，他也花了很长时间才走到完全"冷眼相对"的状态，他寻找内心完全冷静如冰的冰点，即使是在那些感情最浓烈和最热情的段落里，他也知道不能将自己十七岁以来的经历照搬到这部虚构小说中。但是，多点耐心吧，塞林格感觉这一刻快要到来了。

在班布里奇的基地，士兵们可以使用图书馆。"正确的，坚实的，发臭的"[1]，这些书一溜排开放在架子上。这座图书馆里满是大众畅销小说，其中还有萨克斯·罗默，邪恶的傅满洲的历险故事的作者，说他是"黄祸"[2]的化身，这是当时针对中国人的种族歧视者的偏见。还有劳埃德·C.道格拉斯，一名老牌的荧幕编剧，他是激进的基督教宣传者，通过耶稣的近现代故事来传播基督教的思想。他曾经是文学界的布道者，他的作品《天老地荒不了情》[3]取得了惊人的成功。就像当年的《宾虚》，在1930年代这两位作家的书销量都超过了数百万册。

对这类文学作品不太感兴趣只是一种委婉的说法，但是他喜爱看某些读者写在页边的批注，这是他们在读的过程中，被惊吓到的瞬间记录下的内心活动。这一套系列书籍是有人捐赠给基地的，同时也是出于宽厚仁爱之心，来帮助单纯的士兵进行学习使用。

在内心空虚的时候，塞林格会自艾自怜；城里的生活浮

---

[1] 摘自写给惠特·伯内特的信，没有指明日期，从班布里奇寄出，来自《故事》期刊存档，BFP。
[2] 黄祸，指所谓黄种人带给西方的威胁。——译注
[3] 《天老地荒不了情》，1929年出版。

上心头：与伊丽莎白和她的母亲在玛纳斯宽一起度过的洒满阳光的午后；当他不忙着追姑娘时，大学里的安静时光。一大股忧伤的浪潮向他冲过来，他被淹没了进去，然而，他还没有放弃自己最高尚的雄心，想要成功，通过杂志大放异彩，想要卖点什么——一篇故事、一篇剧作——再卖给好莱坞。一张1942年圣诞节的照片表露了他的心思，那是午后，士兵们在玩篮球，他们朝他走去："你想玩吗？""是的。"他很吃惊地回答道，他从来就不是个运动健将。在中学的时候，他几乎从来没有赢过比赛。他发现自己在军营里的这一刻，竟然想玩一玩球。

塞林格穿上军装已经有一年的时间了。"伊丽莎白夫人，我可是一名中士，不是什么普通士兵。"[1]他写道，在他的朋友伊丽莎白看来，自负可笑。再过几天，他就要负责整个新兵的管理。他肩上就要负起责任了。1943年6月5日，对他新的委任下来了。他要和其他军官中士一起被派往田纳西州的纳什维尔军官学员管理处。这个职位似乎很难做，职责会让他感觉疲惫。他感到厌烦，厌烦不能把心底里最想说的话高声地说出来，厌烦一遍又一遍重复训练动作，看不到尽头。最让他厌烦的，还是他现在每天早上都要在八点之前写晨报递交给他的上级。天天完成这一系列事务非常艰难。起初，他没有一次能把

---

[1] 摘自1943年3月24日写给伊丽莎白·默里的信，HRC。

事情做好，要么是迟到，要么是在文件里漏掉了一些信息，要么就是在对齐数字时留下点小瑕疵。所有他犯的小错带来的都是欢笑，别人并没有对他责怪加难。

写作并没有从他的头脑中逃离，一本本短篇小说集，一沓沓写成的故事成为了他日复一日活下去的理由。他虽然看起来心不在焉，却一点没有惹得战友厌烦。即使他显得跟别人有距离，但因有着"冷面笑匠"式的幽默，也能让气氛变得非常活跃，他更像是一个好的陪伴者，况且他还拥有安静又聪慧的外在形象。被别人归为这一个类型也不会让他烦恼，如果自己心里也这样认为，那他才会不耐烦。如果有人指责他尖酸刻薄，他就会奋起自卫。

另外，在部队里，他戒掉了一切这样那样需要花钱的娱乐，他的同伴也不太明白他这样做的原因。在那些忧郁的夜晚，当找不到一个可以说话的人时，他意识到自己无非只是孤独星球的一部分，那种感觉就像在挤一个"脓疱"[1]似的。

他的孤独感，在过往几段过客一般的经历中，是深如大海的。在军营深处的他，每天数着日子等待外出休假的时刻去换换思路。他得到了三天的外出假，便受两位曾经在班布里奇的战友之邀去逛了戴尔斯堡，他们俩刚好也在休假。那是田纳西州的一座小城，他们一起打高尔夫球，一起看星星，一起跳舞。那里的年轻姑娘一点也不害羞，所有人都很热情好客，他

---

1 《故事》期刊文档，BFP。

们发出由衷的欢笑。塞林格从忧伤中挣脱出来了。他从来都没有得到过如此多的快乐，他甚至夸口说自己和厨房的人攀谈，这事他从上学起就没有做过，上学真是幸福的时光，那时他和同寝室的男孩们一起捣乱。这也侧面反映出他想要完全掌控自己的生活。

经过这次短暂有趣的休憩，回到军营的生活显得更加枯燥乏味。他想要像《我心分裂》的诗人一样大喊大叫，要从侵蚀他内心的苦役中解脱出来。每每到了感觉内心狂躁的时刻，用来安慰自己的话语就是，至少他还有时间可以写作。当然他也从来没有停止过对伯内特的想念。对于其他出版界的"头头"们，他则予以毫无控制的挖苦。那些报纸的主编们开始对他认真看待了。他们对他写作的内容开始表现出了兴趣，有些人甚至表现出了真正的追捧，称赞他的自大。在这批报纸中，最慷慨的是《周六晚间邮报》——这一点我们已经看到了，还有一家非常有名气的《纽约客》。终于来了！感谢上帝，他可以把这句话说出口了。塞林格感到很好奇（为何这些报纸会选择他），他过分的傲气此时就窜到了前面。他自认为自己已经写得尽量简单自然了，但是完全相信没有一家大报纸或杂志社会以为他写的是一个短篇小说。

他的写作方式是完全创新的。他习惯于同时创作至少四个故事。最先完成的那篇会先寄去发表。他的方法得到了验证。这样做可以避免长时间对着一张白纸绞尽脑汁地思考，或是无休止地写同一个句子。他只需要有一个点子来启动小说，最喜爱的那个就是最好的。正好,《邮报》选了其中的一篇《沃罗尼兄弟》,小说中的故事产生了反转效果,[1] 这一过程伴随着痛苦,随着小说的发表,唾手可得的成功和由此获得的金钱,都呈现在他面前,那感觉就像在音乐厅里一样辉煌震撼。

小说的前言部分写到,专栏作家去度假了,一个替任者前来就职,有一只像阿拉丁一样的好精灵建议他许一个愿,他许愿要把希特勒、墨索里尼和裕仁天皇扔进一个不大不小刚刚好的笼子里,当场扔到白宫的台阶上。塞林格是在做梦……得了,停止妄想吧,索尼·沃罗尼在哪?这位是二十世纪"最悲惨"的未完成的故事之一的主角。

这个故事的背景是1920年代犯罪充斥的芝加哥。夜店里有形形色色的下流人士和爵士乐,内部装潢得华丽异常。乔·沃罗尼是一位天才作家,另一位主角的哥哥。他在一次晚宴上被人失误枪杀,毁了所有他们俩得到的荣耀——本来该死的人是弟弟索尼(这个名字也是杰罗姆的父母给他取的乳名)。哥哥去世已经十七年了,谁杀了他已经无所谓了。塞林格没有在小说中点明。

莎拉曾是哥哥的恋人,她无疑曾经爱着哥哥。要想知道艺

---

[1] 小说中兄弟两人中的哥哥乔原本是个文学小说家,他的弟弟索尼强迫他为自己写商业歌词,后来两人在歌曲写作上大获成功。后乔被人意外射杀,杀手本意是想杀死欠下赌债的索尼。数年之后,渐渐成长的索尼为了纪念哥哥,开始继续创作那部未完成的小说。——译注

术家是怎样生活的,这种生活就是被人揪住尾巴的魔鬼一般的生活,人生道路突然一路飙升,名声大噪,成功就这样来了。她也认识金手指的钢琴师索尼,一个外表英俊的小伙子,充满魅力,喜欢弄虚作假,看起来总是闷闷不乐的样子,在他哥哥死后变得尤为阴郁。他玩扑克输得倾家荡产,为了偿还赌债,抵上了自己的性命。结果他倒霉的哥哥用惨重的代价偿还了赌债,一条鲜活的生命被瞬间切断,就像一次真真切切的截肢。原本索尼负责创作音乐,乔负责写小说,他们俩的配合天衣无缝,他们联手创作的曲子耳熟能详。索尼逃脱了,时间让人遗忘了一切。后来,命运的偶然,让他在一个盒子里找到了哥哥乔未完成的小说的原稿。他想要帮他写完小说,因为当他拿起纸页朗读时,长久以来第一次他听到了音乐的声音。

阿尔弗雷德·希区柯克是悬疑电影大师,在他的电影里,他幸灾乐祸地安插了一个偷偷摸摸的机灵鬼的角色,塞林格没有和他不一样。乔·沃罗尼很像他。那个习惯性动作:他抬起手,用修长的手指滑过黑色的头发,他"深深知道自身的天赋",他唯一着迷的爱好就是写小说,人们能够看到,这就是他的心声。最后同样重要的是,从一大堆乱七八糟的笔记可以得知,他是"从学校里出来的问题儿童",这一主题的小说我们已经不再感到新鲜。"我曾经认为这一文不值。"当索尼·沃罗尼看到他已故的哥哥留下的笔记时,发出叹息。"什么都没有发生。"故事中戏剧性的缺失引发了塞林格内心的冲突,也引发了《麦田里的守望者》中的冲突。

在心里构思一部小说已经有几个月的时间了,他想把故事呈现于纸上,却做不到,因为他没办法花好几晚的时间在桌前专心写作。内心不妥帖的感觉日益累积,他最终病倒了。他患上了关节炎。病痛折磨了他一段时间,他不得不写更为短小的故事,就是那种不需要耗费他太熟谙的专业技巧——这一行的诀窍——的故事,看上去只要是他写出来的东西都能获得成功。塞林格可以什么都不用怀疑,尤其是不用怀疑自己,他通常并不容易生病。他的健康是神秘故事的来源。他叫人拔掉了两颗牙,另外两颗也遭到了同样的命运。时间流逝得很快,他马上迎来了一次回纽约的外出许可;这次回去他可以拜访伯内特,给他生动地讲述自己的长篇小说,并不是《白鲸》那一类小说。赫尔曼·麦尔维尔是这部经典小说的作者,同样也在塞林格文学爱好的范围之外。他更偏爱菲茨杰拉德、海明威,以及自从与乌娜相识后,时而喜爱时而厌恶的小说家及编剧威廉·萨罗扬。

塞林格预见看到自己将来可以获得成功的领域是故事集,一种浓缩的中篇小说,非常短,适合搬上大荧幕的那种。伯内特曾经将赫伯特·克莱德·刘易斯的小说《双面奎利根》[1]卖给好莱坞的电影制作公司福克斯从而将一笔收入纳入囊中,这篇喜剧曾刊登在《故事》期刊上,他希望自己也能做到这样。他

---

[1] 《双面奎利根》刊登在1943年2—3月的《故事》期刊上,后于1945年被弗兰克·图特尔改编成了电影,名为《唐璜·奎利根》。

甚至希望老教授能就酬劳的实现方式给他一些中肯的建议。编写的主题并不令他头疼。他自己就能想出很多点子。他不缺乏想法。剩下的就是为什么不写一篇讨人喜欢的故事，讲述一名女孩在二战之后的经历，或者类似的东西呢？会有人愿意读这样的故事，而且点子很容易找到，他被自己说服了。

《露易丝·塔格特漫长的初次登台》得到的反响让他更加笃定了自己的想法。小说出版之后，霍顿·米夫林·哈考特是波士顿最老牌的出版社之一，曾经主动联系他。代理人给他介绍了眼前的市场形势，还告诉他哈考特出资为年轻作家设立了一项奖金，只需要填一张无可挑剔的表格就能申请。作为交换，他只需要写一本能出版的中篇小说就可以了。经过一些简单的手续，就可以得到回报。塞林格拒绝了这一提议，原因就是他不想收这样的钱。他绝不会让自己失去自由，不论以何种代价。他的想法很坚定。出于多么迫切的渴望，一个作家才会一点一滴把一篇小说的权力让给一个电影制片人呢。除非是出大价钱，为了把这部电影拍好。仅仅是一个一闪而过的念头，只写一部这样的小说，他都会受不了。单单从他自身的感受出发，他能够在一秒内，想出那些白痴人物和熟练到听起来不对劲的对话，以此来满足米高梅公司的那群毫无怜悯之心、唯利是图的人么？

他没有想太多便停止了这个项目。然而可以肯定的是，这笔买卖能带来的金钱绝对能确保他的经济独立。能保持多久……也许是一年？总而言之，这段时间长得足够他写出好的文字而不用担忧它们不卖钱。有一部电影吸引了他的注意,《卡萨布兰卡》,这部电影由迈克尔·柯蒂兹执导,由亨弗莱·鲍嘉及英格丽·褒曼主演。塞林格很喜爱鲍嘉的表演,"他很帅气"[1]。同样也很欣赏电影中带着黑人口音的钢琴曲,更不要说《时光流逝》,由杜利·威尔逊饰演的萨姆演唱的电影原创歌曲。一位娴熟的舞者跳出了最慵懒的气氛,塞林格很欣赏这一点。电影上映于1942年,影片带给他一些想法。

写一篇类似的电影剧情小说对他来说绝对不是必要的。战争已结束了,他本可以专心于写作。对,他终于获得了平静,终于!他最想要做的,就是向世人介绍霍尔顿·考菲尔德。在这本书出版以前,他应当脚踏实地地把书写出来。

塞林格刚刚完成了一部短篇小说,篇幅足够长,故事围绕一个电台喜剧作家展开波澜起伏的剧情。主角们经历了最罪恶、最恐怖的场景,但是情节很搞笑。这篇故事发表在了《科利尔》杂志上,所有人都认为会有导演凑上前来拍成电影。他对自己的作品很有信心,从来不会缺乏胆魄,有时他也会拒绝将未完成的小说提前卖出去。因为他曾经上过当。他曾经想写一篇关于一个漂亮姑娘的短篇小说,然后卖给《邮报》,结果到最后他没写出来。他给自己找了个理由,还带着恍然大悟的幽默语气说了一些反话,这是他的招牌标志,最后他开始思考,原来自己没有办法为了某个流行杂志去写一个女孩的故

---

[1] 摘自1943年3月24日写给伊丽莎白·默里的信,HRC。

事，很明显，至少他是一个完全不了解女孩的作家。对此，他引用了《费加罗·德·博马切斯报》的名言，上面说"没有必要坚持己见以强词夺理"。

机密部门

当事情涉及他的切身利益，塞林格的进取心就会突发猛进，表现出令人惊讶的实用主义。1943年夏天，申请纳什维尔军官学员学校的入学申请被同意了，他在等待空军管理学校的面试通知。当得知学校的录取人数骤减、加入下一期课程的机会微乎其微或者有可能根本没法入学时，他又一次给瓦利福奇的校长米尔顿·G.贝克写信，请求他的帮助。在信中，他说，自己深知反复请求他人有多么令人厌恶，但是他急切需要他的帮助，或者至少给他一些建议。他明白自己有可能会给他带来不必要的麻烦，他猜想自己肯定不是唯一一个敢于给他写信的前校友。

塞林格用自己惯有的方法，没有拐弯抹角，直接问他会不会"刚好"认识坐落于亚拉巴马州蒙哥马利的麦克斯韦场军事基地培训中心的人，或者，他是否认识空军军官，可以呈递自己的入学申请。如果他并无认识的人，也希望能得到他好意的指点，应该采取何种行动来达到目的。塞林格非常想要获得军官文凭，不仅仅是因为对他入伍13个月以来的薪水不满，不是的，而是因为他发现如果能拥有一个属于自己的屋子，他就能有写作的空闲。他已经完成了几篇短篇小说,其中《沃罗尼兄弟》将被刊登在《邮报》下个月的月刊上,也恳请校长读一读。如果他的代理足够可信赖的话,这篇小说很有可能将被搬上大荧幕。在信中,无论是出于礼貌还是真切的怀旧之情,塞林格怀念起在军事学校就读,以及他作为学员接受培训的那几年"旧日好时光"。不仅仅是因为那时"我们感觉很安全"[1],同样因为在瓦利福奇,他获得的快乐。

与此同时,军队谨慎地调查了塞林格上士的情况。美国军事信息部非常隐秘地执行了一项对他的调查任务。这项调查在军事权威机构没有告知他本人的情况下进行。他生活中的任何一个小角落都没有放过。国家的安全至上。

他的过往被像筛子一样查了一个遍。甚至连他的编辑伯内特也被调查到了。信息部的工作人员,让他从美国以及自身的"组织"出发,从塞林格的"个人评价"[2]、"性格"、"正直度"、"忠诚度"方面,让他对这位昔日的哥伦比亚学生给出评判。

这些问题不绕任何弯子,还带点令人惊奇的天真。"您是否有得到任何关于他有可能加入颠覆政权组织的信息?我们是否需要调查他对美国的忠诚度?"詹姆士·H军官在信中坚持

---

[1] 1943年6月2日,美国军事信息部米尔顿·G.贝克的信,《故事》期刊存档,BFP。
[2] 摘自同样的部门于1943年7月15日给惠特·伯内特的信,《故事》期刊存档,BFP。

道。这个人还用不可置疑地语气说"鉴于这个职位事实上是隶属于国防计划部门,希望您能对给出的答复保密,直白,真诚以及诚实地回答这个问题"。最后,这位信息部军官还让伯内特放心,他的证词将"被最严格的保密处理",确保"这个人的名声"不会受到损害。

伯内特与他"亲爱的杰瑞非常亲密",会为他隐藏一切由战争秘密组织提出的问题。"因此我给他们回了信"[1],他回信里写下寥寥数笔。他把自己描述成一个微不足道的通信对象,他说,现在全世界都在打仗,对于自己这样一个"一成不变"的人来说,没有太多自己的事好讲。

1943 年 7 月 14 日,塞林格作为教导中士,被分配到了位于俄亥俄州的费尔菲尔德的帕特森场军事基地货物供应骑兵连第 85 军。他将要在那里度过 1943 年的夏天,之后还要再待一段时间。他一到达军营,就因为曾经在《周六晚间邮报》上刊登文章给士兵留下了深刻印象。这是他非常自豪的事。不知是不是鉴于这个原因,他之后突然被任命到了公共关系部,这么明显的任命是为了取悦他么?"换了一个岗位令我高兴"[2],他在换岗之前有所透露。在关于他的传记中,汉密尔顿取笑了这次晋升。"没有比在公共关系部门里坐第二把交椅更好的差事

---

[1] 1943 年 7 月 27 日惠特·伯内特写给塞林格的信,《故事》期刊存档,BFP。
[2] 1943 年 7 月 20 日写给伊丽莎白·默里的信,HRC。

了。"[1]他揶揄道。

不管怎么样，塞林格因此有了足够的时间监督——虽然是从一小队开始———一群士兵，让他们在战壕里摔打训练。当训练进行得相当困难时，他会施以援手，一整天耷着肩膀，对着他们大喊大叫，试着让他们理解在战争实战中可能遇到的危险事件。然而，自由的休息时光是令人向往的，除非在泥泞的路上找不到一台打字机。那真是令人恼火的情况。因此每当能找到打字机时，他都会躲进代顿的酒店里写作。每次半小时，形成了习惯，他也会溜进一间电话亭开始打电话。

国家军事公寓是这座城市的骄傲。那里曾是娱乐中心。每年都有数千拜访者挤进去参观里面的花园，植物园里高大的温室、湖泊和草地，上面到处是小鸟和松鼠。

空军指挥部给塞林格委派了一个协调配合的任务，他要出差，四天在纽约，两天在华盛顿。甚至还被安排去加拿大参加一个展览，《生活》杂志也刊登了展览的照片，这场活动其实是为了掩盖对抗军事组织的抗议，他是展览的官方代表。他自己那边，也被《科利尔》周报催稿，他已经能够预料到当地只有北极地区的寒冷，夜晚住宿的帐篷没准只比狗笼大一点，但是最后这次外出没有成行。

在纽约时，塞林格抽空溜出来为《俄克拉何马》贡献了自

---

[1] 摘自伊恩·汉密尔顿《寻找塞林格》。

己的掌声，这是一部罗杰斯和哈默斯坦的音乐喜剧，这两人的二重奏剧目在百老汇一直不知疲倦地上演着。这是一部被乐观主义施以欢乐魔法的剧目，昂扬高亢的主题曲歌颂着绿色的草原、玫瑰糖一般的爱情、幸福的婚姻、生活的喜悦，以及对于祖国的深深的归属感。1943年3月31日，这部剧在圣詹姆士剧院上映，马上得到了观众出乎意料的好评。塞林格从剧院里出来时，也感到非常激动。他从这部震撼人心的美利坚颂歌中感受到了爱国之情，一种不屈不挠的、理想化的、存在已久的爱国之情，也得到了很多很美好的感受。剧中使用了创新的表演方式，将合唱、芭蕾和西部片融合在了一起，成为戏剧界的一次小小革新。这种形式的戏剧也给了他一些启发，不过是微小的启发。他喜爱其中的音乐，更喜爱其中的芭蕾舞段，而最喜爱的，是那些芭蕾舞演员，他们是他看过所有音乐剧中最好的演员。毫无疑问，天真无邪角色的，展现出的光彩夺目的美丽值得观众期待，剧目被搬上舞台的形式则展示出表演的多元性，一些主角已经达到了非常高超的表演水平，舞者的优雅已经达到了完美的境地；他看完了演出之后是如此欣喜，希望能够推荐他的同僚都去看一看。

塞林格是一名战士，在那段时间，他的父母很后悔没有主动与他联系，他也同样并没有殷勤地和他们通信。幸运的是，他们通过塞林格的英国朋友哈托格获得了儿子的消息，他是英国国王皇家步枪队的上尉，在英国中东部队服役，曾经参加过阿莱曼战役。这位友人写信给他的父母，告诉他们他收到了一封来自塞林格的信，两人曾在1937—1938年的维也纳冬日里一起跳过舞。他顺便询问了他们如何才能得到杰瑞在报纸杂志上刊登过文章的报纸。这些报纸他都找不到了。

在回信中，索尔·塞林格发现自己没办法给他邮寄那些报纸。"我们特别高兴得知杰瑞给（他）带去了消息，"他写道，这意味着"他并没有将他遗忘"[1]。作家的父亲接着写道："你知道，他不太愿意透露自己的私人书信地址。"他用这种友好的方式替自己的儿子找借口，以确保这位"亲爱的唐"还能感受来自他"非常深厚非常热烈"的感情。索尔·塞林格最后指出："现在看来，战争将要朝一个好的方向转变。事情看上去确实在一个对的路线上前进，我们急切地盼望着其他好消息。"

他对战争的预测依赖于报纸和电台的广播，一篇来自极端爱国主义分子的演讲稿。信息被封锁了，战略上基于对各方利益的保护和对国家的保护必须要这么做。至于塞林格在训练和军事培训的这几个月写的信的收件人信息，都会被审核。在诺曼底登陆和法国解放战役期间发出的信则会被更加严格地检查。

每每一有机会，塞林格就会利用间隙回到纽约，去公园大道的公寓与父母团聚。同时，他也在进行对新兵的培训教学工

---

[1] 摘自1943年7月29日索尔·塞林格至唐纳德·哈托格的信，塞林格书信档案馆，UEA。

作。为了回复"品行"证明的调查信件,伯内特花了 12 天时间才寄出回信。他的回信受到了弗兰克·柯林斯上尉的注意,后者是位于俄亥俄州费尔菲尔德空军工厂保卫分局[1]的负责人。伯内特的回答简洁明了,不带修饰。他承认自己"从 2 到 3 年前"就认识塞林格先生,明确地说他是他 1940 年哥伦比亚大学课上的学生。"在我看来,他是一个直率的人,性格很好,我没有任何理由需要怀疑他对美利坚合众国的忠诚。他既是我曾经发表过的文章的作者,又是我的朋友。"[2]这位《故事》期刊的主编证实道。

为了把士兵塞林格的各个侧面看得更仔细,任何一条线索都没有被忽略。1943 年 8 月 18 日,几名 FBI 的探员出现在了麦克伯尼学校,这是孩童时期他在纽约曾经就读的小学。这些探员要求调看他的成绩档案文件,确保他提供了所有必要的学业文件,随后将信息反馈给军事机密部门,一个极为敏感的战略领域。

这次调查访问的结果可以对他盖棺定论,因为在当年 10 月,他被送往位于马里兰州的霍拉伯堡,接受为期大约六周的特别探员培训实习。学习过法语和德语给他加了分。除了多语种的能力,塞林格还展现出其他能够严格执行海外任务的品质。

他在机密部门的任命撞上了部门的整体改组,战争的进程

---

[1] 空军保卫分局。
[2] 《故事》期刊存档,BFP。

狠狠地给这两件事的效率提了速。到目前为止，探员们都在处理内部的事务，因此任务落到了军事警察那里。至于那些反间谍活动的成员，他们更多把精力放在海外的监测活动上。塞林格被委任到这个新的机构，与其他800名美国秘密探员的头衔一样。

这些新手的下一步计划：可能要赶赴英国，参加一个"陆地机密任务"的培训。在"尊敬的陛下"的国度（大英帝国），好几个特殊战斗小组在等待他们，行为名为"战争行动剧场"。

对文学作品的痴迷

到了 1943 年的秋天，塞林格还没有赶赴战场。在霍拉伯堡接受日常训练之余，他会经常感怀于自己命运的不确定性，各种想法充斥着他的整个脑袋。还要过多久才能启程？前方等待他的是什么样的任务？同样他也不知道自己将会加入哪支部队。军事日程管理员对他避而不见，参谋部的意图也无法参透，他只能求助天意了。

新年的拂晓，只有一件事看起来是确定的：1944 年宣布到来了，就在眼前，确凿无疑。美国已经加入战场，如果塞林格不在乎何时出发，以及他究竟要被派到哪里去，他会不可避免地知道，自己将要去大西洋彼岸执行任务。启程的紧迫性对任何人来说都变得不再有疑问。

趁这个间隙，他利用一次外出假期，创作了一篇能够被搬上舞台的剧作《一周一次不会要了你的命》[1]，这是一篇短小的美文，简洁明快，精雕细琢，带着十二分的克制。下面是故事

---

[1] 《一周一次不会要了你的命》。小说刊登在《故事》期刊的 11—12 月刊上。未曾译为外语。

的主线。

黎明时分,一位名叫理查德的年轻人,在妻子弗吉尼亚不安的注视中开始打包行李,他心烦意乱地忙手忙脚,看起来就像个可爱的小傻瓜。他点上一支烟,建议她打开收音机,让安静的空气不要这么压抑。这是一台老式的机器,要等它预热后才能发出声音。此时是1944年的3月,周围的气氛很凝重,弥漫着压抑的灰色。穿着皮衣的她,希望他能够去骑兵团,而不要被发配"去受难"。"现如今,所有人都在步兵团。"他说道。一个星期前,他们在一个酒吧偶遇了一名上校。她为他没有打电话给上校而惋惜,因为,她认为自己的丈夫肯定能进情报部。"不管怎样,"弗吉尼亚说,"你会说法语和德语。你至少肯定能拿个军官证吧。我想说的是……你去当一名普通士兵,或者差不多的职位,就会知道这有多难受了。"这一段表述映射了早些时候塞林格想要加入部队的心境。

临走之前,理查德上楼与自己的姨妈丽娜告别。读者读到这里时会意外发现,他的父母在一战中淹死,之后是他的姨妈将他抚养长大。从那时起,姨妈的神志就不太清醒了。经历过这一场变故,他父亲的形象在她口中也变得尖锐刻薄,所有关于父亲的描述都能令人联想到索尔·塞林格的性格。"如果你的母亲不在家,你的父亲是没法老老实实、就像个正常人一样待在房间里的。当有人同他说话时,他就从脑子里迸出一些非常愚蠢的话来应付,眼睛还是死死盯着你母亲出去的门口。这是一个奇怪的小男人,应该说是粗俗。他除了赚钱不关心其他任何事情，还有就是连你母亲最小的动作也要窥探监视。"

丽娜姨妈还年轻漂亮，她对他说了再见，虽然她的脑子因为战争的缘故，已经混沌不清了；她分不清真实的四季与人，她也不太清楚自己到底在哪里。当他去告别时，她向他瞥了一眼。她说自己认识一个他提起的中尉，她说欢迎她的侄子来做客。她搞混了年份，自己却没有察觉。在她说出"再见"二字时，没有真情流露，只说了一些平常的话语，这一场别离将指向未知的战场，有可能是一趟有去无回的旅程。士兵下楼了。在楼梯底下，没有一句话，羞愤交加，他把那封有可能让他远离危险的推荐信撕得粉碎。他有为国当先的勇气，但不是个头脑发热的人，他把所有可能得到的好处都推开，他不想成为一个远离火线的人。

1943年接近尾声，塞林格在对军队生涯的热切翘首盼望中度过……但是什么也不能把他从文学写作道路上拽离。这仍然是他的主要工作。他似乎没有想过自己可能会死在战场上，即使他有过这样的念头，他也没有对其他人吐露过一个字，这关乎他的廉耻心。登陆欧洲战场的日期即将到来；在任何情况下，他都没有忘记要写一部能出名的中篇小说，况且还有伯内特敦促他交稿的话语仍在耳旁。如果他不是"太忙"的话，希望能给《故事》期刊的总编辑回封信。如果事情"进展得还算顺利"，他还能有时间"为了自己今后漫长的职业生涯""往前赶赶进度",[1]在伯内特的另外一封信中,他这样期盼。他们曾经有几次面对面探讨过这个问题。塞林格现在脑子里毫不懈怠地想着这件事,他很笃定自己会写一部小说,只要他能获得心灵的平静,这对他的写作来说是必不可缺的,还要再来一点点独处的时间;如果没有这两样东西,他就没办法完成工作。

最不济,他也知道自己还是能写出一篇构思巧妙、真诚动人的剧本小说,一部无可比拟、具有专业水准的作品。就像《纽约客》的克拉伦斯·黛和萨莉·本森[2]那样的著名作家血液里流淌的东西一样,这两位作家的作品一直在杂志上连载,是深受读者喜爱的作品。第一位作家擅长写美国家庭小故事,生动有趣,描述的是好孩子的事,没有悲剧;第二位则擅于创作忧郁思乡的冒险故事,最后会以欢乐大结局收尾,《密苏里之歌》就是一个典型,这是她的顶级畅销书。塞林格想,最不济,我也能写成这样……

反过来说,如果他还想按照预定计划实施这个项目,也就是说就像他认为自己能做到的那样,他必须要说服自己写出一部前所未有的中篇小说,小说的主人公要是一名青少年。他知道,只要能有足够的时间让自己触及、达到超出常人的精神集中状态,不要强求自己写一篇短篇小说,而是写一篇他通过自

---

1 摘自1943年10月6日和11月8日来自惠特·伯内特的信,《故事》期刊存档,BFP。
2 萨莉·本森(1897—1972),美国编剧家,《相逢圣路易》——法文版译作《密苏里之歌》的译者——1941年6月至1942年5月连载于《纽约客》。文森特·明内利曾与朱蒂·加兰将其改编为音乐喜剧(1944)。

己的指尖就能感受到的作品,这样的创作方式对他来说,是最简单的。当然,失败总是有可能出现。写一本由系列短篇故事组成的中篇小说在他看来,毫无疑问也能取得成功,这就是为何塞林格愿意冒这个风险,改变作品的形式。这个主人公已经占据了他的大脑,变得如此熟悉,他是如此了解这个人物。这一次,他比以往更想要讲述他的生活,说服自己值得用一部中篇小说去写这个主人公,即使增加更多篇幅,这本书也应当只为他而写。经过长时间的犹豫之后,塞林格想通了,他要的是一部中篇小说,而不是一连串人物相互关联的短篇故事。他把这种写作手法用在了之后格拉斯家族成员的故事上——弗兰妮、佐伊和西摩、兄弟七人的哥哥。

塞林格知道自己可以仰仗伯内特的青睐,后者不止一次地鼓励他走这条道路。在等待时机的时候,为了不偏离自己的目标,他仍然一直在写短篇小说。最近的两篇见证了他笔调的转变。他有时也会取巧写纪实小说,比如描绘一个酒鬼,或者写写聚会的场景,这样的文章也是为了取悦大众。

第一篇名为《依莲》的作品诞生了,他认为这是一次最好的研究,这篇故事也相对长一些,有21页,故事的主角是一个女孩。他对这部作品是如此有信心,以至于他"用自己的屁股做担保"[1]一定要卖给《邮报》,因为他说,这是继菲茨杰

---

[1] 摘自《故事》期刊存档文件,BFP。

拉德的小说《重访巴比伦》之后，第一部高雅、值得欣赏的作品。他伤心了，因为无论是《邮报》或是《哈珀斯》，没有一家杂志社买下它。最后还是伯内特将其刊登在《故事》[1]上，塞林格说能发表小说"荣幸之至"[2]。诚然，因为这篇小说讲述的并不是战争——这是想要紧跟形势的报纸渴求的主题——这部是完全相反的主题。

作为独生女十六岁的依莲，完全沉浸在自己的美貌中，"结局的开端"，讲述者用鞭策的语气说道。虽然学习成绩略有不理想，她还是拿到了学位证书。她同占有欲非常强的母亲以及永远赶不上时代的祖母生活在一起，还要受房东的压榨，一只好色的老山羊。这些人生活得丝毫不循规蹈矩。依莲对着所有根本不好笑的事情发笑。她不怎么机灵，但是对自己想要的东西很贪心，她正准备要结婚。婚礼当天，她的母亲非常古怪，行为飘忽不定，当众出了丑。为了一点小事，她照着自己女儿婆婆的脸上打了过去。她们因为一位知名男演员的性能力而产生了分歧。这篇小说用微弱的暗示揭露了沉重的、受到威胁的外部环境。

第二篇小说《最后一次休假的最后一天》，也写得不错，塞林格承认有时他的评判有点含糊不清。这一篇小说的写作手法也不同于往常。他在这两篇小说中实现了写作技术上的进

---

[1] 小说刊登在《故事》期刊1945年3—4月刊上。
[2] 1944年6月28日写给惠特·伯内特的信，来自《故事》期刊存档文件，BFP。

步，这一点令人欣喜。他也说不清楚究竟哪里有改变，但是他自己确信，这一次的进步，使他摆脱了带着些许做作感的技巧。这对他来说是根本性的改变，随后他就能够写出一部中篇小说，一部真正的小说。其实，他已经知道了这一点，他将再也没有军旅生涯的苦恼，没有军营，没有军队里的那些事情。这将成为一部坚实的好作品，会是对写作风格要求很高的作品，而且也不会是一部精神层次低级的作品。最后，如果它能出版，伯内特很笃定，它将成为一部新生代的作品。

启程去欧洲

塞林格收拾行装，把制服的扣子缝牢，把鞋子的鞋带系好。装备里面，仔细地放了雨衣、一条换洗内裤、一条围巾、伤口敷料、一个水壶、一罐行军干粮、一支手电筒、一把牙刷、一套必要的剃须套装，包括一包吉列剃须刀片、一小罐剃须泡沫和一罐爽滑粉，用来平复剃须后的灼烧感。装备里面如果没有一瓶防蚊乳液、香烟和防毒面具，那也是不完整的。双重保险总比一重更有利，参谋部预备使用有毒气体，这是二战期间化学特工们研发的能将数千士兵慢慢折磨、毫不留情地让人致死的毒气。塞林格又往行李里放了一些信纸、几本书和一台皇家牌便携式打字机。他给自己鼓劲，要么就是现在出发，要么就是永远不要出发。在一封1944年1月14日的信中[1]，他等待着出发横跨大西洋，此时已是迫在眉睫。而关于最终的目的地，他没有收到任何准确的信息，英国对他来说是最不可能去的地方了。

奇怪的是，作为一名从未参加过军事行动的军人，他并没

---

[1] 摘自1944年1月14日写给惠特·伯内特的信，BFP。

有表现出过多的焦虑,至少他的焦虑程度比他原本想象的要轻得多。或者,他并不承认内心的恐慌,在这个毫无确定性可言的时刻,至少他短暂地体会到了一丝焦虑?当时铅笔短缺,还是伊迪丝·基恩在的时候给他寄的那些,她以前是伯内特的助理,后来离开他去为另一个编辑工作了。塞林格高兴到仿佛插上翅膀飞了起来,对这种热心的行为感到异常感动,因为他有时会感觉自己被人遗忘了,陷入孤独感。他有时情绪低落,让自己被忧郁的思绪带着走,但是至少他还有写作,写作成为他的精神食粮,沉浸在写作之中也是在临行时刻能够得到的幸福排解。

至于他的写作计划,最近他在短篇故事方面颇有成绩。《周六晚间邮报》买下了他的三篇文章。《最后一次休假的最后一天》[1],一篇类似于从自传角度写作的小说,主角是约翰·F.格拉德瓦勒中士,编号 32325200,与塞林格在二战期间的编号一致。在《最后一次休假的最后一天》中,就像标题所指,他接待了军队里一名伙伴文森特·考菲尔德的拜访,他的母亲叫他"考菲尔德",约翰问他"现在纽约情况怎么样?"

"不太好,中士,"文森特回答,"我的弟弟霍尔顿不见了。

---

1 《最后一次休假的最后一天》。小说出现在 1944 年 7 月 15 日的《周六晚间邮报》上。另外两篇是《两部分都有份》《慢慢煮熟的中士》,分别刊登在 1944 年 2 月 26 日和 1944 年 4 月 15 日刊。第二篇原名为《小兵之死》。《邮报》将其名字做了修改,这一做法引发了塞林格的愤怒,导致他对编辑的不信任。这几篇小说都没有被翻译。

我还在家的那会儿,收到了一封信。"

他们之间的对话就是这样,没有华丽的辞藻,只有平白、毫无起伏的声音,冻结了环境的恐怖。霍尔顿这个名字闪现了一下,然后在文章的后面部分都没有再提起过,可见塞林格对于自己要用在之后的小说上的主角名字之迷恋。他比二十九岁的文森特小九岁,这是关于这个人物唯一的线索。在这篇小说中,作者把描写聚焦在约翰·格拉德瓦勒身上,以及他即将参军入伍这件事。"我相信我们能赢得战争。"士兵狠狠地说,"如果我不相信的话,那我就会去一个守卫营,躲过打仗的这段时间。我已经做好心理准备要去杀了那些纳粹、法西斯和日本人。因为我知道,除了这个没有别的事要做。我之前从没去这样想过,但我现在对这件事坚信不疑,那就是所有人都应该打起精神去战斗,那些参加了战争的人,他们一天没有开口宣布战争结束,我们就一天不能重建国家。"[1]

塞林格可能把自己的想法通过格拉德瓦勒的话表达了出来——他的某种双面性,在过往的人生中,谈论军队的事情时会绝对克制,特别是在公众面前。私下里,他似乎有不一样的一面,据他的女儿玛格丽特说,她的父亲"经常"谈论起当时出发去英国之前的事,更准确地说,是他那时在父母家休假时候的事。"他想要避免在码头出现撕心裂肺的告别场

---

[1] 摘自《最后一次休假的最后一天》。

景，所以他不让母亲去送他。他和他的部队一起朝船上走去。她跟在队伍的后面，藏在路灯后面，希望自己不被发现。"[1]她写道。

在《最后一次休假的最后一天》中，塞林格使用了一些写作手法，并且对接下来将要创作的中篇小说做了投射，里面涉及了一个对话场景，这个场景就提前为《麦田里的守望者》中的霍尔顿和他的妹妹菲比的出场做了铺垫。那天晚上，约翰·格拉德瓦勒失眠了。他辗转反侧，各种各样的想法侵占了他的脑袋，他披上了睡袍，然后，坐在床沿上，点燃了一支烟，接着走向妹妹玛蒂（玛蒂尔达的简称）的房间，她今年十岁。他对她轻声呢喃了几句，说着童年时光过得太快，天真无邪很快就会消逝。他想尽一切力量保护妹妹，当他踮起脚尖准备离开她的房间时，小女孩轻声呼唤他：

"亲爱的哥哥。

——嘘

——你就要去打仗了，她说。我看见了。有一瞬间，我看见你在桌子底下踹了文森特一脚。我在给他系鞋带的时候看见的。

——玛蒂，一个字都不要对妈妈说。

——亲爱的哥哥，她回答道，小心不要受伤，小心不要受伤。"

---

[1] 摘自玛格丽特·塞林格《梦幻守望者》。

这三篇《邮报》买走的小说，在他看来没有一部达到杂志社出版的水准，但是说到底，这不重要，报纸的责任编辑斯图尔特·罗斯想要买下它们，他得逞了。塞林格一想到几百万读者在读到文章时给他带来的名声，就开心得不得了。《邮报》从美国东部到西部都有发行，每周一次，有着令人羡慕的250万到300万份印刷量，这对渴望被读到的作家来说，就是一个梦……能被广大受众所认识。

等待是漫长的。塞林格终于收到了应诏令。他被分配到美国步兵部队第四军第十二团，驻扎在新泽西州的迪克斯堡。差不多两年前，在宣布军队整体派遣命令之后，他第一次被调到那里。就是从那时起，他停止了培训训练。所有这些事都好像发生在不久之前。

就在1944年初，这一名征调的士兵，与千千万万士兵一起，如浪潮一般向欧洲涌去。登船一共花费了七个小时，这期间红十字会的妇女们在派发咖啡、甜甜圈和糖块。三十四艘军舰聚集在纽约港，在美国海军部队和英国皇家海军的护送下，组成了一个巨大的舰队。塞林格登上的是乔治·华盛顿号，一艘老式的豪华游轮，1月18日早上11点48分，船启程了。旅程有条不紊地开始。接下来的日子每天都遵循一样的模式：早餐，在露天桥上做体能锻炼、游泳训练、自由时间。"在游轮上渡过了三天之后，士兵们拿到了一本关于英国生活的小册子，很明显，这就是他们的最终目的地。"[1]

在船上，根据参谋部的记录，军队的士气达到了"异常高涨"[2]的水平。"所有人都兴奋不已，迫不及待想要登上英国的海岸了"[3]，一位这场伟大战役的幸存者强尼·B.牛顿证实道。意志坚定得像一块岩石，心里装着铁一般的纪律，"是的，长官！"的声音在每一次回答时都孔武有力地响起，这位八十多岁的高龄老人在内心深处还清晰地保留着回忆。关于战争和这次难以置信的冒险经历的尘封记忆，他还记得房间里的嘈杂声和其他喧嚣声弥漫在美国军队的队列间。抵达时的细节已经记不清了，但是，他呢喃自语说着攻占诺曼底已经开始筹备了。然而没有任何一个士兵清楚究竟自己身处何处、军队准备如何攻占，以及这一切何时会发生。

---

[1] 《格登·F.乔纳森上尉所著的第二次世界大战期间步兵第12团轶事》，摘自美国军事档案馆，科利奇帕克，华盛顿附近，第一版出版于1947年。
[2] 《1944年3月4日保罗·V.小琼斯大副报告》，美国军事档案馆，科利奇帕克。
[3] 根据2008年7月25日塞林格的讲述内容，2008年9月的一封信补充了一些信息。

严酷的军队戒律

横穿大西洋的行程已经进行了十一天。1944年1月28日午夜时分，透过被雨后的风吹散的薄雾，塞林格模糊地辨认出利物浦港。当时处在退潮状态，直到第二天14点，乔治·华盛顿号才能停泊靠岸，他终于踏上英国的土地。在一张光线充足的照片中，他的目光直视镜头，嘴唇紧闭，脸上的胡须剃净，扬起的17号头盔下是一副坚毅的面容，他站在一队准备走回自己阵营的印度小伙子中间。总共有十六辆铁路列车保证运输，它们将要通过伦敦和周边地区。他将要去和临时军营里的人汇合，部队将在蒂弗顿过夜，那是位于英国西南部德文郡旁边的一个小村庄。

在军营里，士兵们被要求在睡袋里倒下就睡，塞林格立马发现需要强迫自己遵守纪律。这些纪律他很熟悉，不会为此而抱怨。然而，头几个月，他越来越没法忍受日渐窄小的环境。这只是因为春天的到来，让他出现了关于之前在海上横渡时船舱里的幻觉。

每天早上5点起床，他就要开始接受一场又一场密集的训练，看着人们被组织起来，在英国的海滩上去迎接到岸的士兵。无论何时，他们就在这样宏大的自然环境下重复着动作。为了使盟军战友能登上边境的防御堡垒，行动持续进行，需要拖着步子在海浪里前进，在沙滩上前行，与拉芒什那边的情形别无二致。他们可以通过投影机投出的法国海边的详细照片研究作战策略，在作战日那天需要注意哪些风险。一场混乱的出发行动在等待着他，现在他面临的只是开端。

塞林格利用自己休假的时间走到村庄里去，徜徉在英国的乡间。通常，这样的散步是由两名士兵陪伴着。三人组成了一个小队伍，在接下来的几个月，他们结伴而行。此时欧洲已经变成了战场，他们也丝毫没有继续启程的意向，这是为了在英国做军事筹备，为了接下来的犹他海滩登陆，或是法国解放战役，直至攻占柏林战役。

在他的同志约瑟夫·凯迪拉克的眼中，塞林格是"一匹孤独的狼"[1]。当有人令他看不惯时，他不会去掩饰。这就是他对触犯他的人的奖赏。他们之间的关系远谈不上和谐。双方各自保持着不冷不热的态度。两人之间的敌意多于友好，只是因为缺乏亲和感。他们的关系很疏远，因为意见不合而反目，这些事默然地进行着。如果他们了解到对方的动向，那也是因为外界事物的强迫。除此之外，他们不会在一起玩纸牌，也不会坐

---

[1] 来自《故事》期刊存档，BFP。

下来一起喝杯酒。

而与杰克·阿尔塔拉斯,一个1944年3月在德贝郡的马特洛克军事培训学校遇到的男孩,情况则完全不同。他们从眼神交汇的那一刻起,就相互开起了玩笑,几乎变成了形影不离的军旅好伙伴。塞林格在战后的小说《为埃斯米而作——既有爱也有污秽凄苦》[1]中,以克莱这个角色向他致敬,克莱是吉普车司机,从"作战日开始"的那天就一直陪伴着主角。

他们二人都接受过情报任务的培训。他们的任务是监听便衣特务未被筛查出来的与德军前线通话的电话线路,同时要确定战场上大炮的所在位置。一旦敌人被抓住,当犯人还没有到达大不列颠或美国时,塞林格要进行审讯。联军那边,受困于进攻被阻断,会遭到敌人严重的报复行为。士兵们已经了解会遭遇怎样的风险。就像其他所有情报部的特工一样,塞林格已经收到了关于当落入德军之手后,可能会有何种危险的指示。还有一个事实无法忽略,那就是为了让他开口,他可能会被处以的酷刑,以及他最终有可能会牺牲。

作为补偿,他有一张由联军参谋部总指挥签名的身份卡,签名来自德怀特·艾森豪威尔。这张其他士兵没有的安全通行证,给他了巨大的行动自由。杰克·阿尔塔拉斯也有一张这样的通行证。当时他们一起培训时就是拍档,这样的角色关系一开始就定义得很清楚,直到后来的军事战役,也一直没有变

---

[1] 文章出现在名为《九故事》的小说集中。

过。杰克·阿尔塔拉斯负责开吉普车，而塞林格，能说流利的法语和德语，负责审讯。

即使对于一个士兵来说，这样去描述他的精神世界不太恰当——他自己也了解军事的神经就在他的体内，他表现出真切地喜爱部队给他的这份"工作"。有时，他会选择独处，塞林格这个很有文学修养的人，与其他人格格不入，由于接受了良好的教育，需要表明自己想要一个人待着以便将时间花在文学创作上。他读大量的书，因此很多同志请他矫正自己的情书，修改成优美的英文，不过他很少帮忙。他丰富的词汇量令他的朋友杰克·阿尔塔拉斯感到震惊，他非常乐意听他讲述一个经典的、过去的文学人物，甚至是神话人物。他在讲故事的时候，一点也不像个书呆子。

虽然第一位好友与塞林格的亲密程度没有这么高，但是这两位军队里的伙伴都一致认为，无论在何种环境下，包括炮火的威胁下，他们这位同志熊熊燃烧的雄心还是在写作上，仍然一直在向杂志社推荐自己的小说。"什么都不能阻止他写作"，约瑟夫证实。杰克·阿尔塔拉斯说起，有一天部队遭遇了敌军的炮火，而他就躲在一张桌子下面继续打字。"他想要成为一个好作家，他无时无刻不在写作"[1]，这是来自朋友的证词。

在英国时，一旦军事行动的进程不那么紧张，能让他喘口

---

1 《故事》期刊档案馆，BFP。

气时，塞林格偶尔会去村庄里的天主教堂。杰克·阿尔塔拉斯证实说有一天他们参加一个卫理工会的宗教活动，他看见他沉浸在儿童合唱团的感召之中。这份感召是如此强大，以至于他以此为灵感，创作了一篇由两部分组成的小说，每个部分，都映射了塞林格在这一时期的士兵生活。

《为埃斯米而作——既有爱也有污秽凄苦》可以被看作是了解他生活的关键线索。这篇作品可以探索到作家在这个黑暗时期灵魂深处的秘密，承认他在外部事件的重压之下，除了做一具僵尸，什么也做不了。小说的主角是一个匿名的讲述者，一名与塞林格岗位相似的士兵，在作战日的前一晚驻扎在英国南部的士兵，写下以下的话："1944年4月，我与六十多名美国士兵一起，在情报指挥部的领导下，在英国的德文郡进行预备登陆的演练，"他以自述的方式道来，"当我现在回想起那时的事，我发觉我们这六十个人，是一个独特的小组，从这个角度来说，我们中没有一个人是合群的……"他接着写下去。

"训练持续了三周，在一个周六，一个大雨滂沱的周六，训练停止了。最后这一天的7点，所有部队将要出发去伦敦，根据周围的嘈杂声可以判断出，我们将要被分配到乘飞机来的步兵团，为了作战日开始行军。到了下午3点，我把所有自己的东西都装进包里，包括防毒面罩的帆布包，我之前往里面装满了从大西洋彼岸带来的书。"

这篇小说具有其两面性，一方面，它是揭示了当时的外部情况，塞林格顾长的身影就躲在叙述者的纸页背后，男主角仿佛一个在黑暗中走钢丝的人,一个没有脸的男人,这张脸就像是被灾难溶解了一样。脸上没有了立体的五官,这个人只是一个幽灵般的黑影,因此读者无法猜测这张脸上的表情,也不知道他的样貌。对比起来,埃斯米则生动,对世界充满好奇心,口若悬河,约莫十三岁。他在儿童合唱团里从众人中一眼看到了她。与她一起放声歌唱的是二十几个同样被赋予了优美嗓音、拥有最美音色的孩子。两人相识于宗教办公室后面一间"平民"开的茶室。他们都是偶然进入那间茶室的。

对话展开了。小女孩询问他来这之前的工作是什么,他说自己是一名"不太高产"的作家。"我说自己没有工作,我从大学毕业已经有一年了,但我希望把自己想成是一位短篇小说的作家。"

"发表过吗?"埃斯米问道。

"我"开始解释大部分的美国编辑是一群(混蛋)……

塞林格停住了笔头,但是他其实可以就自身的经历写点什么。他不假思索地跟所有的出版社打招呼,尽可能避免跟所有的编辑打交道,因为他们都是卑鄙小人,从事这个职业的人,平庸和腐败已经深入骨髓。他的这种想法坚如磐石,出版社令他气愤不已。

"如果有一天你能专门为我写一篇小说,只为我而写,我会感到格外荣幸的。"小女孩就像童话故事里的仙女一样,用伶俐的口吻请求他。

塞林格不是纳博科夫,埃斯米也不是洛丽塔;他们之间超越了男女之情，一种难以名状的东西蔓延在两人之间，是一种青少年的清新，一份毫不做作的纯真。接下来这一部分就是小说描写到的"情爱"部分，准确地说是一只交到部队的腕表，一个护身符。小说里没有明确指明此处的性暗示，或者说，没有那么多的性感意味。

无论描写的是女孩还是男孩，塞林格作品中的孩子们只带有纯真的色彩，小说中男女主角在生活中的关系，不会让人想到不好的东西。他们带着初涉成年人世界的忧虑，对抗着作为青少年的烦恼。

在小说的第二部分，也就是"凄苦污秽"的那一部分，讲述的是另外一个故事。战争刚刚结束，但是无以名状的关于战场上打仗的回忆、恐怖的画面、身体里发出的恐惧，时不时地让人发疯，这是尖厉的、痛苦的、无法抹去的记忆。其间，代号为 X 的匿名军士就在受这种折磨。战争结束后他在美因河畔的法兰克福医院接受神经抑郁症的治疗，他深受病痛的折磨，疑神疑鬼，惶恐不安，在别人眼中他就是个怪物。

1945 年 5 月 8 日攻占柏林之后没多久，部队横穿了地狱般的犹他海滩，随后踏上阿登战场，在那里的战役中，三分之二的人丢了性命，剩下的人还要迎接暴风雪与严寒。塞林格自己也曾经遭受过战争创伤精神病，在纽伦堡的医院治疗了数周。他将自己的亲身经历、自己遭遇过的事情，嫁接在了孩子间的对话上。

法国战役

塞林格找到写作的时间了，但他也不是那么想去动笔。"现在，我在步兵营里"[1]，他预先说道，开始写一部中篇小说因此有点难度，而且不合时宜。但他没有放弃想要创作的想法。他甚至已经在纸上草草丢出了几章。一口气写完它需要时间，他唯一能确定的事就是这不会变成一部"啰里啰嗦"[2]的小说。他只是期望不要"弄丢"[3]之前获得的成功罢了。

在等待作品问世期间，他有其他要烦心的事。在联军准备登陆英国海岸线的时候，他已经能够估摸到登陆法国海岸线会遇到克服的困难了。1944年4月21到30日，在德文郡的撕拉普顿沙滩组织了一场占领演习；这是诺曼底的霸王计划10天之前的预演。这是一场全实战演练，在真实的环境下开展，使用的也是真实的子弹，根据行动编号，这次行动被命名为"老虎"，动用了29000名士兵。这次演练主要考察军队的集中力，以及部队在海边的上船速度，登船训练地点为英国南部托贝与

---

[1] 摘自1944年4月22日写给惠特·伯内特的信，《故事》期刊存档，BFP。
[2] 摘自1944年5月2日写给惠特·伯内特的信，《故事》期刊存档，BFP。
[3] 摘自大不列颠国家军事存档。空军第51/307号文件。

普利茅斯之间的一处地方。这次的行动可以说是非常短暂的海上占领——由美国军队指挥的大规模行动。随后，在4月27日早上7点半[1]，英国军事档案馆也有记载，在海上空军的支持下，斯利普顿沙滩组织了名为"巨梯"的登陆行动。

在这场蔚为壮观的军事行动结束前的最后三天之中，实施一次对敌人的武装进攻应该可以阻止对方的前进，这一任务将由一部分盟军战士来执行。准备工作应当是毫无难度地进行，但是，根据第九军总情报办公室总指挥部打给行动副参谋部的一通电话汇报，步兵第四师，也就是塞林格所在的师正遇到困难。经过几次与美国海军海湾的电台救援沟通，受作战总指挥部调遣，计划实施犹他海滩登陆的美国战争船只遭到了阻截。由于地面上缺少一条用橙色的烟雾标记出前线路线，另外的一次侦查行动也失败了。使用作战日那天完全一样条件的武器和装备，行动转向了灾难性质的结果。在行动的最后几天，登陆的平底船被一架鬼鬼祟祟乘风飞行的德军巡逻机打得七零八落。这导致749名士兵在花一般的年纪丧命。在当时，很长一段时间这个话题都保持秘密状态，是一个忌讳去谈的事，这件事严重伤害了塞林格的心理。他没有避而不谈，将这一段历史写进了一篇短篇小说之中。

小说《孩子们的梯子》，这是一篇从未发表过的作品，写于1944年2月到5月，他把这部作品写成了一部《全面战争日

---

[1] 摘自大不列颠国家军事存档。空军第51/307号文件。

记》,他在文中以他的方式表达了对战争的厌恶,平铺直叙,笔调讥讽,通过他的女主角伯妮斯之口说出。小说里,她以隐秘日记的方式讲述了她与男友罗伊斯·F.杜滕豪纳的关系。他是一名军人,讲述她如何精心准备的十八岁生日聚会最后办得很糟糕。都是因为战争,这是当天聚会人们谈论的唯一的主题。

"我在某一个时刻对战争感到恶心……"她不禁发出哀叹,"我想说,我真心为那些没有选择只能上战场的男孩感到遗憾,还有其他人,真是太倒霉了。我真心希望战争能够结束或是别的,人们能停止谈论战争,我们能重新买点好东西。人们之后再也不会看到在麦迪逊大街乘公交车的男孩。他们中的一些人,能够顶着一个奇怪的发型,穿着polo外套,能在麦迪逊大街的公交车上弯腰在我们面前耍点小聪明把我们逗乐。现在他们都走了,这太可恶了。"[1]毫无价值,冷嘲热讽,说到底是可怕的……像伯妮斯一样的样本,作家他说,"见过很多"[2]。

塞林格在即将登陆的那几天,也有过"难熬"[3]的时刻。他曾经将自己的感受暗暗透露给伊丽莎白。另外,他也需要一点安慰。"请给我回点什么,伊丽莎白,求你了。这会令我开心的。"他以近乎卑微的口吻,发出了从心底里生出来的呐喊。

---

[1] 《孩子们的梯子》。
[2] 摘自1944年5月2日写给惠特·伯内特的信,来自《故事》期刊存档,BFP。
[3] 1944年5月20日写给伊丽莎白·默里的明信片,HRC。

日子很难过，然而他还是可以承受。他已经经历了斯拉普顿沙滩总演练，完全是一场灾难，随后终于迎来了登陆日。有一刻，男孩们带着英勇无畏的感觉、带着爱国之心、带着五味杂陈的焦虑感期待着这一天的到来，他自己也是这样，他没有逃避。这一天来了，1944年6月6日，当联军的军队开始登陆已经变成草原的诺曼底海边；敌人的战火也纷纷投来。在参谋部的指挥下，几万几万的士兵开始进攻海边的要塞点。步兵第十二团的目标，也就是塞林格的目标，是协助由J.劳顿·柯林斯将军带领的第七装甲师，拿下犹他海滩，这是版图的最西端，靠近科坦登半岛。大约6点40分时，胳膊下面夹着他的打字机，塞林格从登陆用的平底船上跳了下来。这里的死伤情况没有奥马哈海滩惨烈，那边的战场上有数以万记的士兵倒下，但这里也不是闲逛的地方。道路应该已经被清理出来了，因为从黎明开始，步兵第八团在天光刚刚放亮时就踏上了这片土地，为后面的部队扫清障碍，排除看不见的威胁。但是在接下来的战役中，德军猛烈的回击令第二十二团损伤惨重。装甲车被抛弃在原地，将道路堵住，也拖慢了车队的速度。塞林格的部队在经过沼泽地区域时只能扔掉一些装备清出道路。水并不深，没有没过腰部，但是这里到处是坑洞，部队行进得极其艰难。枪挂在肩膀上，刀子插在腿侧，这样在沼泽的泥泞里拖着往前走了几小时后，十二团的步兵们终于拿下了圣日耳曼德瓦尔勒维尔，位于瑟堡西边方向山坡上的一个小村庄。在那里，由于没有行进到一开始设定的目标地点，他们扎寨露营度过夜晚，横穿潮湿的泥泞地拖慢了他们的步伐。然而，反攻却收获了成效，步兵第四师的损失显得微乎其微。在白天损失的197名士兵中，三分之一的士兵是在海上丧生的，十几人丧命于意外，其他人则在战斗中殒命。因此，由3100名士兵组成的步兵十二团，可以说是留存了最大实力的团了。但是，即便本团的死伤人数比别的团少，也不意味着心理创伤带来的伤害就比别人轻柔。这只是战争创伤的前奏。真实的战争经历，会让创伤的打击准确无误。

在鏖战的中心区、在爆炸中、在断壁残垣里，被送上战场的《一个在法国的男孩》[1]在想些什么呢？这是他写的其中一篇小说的题目。根据自己深刻的亲身经历，塞林格创作出了一个蜷缩着身体在敌人战壕洞里躲避的形象。"在诺曼底实在没什么特别的天空下"，他又拿出随身携带的纸和妹妹的来信，读了起来。

"在毯子下面的他，被红蚁咬了几口，一只手的手指甲没了，他想象着最宁静、最安逸的时光"。安宁的生活，远离人群的喧嚣，身旁有一位小妇人陪伴左右。那时他的手会是干干净净的，身体也是干干净净的，他会穿上法兰绒的背心和干净的内裤。塞林格总是机敏又幽默，在逆境之中，还是给主人公注入了变化。

---

[1] 《一个在法国的男孩》于1945年3月31日刊登在《周六晚间邮报》上。

战争是肮脏的。他没有直白地这样说出来,但是经过他在阿登的瑟堡所看到的一切之后,直到最后战胜德国,他在心里保留着对于战争抹不掉的记忆,这是那个时代的"肮脏"——一种委婉的说法。除此之外,他除了经历过这段时光,还能够从哪儿了解在地狱般的战场上仅剩残肢的身体、死尸遍野的情景?这样的情景是否在多年之后还萦绕在他的心头,挥之不去呢?他的女儿玛格丽特,当时七岁,有一天发现他盯着健壮的、上半身裸露的、正在家里的房子上劳作的木工们,她听到他发出感叹:"这些身材健硕的小伙子,他们总是冲在前线,总是第一个掉下去的,一波接着一波。"[1] 就像是突然被恐惧的幻象侵袭了一样。战后,塞林格发现,抛开大量的特效和炫目的展现手法,好莱坞的巨制大片并没有忠实地还原他曾经幸免于难的世界末日一般的战争场景,电影里缩减了太多内容。

"就像我的父亲一样,"他的英国旧友唐纳德的女儿弗兰西斯·哈托格带着笃定的口吻说,"他被战争带来的巨大震荡湮灭,在孩子们的身上也产生了影响,原因各不相同,但是产生了深刻的效果。塞林格遭受的是神经性抑郁症。我的父亲,直到年岁已高才谈论战争。"[2] 当衰老来临,塞林格在他科尼什的退休之所重温对战争的永恒回忆。

与此同时,法国战役已经打响很久了。联军持续在往前

---

[1] 来自玛格丽特·塞林格《梦幻守望者》第 76 页。
[2] 摘自 2011 年 4 月 1 日与讲述人的面谈内容。

进。用数以万计人的生命为代价，以解放为名。美国的部队在踏上坚实的土地之前已经在沙丘上行进了很久。之后侦察机有条不紊地扫射城市和村庄，这些城市名被塞林格借用在他的小说里，或是用来做了人名。"你还记得那回我跟你开车去瓦隆涅吗？咱们挨了他妈的差不多两个小时的炮轰，还有咱们趴在那个洞里，那只该死的猫跳到吉普车的顶篷上，我开枪打它的事？你还记得吗？"克莱说道，这是《为埃斯米而作，既有爱也有污秽凄苦》的主角，在对X说话，后者是小说的另一个主角，这是塞林格想象出来的两个人。

在联军大规模的进攻行动之后，瓦隆涅在1944年6月29日又落入敌军之手，在卡朗唐陷落的一周之后，这座城市的名字被作家在别的小说中提及。当美国的先遣巡逻部队进入诺曼底的小凡尔赛镇，他又重新嗅到了死亡的安静，小镇变成了一片废墟的荒地。十八世纪哥特式的古老特色酒店的窗棂，雕塑和柱头上都闪着火光，被炸弹炸得满目疮痍。这一幕情景随后又在瑟堡重现，轰炸机的连续轰炸把这座城市炸得粉身碎骨。它于6月26日陷落，比预计的时间早了一周。

塞林格感受到了从身体里发出的恐惧。证实这种恐惧的是两天之后他写给伯内特的一封信[1]，这封信经历了军事审查。他没有透露自己准确的位置，但是他说，如果读到报纸，就会轻易地猜到他的脚步已经带领他走到了法国的哪个角落。实际

---

[1] 摘自1944年6月28日给惠特·伯内特的信，《故事》期刊存档，BFP。

上，美国的报纸杂志每天都会播报美军部队的进展，也包括步兵第四师的进展，更不要说参谋部的地图以及战争联络员的联系方式汇总了。

不仅塞林格一个人收到被要求禁止提供本人方位的指示，但是他感觉不到告诉别人详细信息的"要害"[1]在哪里，这只是一段或两段精心编写的文字，它怎么能够引发炮火。他的压力实在太大了，以至于陷入了彻底的震惊。他没有隐藏自己的感受，但是他保持着勇敢。当炮弹声响起，他没有像往常一样带着打字机的纸带一起跳下吉普车，他像白鼬一样敏捷地扑倒在一个战壕里。他夸张地说，当人们天才地开始将这块土地平整一下来把它做成一条飞机着陆用的跑道时，他没有从里面爬出来。鲁莽的人在弹雨下玩耍不能起到任何作用，除非是想要把自己暴露在死亡之下。这时起他的信念就这样产生了。更倒霉的事有可能会发生在他身上，他曾经想过。因此他把这一段写进了《孩子们的梯子》里，这篇未发表的小说的主人公乔伊斯说，如果自己在战场上牺牲了，他希望在自己的葬礼上，长号手杰克·蒂加登能演奏《钉在我的心上》或是《杰克上路了》。这是和平年代作家年轻时流行的音乐，总之青涩程度不比这名年轻的士兵使用武器的水平好多少。乔伊斯，他的代言人，甚至成为了一名武器专家。不是因为有需要，不是的。他就是想弄明白怎么使用45号左轮手枪，这是一种由加兰M1手枪，

---

[1] 摘自《孩子们的梯子》，来自《故事》期刊存档，BFP。

或者是一种由手持式卡宾枪而来的手枪，因为他一点也不想让自己在战场上流血受伤。

塞林格从没有横穿过诺曼底地区的森林地区。和平时期，这里有可爱的田地，周围一圈是矮矮的土包，还有迷人的山坡。而德国人，在战争的五年期间，经过各种战争的捶打，把这里变成了冷冰冰的战场，上面遍布着为前进中的联军准备的致命陷阱。从开战以来，死亡人数以几万为单位持续增加。队伍中神经敏感的人，甚至是最英勇的战士，在这一刻都想放弃，即使有马上到位的增援军。医护部门已经超负荷工作了。这个时候的天气也糟糕透了，夏天总是阴沉沉的，空气潮湿，让士兵们行动的负担更重。然而，在极端恶劣的条件下，美国人还是取得了一点小小的突破，他们穿过田野和草原，终于放手一搏，投入进攻状态中，拿下了圣洛。这座荒芜的城市，终于在7月7日被解放。德意志国防军的士兵原本占据着对自己有利的位置，直到在一个雾蒙蒙的清晨，在巴耶与圣洛交汇处的道路南侧被美军铲平。卡昂现在成了下一个要瞄准的目标。五十年之后，他的好友哈托格告诉他，自己带着家人拜访了这座重建的诺曼底小城，对于这座城市，塞林格所记得的只有名字而已。他很高兴得知城市被修复了，曾经被联军攻下的那几个旧城区恢复了原样。回忆又跑了出来，多么刺人的回忆。

到处都是爆炸，掠地飞行的飞机，投降的士兵，被逮捕的士兵，燃烧起火的被投下的炸弹，伸出破坏一切的火舌。每次当联军占领了地面优势，士兵们就重新获得了一些信心。但是他们需要一次又一次不断地反击，才能达到目的，谁也不知道失败在哪里等待着人们。

远在另一头的巴黎，就像是战役决定性的一步。要去那里必须要行进几小时、几天、几周，然后才能在喧嚣声、猛烈的战斗声和人民虔诚的期盼中将自由重新交还给巴黎人民。

在向首都靠近的过程中，塞林格在暴风雨前的平静中写信。"事情进行得相当顺利，"他在他的团攻打巴黎南端的意大利门的五天前写信给伊丽莎白，"这是最后的宁静。"[1] 事实上，他的头脑已经不太清醒了，他已经记不太清登陆后头几周内发生的事情了。

他记得自己贴着战壕趴下，脸贴着土地、埋在泥中，尽量用头盔最大程度地保护自己。或者类似的情形。他是否已经对炮轰产生了免疫力？炸弹爆炸的一瞬间照亮了周遭，破损的车辙被炸碎开来，他已经没有清晰的记忆了。仅剩的就是牢牢抓住他的恐惧，以及最初那些日子的恐慌。他甚至忘记了恐惧有多强烈。总而言之，他没有将自己的感受埋藏起来："这样也好。"那是只属于他的个人回忆，内心深处的回忆，非常残酷的回忆，能够使那一刻鲜活起来的回忆。

---

[1] 摘自1944年8月20日写给伊丽莎白·默里的信，HRC。

"我们去见海明威吧"

法国人希望自己是第一个攻进巴黎的。为了彼此之间不要互生嫌隙，联军之间分摊职责，因此由刚刚解放了南小镇玛西的豪特克洛克将军率领装甲第二团，于1944年8月25日敲响了奥尔良门的入口。同一天的清晨，巴顿将军指挥美国步兵第四师的大兵，其中也包括他自己所在的第十二团——攻下了意大利门。他们也是从南边的维苏打过来，他们横跨了塞纳河的一条支道，绕过圣母院，为了能在圣路易岛上安营扎寨。本地的平民很紧张，但是非常愿意伸出援手，尤其是因为赶走了德国人而雀跃不已。塞林格当时就在那里，他从头到尾看完了欢迎仪式。他给伯内特发出了信函。"我在法国。一切顺利，但是我现在太忙了，没有时间开始写中篇小说。我的工作主要是在做审讯。"[1]

巴黎人民欢呼庆祝着胜利。他们欢呼，他们欢笑，他们拥抱解放军，他们把一杯杯的白兰地送到吉普车上。有些大胆鲁莽的人去触摸他们穿着的棉质外套，赞美质量的上乘，还有

---

[1] 1944年6月12日写给惠特·伯内特的明信片。来自《故事》期刊存档，BFP。

一些人甚至走过去打开他们的背包。母亲们把婴孩举着，递给美国大兵们拥抱。塞林格也很开心，欢欣雀跃着。如果有一名大兵跑到吉普车的发动机盖上去透口气，毫无疑问全城的巴黎人会欢呼："啊，亲爱的美国人！多么帅气的制服。"[1] 他开起了玩笑。看到眼前属于重生的无限荣光，让他觉得一切都是值得的。

街道上，时不时传来一两声枪响，但是似乎没有人注意到。解放大军，尤其是塞林格，眼里只有姑娘，所有的姑娘都美丽优雅，穿着夏天的漂亮裙子。

夜晚到来了，第十二团的士兵们在塞纳河沿岸扎起了营地，他们在美丽的星光下沉沉睡去。第二天早上，圣母院那边有大量庆祝的人群。庆祝的空当，塞林格对他的同志杰克说："我们去见海明威吧！"吉普车司机几年后回想起来，他就是用这种方式去见了大他二十岁的"兄长"，那个时候海明威已经出名了。

作为《科利尔》杂志的战争记者，海明威被送往欧洲，他参加了奥马哈海滩登陆行动。在向首都靠近的过程中，他用假身份混入美国第一军团，与其他人一起成为 8 月 25 日最先进入巴黎的一员。随身带着一把刀，他就去了利兹酒店的营地，那里面是与德国人通敌的上流社会中心地带。希特勒的右臂赫

---

[1] 摘自 1944 年 9 月 9 日写给惠特·伯内特的信。"多么帅气的制服"。

尔曼·戈林，每次去巴黎停歇都要入住那个酒店。还有一些名人，例如女装设计师可可·香奈儿在那里也有住处。政客和警署的负责人也经常会去那里聚餐。他到的时候，那里已经变成了一片废墟，德国人已经在二十多天前将那里遗弃。海明威那时已经有了一些年纪，有着男人的气魄。他曾经应征入红十字会奔赴1918年4月的意大利战场前线，经历过了一战，之后又以美国记者的身份揭露了西班牙内战。他当时已经四十五岁。塞林格二十五岁。

见到他之后，海明威这个熟知人情世故的老家伙，大概对面前打交道的人有些了解，想起自己几年前在《时尚先生》[1]读到过他的一篇文章。他问他有没有最近写点什么出来。塞林格手边除了《最后一次假期的最后一天》，没有其他任何东西，这一篇发表在最近一期的《邮报》上。海明威读了小说，说自己很喜欢这篇小说。他提出可以帮他写几封推荐信，这真是太有善意了，但是塞林格谢绝了他的提议。他觉得这真是个好人。

汉密尔顿推断，这两人在一起的大部分时间都在"互相恭维"[2]。塞林格对他的第一印象是好的："我很喜欢他。"[3] 他说。但是，一切其实都是反过来的。首先是他们的天性不同。海明

---

[1] 1941年9月的《时尚先生》上刊登过塞林格的《破碎故事之心》。
[2] 摘自伊恩·汉密尔顿，《寻找J.D.塞林格》。
[3] 摘自1944年9月9日写给惠特·伯内特的信，来自《故事》期刊存档，BFP。

威是一个很吸引女人注意的男人，具有阳刚的魅力，声音洪亮，花心，很爱喝酒，随时准备喝个酩酊大醉。塞林格则完全相反，内敛，腼腆，稳重，独来独往。我们本来以为两人会因为自我夸耀，或是由于战场上的经历感到自命不凡而陷入严重的争吵。然而情况完全不是这样。海明威表现得很友善，没有随随便便就表现得自命不凡，或是过于自我保护。塞林格甚至发觉他"谦谦有礼、毫不做作"[1]。在断断续续的谈话间，他们发现对方有着与自己相似的文学品位，喜欢和讨厌的作家都一样。海明威承认自己是威廉·福克纳的狂热粉丝，尤其喜爱《押沙龙，押沙龙！》。至于塞林格，他更喜爱《圣殿》，一本残忍的小说，故事被如此精妙绝伦地讲述出来——讲述一个大户人家的年轻姑娘被强奸的故事，小说的基底是讲述美国南部人民的种族主义，给了他很深刻的印象。而且福克纳在文学界的另类届绝对能排第一，毫无疑问是因为他个人对于创作恐怖故事的自然偏好。他应该这么做，这是他天性的"一部分"[2]。另外，他正在创作一篇名为《辛彻夫人》的故事，讲述一名隐居的女人，最后因为害怕跌倒而得了神经官能症，卧床不起。她的丈夫在随后的某一天被她盯上了，她那时有点疯疯癫癫的，人们也不知道怎么了。在弗劳利德酒店的大堂，他遭遇了来自辛彻夫人突如其来又骇人的暴力袭击。这篇小说里，只有碎

---

[1] 摘自 1941 年 10 月 31 日写给伊丽莎白·默里的信，HRC。
[2] 摘自 1942 年 11 月 2 日写给伊丽莎白·默里的信，HRC。

片，冰冷的碎片[1]。塞林格是如此喜爱《圣殿》，他坚持送一本给伊丽莎白。她给出了欣赏此书的回应，这令他欣喜不已。

他对与海明威见面的总体感受是，海明威低估了自己在文学界的地位。毫无疑问他也为结识了一位文学界的勇士而感到无比欣慰。海明威自带光环，自第一本中篇小说出版，他的所有作品都会火速成为书店的抢手货。《丧钟为谁而鸣》出版后不到一年，发行量已经突破了一百万册，是所有拜倒在他的羽毛笔下的读者争相追捧的书。总之这次的见面很顺利。之后他们又见了几次面。

在巴黎，庆祝的插曲该结束了。结束既是对于第12团，也是对于塞林格。两天之后，大家要收拾行装重新上路，回到既定的路线和战斗之中。德国人已经退缩了，但是应该紧追上去，把他们打回莱茵河彼岸。

1944年，圣马丁的夏天，德国人并没有投降。自从进入9月，晴朗的日子就渐渐远离；秋天提早到来，塞林格从鼻尖就能够感觉到。他穿上了春秋季的长衫。"现在这里的天气就是这样。"他证实道。但是他的吉普车在这种天气能"很舒适地"[2]散热。

从那会起到几周后，他都没有创作出小说。根据他日后

1　来自J.D. 塞林格档案馆，HRC。
2　摘自1944年9月9日写给惠特·伯内特的信，来自《故事》期刊存档，BFP。

通信的内容可以得知,他那时太忙了,肯定没有时间写作,而且也因为他写出的文章一直没有被发表或者是在报纸杂志上找不到,心里产生了焦虑;这也是由联军东进过程中遇到的重大困难而产生的,不言自明,别人能感觉到他最近几天的心情忐忑不安,心思悬在半空。塞林格有时会幻想回到城市生活。他很想回巴黎再待几个月专心写作,或者是看看戏剧,但是他有预感:一旦战争结束,他还得在东欧待一阵子。不过在现在这个年月,他也没有完全灰心丧气,只要能找到一个舒服的小城市就行,如果被派遣到维也纳就挺好。接着,他又开始猜想可能会被派到东普鲁士,或者是被派到操着粗糙刺耳口音的偏远地区去。战争结束的时刻到来了,也就是说,和平重新修复了,他能预见到自己已经复员了,还得假装自己仍在服役。当产生讨厌一个国家的情绪时,他会焦急地守候来自伊丽莎白的信件。他喜爱她的笔记,她对他的文章会表示出兴趣、她给他带来鼓励、书信辩论中她会展现出对人与当下境遇高度的理解力。他所忍受不了的是收到她的"V邮件",这是一种带有胜利的单词"V"符号的自动粘胶的电报,这种电报是专门给军队里的成员之间通信所使用的。有一天她给他寄了一封这样的邮件,他回以传统的纸质信件,借口说自己对V邮件过敏。这样的邮件会让他汗毛竖起,就像人们听到指甲在石板上划过时产生的反应。最后,回到美国老家是他最大的期待。回去了以后,最坏情况下还能跟一个洗衣女工结婚,他开起了玩笑,他还能写小说。这个念头从来没有离开过他的脑袋。

那个时候，在一场没有尽头的战争中，他需要迎战恶劣的天气。军队提供的橡胶鞋套能让他在烂泥里勉强前行而不会冻着脚。据他所知，所有在军队的兄弟中，只有他的脚是干的，因为每个周末，他的母亲都会给他寄来一双自己织的袜子。好多年之后他才将这件事坦诚地说出来。他对这件事终生都很感激，就像她写给他的信一样。在某一封信中，她说他的其中一个朋友在服了三年兵役之后，休假一个月回到了祖国。她用这种方式向儿子表达，他也可以这么做，她活在害怕儿子在战场上丧命的恐惧之中。塞林格也会经常思念她。她用一系列母亲式的关心来提醒他：当然不会少了充满爱意的信，但也有寄来的包裹、报纸、寻常事物、这样那样的日常用品。

在联军向莱茵河前进的几周、几个月的时间里，他能够更好地去了解海明威。"这是写了《永别了，武器》[1]的男人"，给他起外号的这部小说是基于他在第一次世界大战期间的真实经历所创作的，小说在1929年9月出版之后，使他享誉全球。海明威当时加入的是美国步兵第四师，因此两个男人会经常见面。塞林格很钦佩他的人格魅力，而不是他认同所信奉的那套哲学。塞林格把他描述成是能给人带来出乎意料"惊喜"的人，但是他会过早地摆出骄傲的姿态，这俨然已经成为他的天

---

[1] 摘自1944年11月24日写给伊丽莎白·默里的信。《永别了，武器》是一部海明威的中篇小说，出版于1929年，小说讲述了一个以第一次世界大战为背景的爱情故事。

性。然而，他说的话或是做的事不会显得做作，他的性格里带着一种作为人类的坦诚和真实的质感。相反地，塞林格不喜欢他过于高估单纯的肉体力量，他总结这种品质是"有胆量的"，把这种品质上升到美德的高度。这种分歧存在的可能是因为塞林格感觉很受挫，因为体能正是他所缺少的。他心知自己的想法：他不喜欢危险的生活。但塞林格也尊重他人的勇敢，他更对天生就有勇气的人抱有真正的理解。在他看来，当一个人因为周围情况的迫使而必须表现得英勇，是毫不值得赞美的，这是欺骗。从这个层面，他很喜欢海明威的小说《弗兰西斯·麦康伯短促的幸福生活》[1]，他很欣赏主角的软弱，一个爱慕虚荣、惹人讨厌的胆小鬼，在非洲打猎时因为伤了一头狮子而得了病。他的妻子嘲笑他，并和他们的导游，一个专业的司机出轨了。每天亲历战争而带来的反思，让塞林格没有那么喜欢故事最后的恐怖结尾。

有一天，两人展开了一场关于菲茨杰拉德的对话，海明威谈论起他时带着同情。塞林格想知道他是否认为他是一位有勇气的人。海明威直言不讳地说，在他看来，菲茨杰拉德其实就是个懦夫。也许他真是这么想的；塞林格对他这种不加掩饰的耿直批评还是多少有点恼火。他推测海明威有可能在他的作家生涯里，有那么一次或几次，内心深处曾经嫉妒过菲茨杰拉德的才华。他可能甚至就此想打过一美元的赌。另外，他发现海

---

[1]《弗兰西斯·麦康伯短促的幸福生活》。小说发表在 1936 年 9 月的《时尚 Cosmo》上，于 1947 年由佐尔坦·科达改编成电影《麦康伯事件》。

明威没办法给出略加修饰的评价,他只能出于"纯粹的本能"[1]说出心里的话。还有一个问题就是,海明威是否曾经哪怕一次运用过自己的智慧?这个问题问得很残忍。与之相反的,是被塞林格捧在手心的菲茨杰拉德,他就像托着调色盘的画家,将智慧与直觉完美调和。

尽管如此,海明威还是会讲一些关于菲茨杰拉德的不幸故事。因为除了他天生对人性的洞察力,他也是一个有同理心的人。他还有着热情洋溢的个性,世界上没有人能够将他长时间冷落。

---

[1] 摘自1944年11月24日写给伊丽莎白·默里的信,HRC。

前线无故事

巴黎已经被解放了，法国剩下的地区也是。联军肃清了马恩省的敌人，以便攻占更远的区域，从比利时的边境，到南部的亚琛，靠近赫特根森林，那里被德意志国防军防守着。此时在这个区域，塞林格所属的美国情报部门派遣队，即反情报部队，逮捕了一大批假装由于健康原因被卸职的德军逃兵。这些被关押的战争罪犯，其中很多人"转向"成为秘密探员为联军效力，随后恢复了自由，为接下来的战役而服务。

塞林格是情报组织 69000 名成员中的一员。

到了 9 月中旬，事情开始变糟。美国人与德军在此区域里预计实施反攻突破的部队发生了一系列近距离冲撞。这些部队非常果断，富有经验，在对抗进攻时取得了两次胜利。可怕的对抗持续了几个星期。糟糕的天气还要掺和进来捣乱：连续的雨天，不是雾就是淤泥，接着就是冬季的来临，暴雪、北极的严寒和能把人脸蛋刮掉的暴风。人们都精疲力竭。战争情报员时时刻刻准备着要进行拍摄，海明威原本参与了进攻，但是他患上了肺炎，不得不折返巴黎，在那里，他至少能够重新返回前线，只是要多奔波几次。

塞林格的第十二团难以抽出时间等待他痊愈，他们需要重新回到解放卢森堡的战斗中去，还有之后的阿登战役。在这片血与火的战场上，毋庸置疑，最惨烈的战役就是布尔日之战，一个如今刻在瓦利福奇军事学校纪念碑上的名字，以此纪念那些参加过、或者在这场荣誉之战中丧生的人们。石碑上写着：此处纪念为"英勇的胜利"而献身的人们。这正是塞林格在十七岁时所受到的教诲。

在1944年12月的美国报纸上报道了16日在阿登山区对抗德意志国防军的反击战，这场战役的结果是联军遭遇了重大的军火损失，并且敌军扼制住了联军的撤退进度，一位年轻的姑娘贝蒂·约德读到报纸后前去询问塞林格的消息。她的信是从加利福尼亚州的长滩岛发出的。他们是在哪结识的？他们关系的性质是怎样的？我们一无所知。甚至在伯内特的信中都没有明确提到过这个女孩。然而有一条线索：她用"杰瑞"，他的简称来称呼他。这说明两人之间非常熟悉。

"我们从来都没有见过面，然而我写信给您是为了向您提出一个非常重要的请求，"她在信的开头写道，"您能否将所有杰瑞·塞林格参加德国反击战之后的事情，尽可能地告知我？我想他已经到了艾赫特纳赫附近，或者更靠近前线的地方，也许在某一个单独作战的派遣队里。在现在这样一个所有信息都模糊不清的时期，我希望能得到一些消息。"[1]

这座卢森堡的村庄，因为靠近德国边境，遭受了敌人的推进，还有杀伤力极强的重炮袭击，这样的情况令人担忧。"无论如何，"贝蒂·约德追问道，"加州的报纸里没有一丁点关于他的消息。"随信她还附了一张便笺，令人联想到塞林格可能并不关心她的行踪："我希望您能对这封信保密。他是我非常珍贵的朋友，但他会误解这封信的。我知道他非常信任您，希望您会很乐意把所有搜集到的信息都写在回信里，如果您方便的话。"[2]

她不是唯一一个担忧他命运的人。没有收到任何关于士兵塞林格生命的迹象，他的父母、朋友都活在同样的焦虑中，担心他是否变成了囚犯，受伤了，失踪了，或是丧命了。

十一天后，这位年轻的姑娘，谜一般的人物，一个塞林格认识的人，再次来信恳求伯内特能够"尽快"给她写回信，说自己会很"高兴"得到回复的信息。"因为我没有其他确认信息的途径，只能再次找到您"，她在信的结尾说，"感谢您的好心回复。"[3]

美国步兵第四师为了击溃德军的步兵特遣队，进行了激烈

---

[1] 摘自 1944 年 12 月 31 日贝蒂·约德写给惠特·伯内特的信，来自《故事》期刊存档。
[2] 摘自 1944 年 12 月 31 日贝蒂·约德写给惠特·伯内特的信，来自《故事》期刊存档。
[3] 摘自 1945 年 1 月 11 日贝蒂·约德写给惠特·伯内特的信，来自《故事》期刊存档。

的对抗。战斗中损失了大量士兵,几天之内,有7500名战士殒命。但是关于他的消息让一颗颗悬着的心落了下来:塞林格不在牺牲的士兵之列。1944年圣诞节的第二天,作家的母亲接到一通简短的电话,电话那头简明扼要地给她传递了一个信息,她的儿子还好好地活着。

他呢,他是怎么熬过来的?他是如何从这场无法描述的战争洪流中挺过来的?在其中他既是演员,又是见证者。再一次,小说成为了他排解的出口。

《陌生人》这篇虚构的小说在轻描淡写的氛围下展开对话,讲述了一名从前线逃脱的美国大兵巴贝·格拉德沃勒的故事。他曾经住在城里——纽约——和他的妹妹马蒂在一起。他们去看演出,突然,他决定即兴地打个滚——就像一个陌生人一样,跑去住在文森特·考菲尔德以前的女朋友那里,文森特是霍尔顿的哥哥,在战争中战死了。这两人都隶属于十二团。当他与他的妹妹在门厅等候的时候,巴贝拿了一张布莱克韦尔·霍华德的唱片,音乐令他回想起了不需要逃亡的日子,那些美好的往日时光。那时,故事还没有书写,所有十二团的战士都生龙活虎,在舞池里,他们踩着别的士兵的步子在跳舞,后来他们死了,其他人也是。那时没有任何人听说过"瑟堡或是圣洛,也没有听说过赫特根森林或是卢森堡"[1]。

巴贝来告诉霍尔顿他的哥哥文森特同志是在怎样的情况

---

[1] 《陌生人》。小说发表在1945年12月1日的《科利尔》杂志上。

下被杀害的：他被害于一个早晨，一起牺牲的还有另外四名美国大兵，准确地说，是在赫特根森林里。他当时站在他们点起的篝火旁边，突然迫击炮就落在他们身上。受伤三分钟后，文森特死在了医生的帐篷里。巴贝这样评判：伤口太严重了，超出了他的承受能力。文森特死不瞑目。他死前说的最后一件事是，新招的优秀士兵中的一人——要去找些木头添进这堆"该死的"火堆。"你们知道他说话的方式。"巴贝就此打住，因为文森特的前女友开始哭泣。他最后成了她的前任，后来她结了婚。他能给她带来的只有安慰。

有可能塞林格亲身经历了这一幕，他没有明说是不是在这样一种情况下，迫击炮的巨响损伤了他的右耳，引发了耳聋症，导致他在今后的日子中一直残疾。

《陌生人》的出现，就像是对战争的严厉控诉。塞林格揭露了战争的残酷性，想通过巴贝的形象终结英雄主义和被粉饰过的谎言。人们也不可能相信，牺牲在前线的最后一刻，士兵们还能有时间点燃最后一支烟，或是思忖之后说些遗言，那些只可能是从"电影和书里"催生出来的话。

在《为埃斯米而作——既有爱也有污秽凄苦》中，同样也提到了发生在阿登的史诗级的战役。作家简略地勾勒出了军士 X，塞林格的分身，"在赫特根森林里为了一本有名的杂志拍摄照片"，他写道。他的形象自信而且带着作家对他的欣赏："他相当高大，非常上镜，他当时二十四岁。"[1] 这张照片，如果

---

[1] 摘自 J.D. 塞林格，《九故事》。

它真的曾经存在过，时至今日，也遗失不见了。

炮击、屠杀、爆炸和破坏持续了几周、几个月。忍无可忍，又永无终结之日。历史学家也许会留意到，阿登战役最终持续了六周，造成了无以计数的损失。1945年1月31日，在联军炮火的威慑下，溃败的德意志国防军又折返回来，这个地区没有完全被攻夺下来。战斗所到之处，只有哀伤的情绪，原野上飘荡着灰烬，空气中弥漫着死亡的味道。

柏林被牢牢钳制，1945年5月8日终于宣布投降。停战协议被签署，集中营被解放。塞林格是否亲眼目睹到这些？他有没有像女儿玛格丽特说的，积极参与于其中？"作为一名反间谍军官，我的父亲是第一批进入刚刚被解放的集中营的。他给我说过那个集中营的名字，但是我已经想不起来了。"[1] 提及德国人对犹太人大屠杀的历史重要性，我真是令人惊愕的无知，她在书页底部的标注上发泄道，布痕瓦尔德或是达豪集中营，我怎么可能会记不住呢？

在这一点上，美国军事档案馆的记录就详细得多。每天，一名军官从士兵们提交的细节信息中提炼出来一份当日报告，而士兵们将细节信息都写在黄色的小本子上，上面既有今日遇到的困难、联军进展的情况、人员损失情况、逮捕了多少名战犯、获得以及损失的物资情况，还有路桥的损失状况。

---

[1] 摘自玛格丽特·塞林格，《梦幻守望者》。

时间是1945年4月27日，报告中第一次提到了考弗灵4号达豪集中营的附属楼。它在慕尼黑的不远处，是隶属于总计11幢带有编号的建筑群中的一幢。一份来自德国齐梅茨豪森的秘密文件[1]被发送给第十二装甲团总司令部。

在这份报告中，步兵中校爱德华·F.赛勒首先汇报了在装配工厂的附近发现了一个飞机引擎仓库，并且解放了2800名美国和荷兰战俘。他们全部"挤在"一个"脏得要命的营房里"。随后报告的作者说："史蒂夫上尉提到了对位于胡拉赫·科洛尼的达豪集中营4号附属楼的监视。这是一座关押平民工人的监狱，我们发现里面90%都是犹太人，其他的犯人是其他欧洲人种。"

这份叙述型报告不带任何描写的笔法，补充道："一位中尉发现，上个月有三千名拘押者死于饥饿。这座集中营是通往处刑场的中转站，在这里，那些从其他集中营过来的平民囚犯会慢慢饿死。他在报告中提及了一个焚尸炉，但是在编撰报告之时，还没有确认焚尸炉的具体位置。一共发现了大约两百具烧焦的尸体，其中一大部分尸体已经开始腐烂。二十名幸存者被当即解放到了周边的农场。公共填埋坑附近有张贴关于伤寒散布的通知。这个填埋坑曾一直由德国纳粹党卫军和盖世太保的部队监控。"

---

[1] 美国军队文档存档，帕克学院，13119文档，RG407号文件——副官办公室记录。第12装甲团。

报告结尾处指出，需要"立即"派出一名负责战争犯罪的盟军委员会成员，同时也给出了关于遣散难民的餐饮及搭建避难场所的建议。

三天之后，报告开头中观察到的事情的确认反馈到达了部队。报告中首先提及了掠夺的景象，以及那三千名被释放的囚犯，其中很大一部分来自达豪集中营4号附属楼，这些人被发现时状态极差，还讲述了将他们释放出来之后向医院和接待中心遣散的情况细节。德军企图纵火破坏集中营，但是被联军控制住了，以便保留纳粹拘押受害者、将他们饿死或者命令刽子手将他们处死的证据。被掩埋的尸体甚至已经盖到了地面处。

看到如此"惨绝人寰的人间地狱"，震惊之下的赛勒中校受命于团总指挥，召集300名城中的德国居民让他们目睹这场灾难造成的后果，并且试图搞明白这一切是如何发生的。他们到了集中营后，说着"太可怕了"，之前他们完全不了解集中营里面发生了什么，上面的权威统领不让他们知道。"简直没法想象，当地的人民对此竟然毫不知情，即使看起来实际情况更像是他们在被质问时会随便说些什么。"这位美国军官在结尾处说，他没有那么容易上当受骗。

在存档文件里编号的上百封签名报告文件中，没有一份文件有塞林格的落款。作为反抗间谍活动、负责审讯德国战犯的成员，他的行踪保持着秘密状态。如此，就算他被自己的团明确安排到解放达豪集中营的任务中去，也不会留下任何能证明他有参与这项活动的证据。

然而,一鼓作气顺着这件事继续调查,历史学家和传记作家证实,使用排除法,他不可能不在现场。在如今可以读到的文字中,他自己没有提到过达豪。唯一一次他影射集中营的可怕,是在1993年10月4日写给他的朋友哈托格的一封长信中。

在华盛顿曾组织过一场盛大的纪念德国纳粹对犹太人大屠杀的展览。他的妻子科琳想要去看展览。由于他不能总是拒绝她的提议,于是就准备一同参加。他们预备在月底乘坐飞机,在首府待两天。机票是打电话预定的。她负责主导这次旅行。塞林格把最坏的情况也设想到了。内心有一个强烈的声音,让他担心这次展览会有变成暴露展的危险。"在那时,我曾经目睹了事情的真相,当我在战场上的时候,曾经在那儿待了几个小时之久(可能你也是)。"[1] 他给他的英国朋友写道,"我们没办法保持缄默。"塞林格并不是怀疑活动主办方的真诚或是好意,而是担心的他们不能把集中营复原或重建成功,他不理解如何能原封不动地还原当时的场景与情境。可惜的是,最后他没能去成展览。

在作家的笔下,这些该死的纳粹分子无处遁形,至少按照他的惯例,不会留给他们辩驳的余地。另外,该如何讲述、描

---

[1] 摘自1993年10月4日写给唐纳德·哈托格的信,来自塞林格信件,UEA。

绘当年惨无人道的历史呢？这是一场超出他力量范围之外的练习。因此他还是继续在虚构小说和隐喻方面进行创作，在《老太太们》[1]这篇由德国记者加布里埃尔·特吉特创作的文章中，使用了此种他非常欣赏的修辞方式。故事讲述了两名德国犹太妇女，在希特勒自称元首之后，如何流亡到伦敦，如何在没有改变任何习惯的情况下继续生活。她们一人嫁给了一名富有的工厂主，另一人嫁给了一名诺贝尔自然科学奖的得主；她们通过婚姻进入了上层社会，但是到了九十多岁时，心里仍然牵挂着与她们的文化命运相连的故乡。她们还会熟练地做德系犹太人的传统糕点，还有在德国时每逢周五南部人民都会做的炖鸡。就是这样的一个充满思乡之情的小故事，纵使岁月流逝，在塞林格读起来，故事里对幸存者还是充满了无尽的同情。

---

1 《可敬的老太太们》。

坍　塌

　　大炮终于被摧毁了。战争结束五天之后，塞林格又拿起了最心爱的羽毛笔，将对伊丽莎白最真切的思念，徐徐灌注进他寄出的一封封书信中。她对他来说就像是一抹芬芳，在这个超乎寻常暴力的时期，这个他也无法准确衡量会带来多少伤害冲击的时期。他的幽默感没有丧失一分一毫，他甚至说很高兴她喜爱刊登在《邮报》上的《一个在法国的男孩》，也很愉快地回忆起《一个在法国的劳工》(一头在法国的牲口)。这是令他百听不厌的其中一个笑话，而且在他自己的小说中也经常被提及。小说里的"男孩"被埋在一个防空洞中，抬头望着法国的天空，半哭半笑，内心在默默地呐喊着"天呐！"这是战争的年代、疯狂的年代、所有人的年代，但是做什么都是徒劳。纵使拥有了平静的心境，纸间还是翻腾起沉重的情绪，就好像在他经历这一切的过程中，有什么东西被打碎了，让他没法走到尽头，看到结局。另外，他说服自己："内心的战役"还会持续一些时日。多长时间呢？他也不清楚，但是他会想方设法给自己弄一个房间，他也许会被一本关于人性（就是人文类）的小说所吸引，他肯定会喜欢这类小说，如果他能保持一段理性的阅读距离的话。他见过太多人间的事情。这种想逃离人群喧嚣的憧憬对他来说不是头一次产生。他二十多岁时就坦承,自己更青睐于从事物和经历中汲取满足感,而不是从人身上。不过也有例外,例如伊丽莎白,以及他在瓦利福奇的同窗考夫曼,他们身上都有可圈可点的品质,这个勇敢的男孩,最后因为自己的鲁莽和自负被他疏远。由此可以推论,寄居在他身上的愤世嫉俗是个错误。他不喜欢人群,就是这样,他更乐意与青年人,或是由他选择的气味相投的成年人作伴。

自从踏上欧洲的土地,塞林格就没有停止过写作。在英国的六个月,他创作了四篇短篇小说。他在法国一落脚,就写出了草稿,由于没有截稿日期,文章习笔流畅,故事写得很出色。他在今后的几十年中都保持着坚持创作的习惯,虽然文章没有发表,但他的写作不是为了哗众取宠,而是出于对自己的要求。近乎变态的完美主义者。

战争给他留下苦涩的滋味。"这是一场多么怪异恐怖的闹剧,多少人都送了命。"[1] 他对老友伊丽莎白感叹抒怀。当时他还在英国,一个变成废墟、虚弱无力、比战败时更加无序的国家,即使是她最稀松平常的想法也能让他的神经舒活起来,能帮他好好地分分心。他最先去的就是邮局。被军事审查检查的信件,一般五天之后才能发出。信件送达,也差不多要花同样

---

[1] 摘自1945年5月13日写给伊丽莎白·默里的信,HRC。

的时间。至于剩下的……"那就是一摊烂泥，伊丽莎白，"他没忘补充一句，"我问自己你会不会有什么牢骚。"但是他尖酸刻薄的讥讽从来没有受损，当他描绘胜利者们在第25小时发出的欢笑时，形容他们是从未摆脱自己内心娇生惯养的肥硕的一群人。同时他也并不是出于恶意，才在胜利日故意不去参加在他美丽的家乡、由山姆大叔组织的庆祝仪式，而是因为害怕看到狂热的爱国工人将毛衣歇斯底里地扔向窗外。这种场景对于一个拥有青少年灵魂的成年人，好比他来说，太过于感人，这种太热切的情绪让人难以承受。他没有参加纪念仪式，而是把一整天时间打发在无所事事上。他不禁问自己，也许他最亲近的人会以为他左手手心里握着一枚45号子弹头。还需要多长时间，他才能重新拿起打字机学习打字写作。他满脑子胡思乱想，其实那只是他内心深处混乱无序想法的产物，他想要永无终日地与团里的朋友一起待在军营里。面对众人如此滑稽的场景，没有特别的理由，他宁愿发笑。他在脑中将军队生涯的每个侧面嫁接到一起，组成一个怪异的形象。

事实上，塞林格有自己伪善的一面。他这样做已经很久了，还做到了极致。只是到了现在，来自内心深处的忧郁让他饱受煎熬，情况只能是愈演愈烈，就像在《为埃斯米而作——既有爱也有污秽凄苦》中的投影。这篇小说以他入伍的经历而作，反映了几段他走过的战争岁月，尤其是停战协议签订前支离破碎的场景。故事在英国德文郡的一间茶室里展开。马上就要诺曼底登陆了，塞林格化身为X军士，埃斯米在分手时刻对他说："我希望你安然无恙地从战场回来。"[1] 在故事的"凄苦"部分，作家将场景锁定在巴伐利亚的高福特，战争胜利的几周后，主人公在自己的房间，在一个晚上的十点半左右，他迷失了自我。当时他正读着一本书，马上便发现自己的眼睛没法聚焦在同一句话上了。"有问题的是他，而不是小说。"他写道。军士 X 的状态很糟糕，蓄着乱糟糟的头发，自从他两周前因为抑郁症住进法兰克福的医院，就再也没洗过。这位刚刚摆脱战争的年轻人，显然并没有"安然无恙"。塞林格知道得上"士兵战后创伤心理疾病"是什么滋味，医院会给出诊断，看看他到了什么程度，但其实受创伤的程度很难测量。他在军队保留的治疗档案并没有被公开。

1945 年 7 月，抑郁症——他的（第一任）传记作家汉密尔顿尽量使用了一个克制的字眼来形容他的病情——"可能非常严重"，让他不得不去纽伦堡的综合医院住了两个礼拜。这幢部分被炮火破坏的建筑，曾经受管于美国军队。在一封写给海明威的信中，塞林格用兄弟之间欢快冲动的语气承认，自己处在一种"近乎被长久以来的打击压垮的状态下"，如果能和某个"心智健全"[2] 的人谈一谈，那会很好。"他们询问了我性生活的情况（正常得不能再正常了——老天爷！），还问了我的童年（正常。我的母亲送我上学到我二十四岁——但您知道纽

---

1 摘自《为埃斯米而作——既有爱也有污秽凄苦》。
2 摘自塞林格写给厄内斯特·海明威的信，日期不详，收于马萨诸塞州波士顿乔治·F. 肯尼迪总统波士顿书馆及博物馆。

约的那些街道多么复杂），他们最后问我是从什么时候开始热爱军队的。我一直都热爱军队。"

他的精神健康程度要求他得到照顾，这样他的情况应当能够有所改善。他本应当接受治疗，有这个权利享受这一便利，然而他不希望自己的精神诊断报告最终会使他被判定为不适合服兵役。尤其是当他从战场回来，在遭受了丧命或在战场上伤残的风险之后，这段痛苦的经历让他的精神疲惫不堪，但是身体健硕，战争给他留下的印象就是一场永无休止的酷刑，他又重新进行自己的写作计划了。

随后，有两篇出现了考菲尔德的小说正在《科利尔》杂志上发表的节骨眼，第一篇《陌生人》，他称之为《那些曾经认识文森特的人》。[1] 这是一本敢于在不征求他意见的前提下就修改作品标题的杂志，简直把他气到爆炸，由此，他对编辑们产生了巨大的不信任。然而，从他当时的情况看，他应该是在开玩笑，即使像他自诩为具备"完全"正直的人，也要忍受其他"完全"正直的人提出的"完全"正直的意见。真是睿智的思考。另一篇名为《我是疯子》[2] 的小说中，也提到了霍尔顿·考菲尔德，这次文章发表得匆匆忙忙，他很乐意看到《科利尔》给文章再改改名，为什么不呢？"可以叫个《汉斯·布林克》

---

1 《那些曾经认识文森特的人》。小说题为《陌生人》，刊登在1945年12月1日刊的《科利尔》杂志上。
2 《我是疯子》。小说刊登在1945年12月22日的《科利尔》杂志上。

或者《银色轮子的溜冰鞋》"。《时尚先生》那边则相中了第三篇文章《这块三明治没放蛋黄酱》[1]，这篇小说描写的既是塞林格的现实生活，也是一个虚构的世界以及他的所想所思的浓缩。故事如下：

主人公文森特·考菲尔德，与其他33名士兵一起在滂沱大雨中乘坐驾驶在美国乔治亚州公路上的部队运输车，赶赴一场舞会，他的心情忐忑不安。别人得知了他与妹妹菲比和十九岁的弟弟霍尔顿之间的私密信件的内容，他的弟弟被告知"在一次行动中失踪了"。文森特不想去思念他，他在脑子里幻想那些超现实主义诗作中出现的一张张庄重严肃的脸孔。塞林格倒是很想把自己的文章命名为《战争与和平》，但这个名字已经被别人用了，所以小说最后叫《这块三明治没放蛋黄酱》。小说中有有趣的幻想，也有相当阴暗的幻想。因为做出改变也是徒劳，文森特（塞林格）满脑子只想着"失踪的"霍尔顿。

1945年的秋天，美国的一家出版社西蒙与舒斯特，之前已经表明有意出版一本他的短篇小说集，向作家抛出了橄榄枝。他没有给出答复。然而，写一部在德国展开情节的中篇小说是他的计划之一。哪件事是确定下来的？还需要观察。现在到了9月份，塞林格在等待他的复员令。直到11月22日，他才在法兰克福收到了通知。那时他才得知，自己要在欧洲再待

---

[1] 《这块三明治没放蛋黄酱》。文章刊登在1945年10月刊的《时尚先生》上。

上一年。他有恰当的理由：他要结婚了。反间谍部门——反情报部队的两位同志——保尔·菲茨杰拉德和乔治·普林茨接受邀请当他的证婚人。塞林格遇到了一位年轻的姑娘，"法国人，非常好，非常敏感"[1]，她叫西尔维娅·威尔特，父母其实拥有法国与德国的双重国籍。她于1919年4月19日出生在法兰克福，比他小几个月。他把自己的决定告诉了信赖的伊丽莎白，他希望在婚礼上能见到她："我想你会赞成的。"他急不可耐地向她介绍自己的梦中情人。她具备所有闪光之处：美貌，智慧，轻柔精致。他们的婚礼于1945年10月18日在巴伐利亚魏森堡南边一个名叫帕蓬海姆的小村庄举行，在婚礼当天的照片中，她微笑着挽着他的胳膊，身着一件黑色大衣，右手上拿着一束捧花；头发上别着一朵花，衬托着她光洁的额头。照片里的她比塞林格矮一个头，而塞林格穿着带有肩垫的制服，打着领带，用戴着白手套的手按着贝雷帽，就像爱情剧中的男主角。他们那时都是二十六岁。"她有着一头棕色的头发，身材娇小，脸色苍白，嘴唇和指甲都涂得鲜红，"玛格丽特·塞林格补充说自己并不认识她，这些描述是基于姑妈朵丽丝讲给她听的。她被认为"非常具有德国特色"。是否因为她自我表达的方式"干巴巴又尖锐"？她有个"医学方面的头衔"[2]，作家的女儿又添了一句。在去魏森堡当实习医生之前，西尔维娅获得了奥地利的因斯布鲁克大学的医学文凭。正是在这个巴伐利

---

[1] 摘自1945年9月25日写给伊丽莎白·默里的信，HRC。
[2] 出自玛格丽特·塞林格，《梦幻守望者》。

亚的小城,这对年轻的恋人在 1945 年 5 月底的一个晚上相识,当时塞林格送爱丽丝、西尔维娅的妹妹回家时经由爱丽丝介绍相识。爱丽丝在纽伦堡的军队医院工作,他在反间谍部门的当地办公室工作。当他们到了目的地,他顺便问候了她的母亲和姐姐。他就这样见到了自己未来的未婚妻。仰仗自己的情报部门头衔,他随即开始为帮她拿到身份文件而奔波,并且绕过了法律上的麻烦,《塞林格》[1]的作者大卫·希尔兹和西恩·萨勒诺证实道。因此,在婚姻登记上,他明明确确写着她的国籍是法国。

---

[1] 大卫·希尔兹和西恩·萨勒诺,《塞林格》,纽约,2013 年由西蒙与舒斯特出版社出版。

复员及新婚生活

西尔维娅喜欢西柚,她非常情绪化。他们有一个专门的厨师,一个上门服务的女佣……夫妇俩过着幸福的生活。罗曼蒂克的故事拉开了帷幕。塞林格与二战美国秘书室签订了一份为期六个月、任职为反间谍部门特工的平民合同。这个职位要求他负责寻找纳粹分子,并且参与反纳粹行动。在此期间,他等待着重新回到祖国的日期,大约会在明年春夏。他与西尔维娅相处融洽。在贡岑豪森,距离纽伦堡西南四十多公里的一个村庄,他们有一栋用炭火取暖的漂亮小房子,里面装满了一盒盒的花生。他们像两只爱情小鸟一样依偎在杉树下的小屋里度过了1945年的圣诞节,分享了一只肥美的火鸡,这是来自美国军队常务部门的礼物。那天晚上过得非常欢快,在午夜时分,他们扔了一些新鲜的鸡蛋。"这是当地的习俗"[1],这对年轻夫妇打趣道。塞林格买了一辆轿车,一辆崭新的两座斯科达,非常灵敏,他可以把油门踩到底。他还有了一条黑色的大狗,一条名叫班尼的德国獒狗,他们在路上时,它会把头伸到挡风板前

---

[1] 摘自1945年12月30日写给伊丽莎白·默里的信,HRC。

面，眼神警戒，仿佛在示意它的主人要"抓住那些纳粹"。

1946年春天，合同结束时，他迎来了重返故土的时刻。他们在巴黎逗留了一周，在那里他拿到了西尔维娅的移民文件，然后这对夫妇前往位于菲妮斯泰尔省的布列斯特，在那里他们登上了USS伊森·艾伦号，一艘由战时航运局（这是一家由美国政府组建用来支持战时所需的公司）租用的船只。班尼也一同旅行。他们在海上航行了十二天，海上颠簸至极，西尔维娅遭了很多罪，她有点晕船。

到了5月10日，纽约目力可及。一到达港口，在海关入口发放的入关说明上，这位年轻的妇人在职业那一栏填的是家庭妇女，而不是医生。在岸上，塞林格的父母同他的姐姐朵丽丝一起在等他。巨大的欢乐和解脱，见到返乡的儿子是多么大的幸福！一切都结束了，他安然无恙地回来了。而为西尔维娅预备的欢迎仪式，则仅仅局限于礼貌性的热情，它本来应当有更烈热的气氛。"母亲不喜欢她"[1]，玛格丽特·塞林格确认说，这是来自姑妈的评论。朵丽丝也一样。尽管如此，这对新婚夫妇还是搬进了公园大道上的家庭公寓里。

塞林格找回了自我，但奇怪的是，他失去了笑容。他的旧友伊丽莎白很快给出了观察结果：他患上了某种抑郁症。她

---

[1] 摘自玛格丽特·塞林格，《梦幻守望者》。

不太清楚患病的原因，但是她给出了自己的建议。她还记得有一天，他在信中写道自己不太舒服，"你和我，我们是真正的老朋友。"[1] 在他自信的表象之下，他对她坦承，说自己的婚姻是失败的。两人之间的不合，仅仅在婚礼之后的几周就产生了。家庭生活产生了裂痕。两人的感情以稻草燃烧的速度消耗殆尽，还没有撑过八个月。塞林格承认：两个人都有过错。为思乡之情所苦的西尔维娅在抵达美国大陆的一个月不到的时间内，乘船返回了欧洲，她定居在瑞士，做了一名医生。

很显然她与他之间不是完全相处不来，即使是，那也不是"最难以忍受的那种程度"[2]，在她离去后不久他马上就发现到了这一点。他用的信笺的笺头上印着佛罗里达州戴托纳海滩的喜来登广场酒店，广场酒店的悬窗是三十年代的风格，朝向大海，这里是他长久以来理想的度假和退休场所。他去那里是为了写完《男人的永别》[3]，一篇他寄给代理人的文章。但从那天起，那篇文章便无影无踪了。他的个人生活困扰重重，在这段婚姻期间他什么也没有写。不过美好的日子，终于又回来了。

塞林格从来没有倾吐过分手的原因，是由于两人性格不合导致的么？是因为西尔维娅隐瞒了在德国的纳粹活动，后来流言四起导致的吗？是因为她在外面像玛塔·哈里一样装成亲切

---

1 摘自1945年5月13日写给伊丽莎白·默里的信。
2 摘自1946年7月13日写给伊丽莎白·默里的信。
3 《男人的永别》。一篇从未发表，失踪无影的小说。

和蔼状,其实是一位很有能耐的间谍么?西尔维娅·威尔特从来不属于任何一个纳粹机构,既没有加入希特勒党,也没有加入德国少女联盟——这是一个由十四至十八岁的年轻希特勒党少女组成的团体,根据一项投票通过的法律规定,少女们在年满十八周岁的四个月前必须服从组织行动。诚然,他们当时都很年轻,仅仅相识刚满五个月就结婚,但这段时间的长度用来了解她的品格,对于一个像塞林格这样的情报人员来说,足够了,足矣。

  离婚的手续狠狠将他拖了一段时间。文件进展得越快,他越感觉到卸下了一个沉重的担子。他发现,这种感觉"真舒服"[1]。足足过了三年,皇后郡的纽约法院才正式宣布两人离婚,此时是1949年1月26日。然而西尔维娅·塞林格-威尔特则花了五年时间,经过冗长曲折的行政手续之后,才拿回了自己的婚前姓。

---

1 摘自1948年11月29日写给伊丽莎白·默里的信。

写作的日日夜夜

塞林格重新回到工作上。1947年1月他去了塔里敦，纽约北部韦斯特切斯特郡一个安静的地方。他住在一间打扫过的旧仓库里，环境简陋。他生气地说屋主居然声称这是一间工作室，但是如果好好地想一想，这样一间屋子让他来生活、专心致志地写作也是合理的。这一年他产出颇丰。到了冬天，他搬去康涅狄格州，到了斯坦福德市一间由谷仓改造成的工作室。他这次一点都没有失望。他喜欢那个地方，配有一座漂亮的壁炉，放眼望去是美丽的土地，在这里他可以获得所有他期望中的宁静，除了路的那头两个过于热情的邻居，一位年轻的加拿大画家和他的妻子。隐居的生活也会过到头，之后他回到了父母位于纽约的公寓。某些晚上，你可以在格林威治村的俱乐部和酒吧里看到他颀长的身影，尤其是在东街55号的蓝色天使和蓝丝带。他还会偶尔把时间打发在每周三晚上唐·康登家的公寓组织的扑克牌聚会上，这是西蒙与舒斯特出版社的润滑剂，主要是想讨好他、获得他的青睐。这不是唯一一家这么做的出版社。

自从《纽约客》五年前买了他的一篇文章《麦迪逊大道的

轻微反叛》[1]并刊登出来，各种各样的约稿就接踵而来。短篇小说、中篇小说、电影剧本，全都是他想要的。

塞林格梦想着能在好莱坞发财。他表露出自己愿意这么做，他会接受约稿，至少他那边的意愿越来越强烈。此时此刻，他还能享受些许平静。他借此机会将小说推荐给对他来说很重要的人，尤其是那些像他一样从战场重返平凡生活的人。其中有些同伴在杂志或报纸上读了他的文章，给了他一些祝贺的话语。他带着热忱尽量一一回复，将记忆中他们的样子写在回信中，其中一位穿着橄榄绿的破旧外套，另一位总是在脸上裹着围巾取暖。作家很懂社交礼节。他不分昼夜地写作，对抗着巨大的工作负荷，以重建他的小说库。然而在1948年的夏天，当他在威斯康星州度过了很大一部分时间时，他被一场"爱情"[2]分了心，这是一场短暂的、炙热的、隐秘的罗曼史。随后他受到《威格利大叔在康涅狄格州》[3]出版的激励，又重拾笔杆。小说问世后不久，美国电影制片人兼导演达里尔·扎努克，一个总是架着摄影机到处走的男人，希望将这篇文章的版权买下来改编成电影。但最终还是塞缪尔·戈德温、米高梅的大老板赢得终局，成功将小说改编成了电影《我愚蠢的心》[4]。

---

1 小说见1946年12月21日的《纽约客》。
2 摘自1948年11月29日写给伊丽莎白·默里的信。
3 《威格利大叔在康涅狄格州》刊登在1948年5月20日的《纽约客》上。后收录在《九故事》中，法语版名为《故事集》。
4 《我愚蠢的心》，麦克·洛逊的美国电影。影片中的歌曲在美国收获了成功。随后在法国以《我脆弱的心》为名上映，由杰奎琳·弗朗索瓦和兰·勒诺出演。

电影于 1949 年上映，并在好莱坞奥斯卡奖颁奖仪式上被提名音乐奖，电影因此名声大噪。而电影方非常不尊重原著，原著被改得面目全非，剧情极为夸张，塞林格看到自己的作品被这样改造，非常愤怒。糟糕的剧情，糟糕的拍摄，糟糕的放映……他得到的唯一安慰就是版权费，可以用来支付账单，这笔钱能撑很长一段时间。然而，确定无疑板上钉钉的是，不会再有人买下它了。萨姆·戈尔德温会乐意邀请他去西海岸住下，塞林格却不松口，这不像《麦田里的守望者》中霍尔顿的哥哥、歌手 D.B. 的风格，他是一个会去好莱坞"出卖自己"[1]的人。

《为埃斯米而作——既有爱也有污秽凄苦》[2]在《纽约客》上一经发表，同样给他带来了很多反响。一个伦敦的编辑哈米什·汉密尔顿，在读到这篇小说后，评价其为"最近几年里读到的印象最深的作品"[3]，他急切地询问塞林格，担心他已经与英国另一家出版社签下了合同。当时是 8 月份，他为自己没有早点醒悟而道歉。《为埃斯米而作》早在四个月前就面世了。哈米什嗅出这是一块珍贵的宝石，但是他行动得是否太晚了？而且他是否已经准备好"接下"所有塞林格足够自信认为能够

1　J.D. 塞林格，《麦田里的守望者》。
2　小说发表在 1950 年 4 月 8 日的《纽约客》上，之后译为法语，收录在《故事集》中。
3　摘自哈米什·汉密尔顿于 1950 年 8 月 18 日写给 J.D. 塞林格的信，来自《故事》期刊存档，BFP。

发表的作品呢？称颂之辞如洪水一般涌到作家身上。三天之后，他在回信中热情地感谢他那封"让人感觉非常舒服"的来信，表示自己愿意转投到他的代理社哈罗德·奥伯名下。友谊的花朵此刻起开了出来。

但是，在经营关系方面，塞林格不是天生的社交好手，他甚至会表现得有点挑剔，对待爱情也是一样。1950年纽约秋天的一个晚上，他受邀参加一个由《纽约客》的一位专栏作家组织的"艺术家之夜"聚会，注意到一位有着小鹿一般双眼的年轻少女，她穿着蓝色的亚麻连衣裙，天鹅绒的领口，深蓝的色彩反衬出年轻的鲜活。这条在他看来相得益彰的连衣裙，出自费城的造型师南·杜斯金之手，曾经在夏天走过秀。为了彰显自己的自由，即使脂粉下的笑脸苍白，她还是选择点上了一支香烟。此时的克莱尔·道格拉斯十六岁，塞林格三十一岁。她与父母同住，在一家为良好家庭的年轻姑娘设立的宗教学校上学，名叫布林莫尔学校，位于宾夕法尼亚州的希普利。他对她还知之甚少，但是她出生于上层阶级。她的父亲不是别人，正是英国评论家罗伯特·蓝顿·道格拉斯，艺术界的标杆人物，意大利远古艺术的专家，1901年他出版了一部关于锡耶纳历史的书，另外他还有一篇关于弗拉·安杰利科的佛罗伦萨油画专志。他曾任英国国教神甫，后来还俗，皈依了天主教，他有多个子女，根据骑士和爵位记录文件，他总共有九个孩子。克莱尔是最小的那一个。那时他年近七十岁，正在经历第三段婚姻。

这一晚，塞林格与她都分别有人陪同一起前来，所以很难单独交谈。但是这种情况没有持续下去。第二天，作家就借打电话感谢主办方的机会得到了小女孩的联系方式。第二周他就给她写了一封有点难以回复的信："一想到我的回信可能没法在作家的眼里显得有智慧，这种难受的感觉能让我死一千次。"[1] 但是，她一点都不蠢。她的表达能力令人惊叹，她喜爱背诵诗歌，根据她在学校的年度成绩来看，她缺少严肃认真的态度，这在塞林格看来是一种优秀的品质。当一个人快要十七岁时变得很严肃，在一个拥有所有可能性，却要变得严肃的年龄，这样做真的合理么？克莱尔希望能有九条命，不知命运做了些什么，让她变成了下一个莎拉·贝恩哈特，1900年代著名的女演员。有一点是她希望别人能够记得的：她的创造力，还有一点是她所憎恶的，那就是为人圆滑。令塞林格为之着迷的是，他当时忙于创造中篇小说，而她在1950—1951学年，一整年的时间都经常与他通电话、通信。

---

[1] 摘自玛格丽特·塞林格，《梦幻守望者》。

《麦田里的守望者》惊雷出世

他的中篇小说已经在创作之路的铁轨上走了十年。他的男主角霍尔顿·考菲尔德,另一个他,在这些年,没有一刻从他的脑海中溜走过。自从他的第一篇小说《年轻人们》发表以来,他就想写出一部中篇小说,但是他感觉自己的写作还不够成熟,对自己也没有信心。但是他迟早会做到的。"当我去参军时(就会完成)。"[1] 他曾经向伯内特保证。这是第一个鼓励他继续走这条路的人。塞林格已经在"脑子里"[2] 开始写了。人们只能看到他们想看到的。这并不是业余作家随便写写的小说。当然,也不要忘了他还参加了战役,何来安心写作的时间,尤其是在战争年代。"我把霍尔顿放在一边已经有一段时间了,"[3] 他于1944年5月写道,当时他正与自己的团一起驻扎在英国南端,等待着登陆日命令的到来。"在那里的时候,我放弃了。我把它按照第一人称来写,那时我完全感觉不到自己写到哪了。如果按照第三人称来写,那这些都不是问题。这个

---

[1] 摘自1940年9月6日写给惠特·伯内特的信,来自《故事》期刊存档。
[2] 出处同上。"在我的脑子里"。
[3] 1944年5月2日写给惠特·伯内特的信,来自《故事》期刊存档,BFP。

小伙子，他就是个刺头，"他补充道，"我从来就没碰到过如此敏感的人。"塞林格对这个题材是如此熟谙，就像福楼拜对自己的包法利夫人一样，他可以说"霍尔顿·考菲尔德，他就是我"。因此他说服自己，当自己从战场上一撤下来，"在六个月内，或是更短的时间"[1]，故事就会收尾。所有的素材都在那呢。难道他没有好几次在小说里把自己当成故事的主角？或是一名讲述者，或者有时更古怪，是幽灵一般的存在，时而在战场上失踪无影了，时而在人们的思绪中萦绕不断。在登陆的前夜，他将六篇写给霍尔顿的文章塞进包袱，这些是他很喜爱的几篇。他的另外两篇小说，1941年创作的《麦迪逊大道的轻微反叛》和四年之后创作的《我是疯子》，最后被糅合进了《麦田里的守望者》。前面这些小说的创作是它最初的起源，但这些不是唯一少年占据主要舞台的小说。塞林格无论如何从没有怀疑过自己，他完全不怀疑自己可能会有见不到小说完成的那一天。不过，他曾经向海明威敞开心扉，说正在构思的是一部虚构小说，是一部既极其精致、又极其具有爆发力的作品，他担心会完成不了，自己最后会变成一个愚蠢的傻瓜。而且，当他一旦着手于一页页的写作，就发现这项任务比之前想象的更加艰难。他是因为自己的过分自信而受到了惩罚吗？诚然他心里的小伙子给了他一条主线寻踪而去，而他也从来没有远离过。

---

[1] 1944年6月28日写给惠特·伯内特的信，来自《故事》期刊存档，BFP。

最后的润笔刚刚完成，书册开始付印成册。在1951年5月初，塞林格进行了一场赴欧洲的横跨大西洋之旅。他乘坐豪华游轮在海上度过了五天。他的旅行将要持续两个月。在去的途中，在他自己的房间里，他正好利用这几天的时光收尾整理一些写出的作品，赶一赶延迟回复的信件的进度。回程时，他则把大把的时间花在与船上的巴西乘客一起玩乒乓球上。在伦敦，他受到了英国编辑哈米什的热情款待，塞林格称他为"杰米"，后者非常高兴能为《麦田里的守望者》做出版准备工作。塞林格重新读了小说的校样。在圣-詹姆斯剧院，塞林格出席了莎士比亚的剧目《安东尼与克丽奥佩托拉》的介绍会。其间，杰米·汉密尔顿将他介绍给了剧中角色劳伦斯·奥利维尔及维维安·利，他们是《飘》中娇俏的女主角斯佳丽·奥哈拉的扮演者多年的好友，那是一位颇赋风情的美人。演员们与他之间迅速产生了相互的好感。他们邀请塞林格与编辑一同前往位于切尔西的精美小屋。他们度过了一个别致而没有掺杂丝毫矫揉造作成分的夜晚。塞林格对他们的感觉是"真正的友谊"[1]，他还说，自己感到"非常非常荣幸"这对英国最有名的荧幕情侣愿意在美国拍戏时，邀请他在纽约相见，就在当年的12月份，在百老汇。然而有一件事使他忧伤，在《麦田里的守望者》的一章中，霍尔顿诽谤了哈姆雷特的扮演者。"我

---

[1] 摘自1951年8月4日写给哈米什·汉密尔顿的信，来自《故事》期刊档案馆，BFP。

实在理解不了劳伦斯·奥利维尔先生有什么好的，就是这样"，少年表示很吃惊。"他的气质与众不同，外表相当英俊，他在走路或是与人对打时，看上去也赏心悦目……人们看到他，会觉得他是那种坏小子，而不是忧郁或是内敛型的演员。"[1] 塞林格非常尴尬，还好他知道劳伦斯·奥利维尔很少读他的小说，他坚持说这些评论不是他，而是霍尔顿发出的。他肯定会给出更柔和、不那么辛辣的评价。然而私下里，这位小说家对剧目给予的观点则更为深入，原因呢，他自己承认是出于"极其庞大的"[2] 自满。纵然是这样，他还是会做做表面的奉承功夫。他想把这一切都告诉劳伦斯·奥利维尔，怕他推断出"卑鄙的塞林格"是个伪君子。但是他又犹豫了。他的编辑鼓励他这么做。然后他就照做了。"为了显得不那么武断，也为了不说出狂妄自大的话语，我想——事实上我非常乐意——对您讲讲个人对您演技的看法，"[3] 他敲起字来，"我认为您是世界上唯一一个能把莎士比亚的戏剧演得如此熟练又如此特别的演员，"他补充道，"就好像您不仅仅只希望将它演得娴熟。您的表演就好像身处一部由您的兄长创作的剧中，您能完全理解他的意思，而且您狂热地爱着这部剧。"作家的笔头就像是浸过了蜜。相反，在一封写给他的编辑的信中，他认为劳伦斯·奥利维尔

---

1 J.D. 塞林格《麦田里的守望者》。
2 1951 年 8 月 4 日写给哈米什·汉密尔顿的信，来自《故事》期刊存档，BFP。
3 摘自 1951 年 9 月 1 日给劳伦斯·奥利维尔的信。

充满"张力"的表演"可能有些缺陷"——通常是"外表"上的缺陷。在一封写给"拉里"的信中,他则保留了自己的评论,反而写得比颂歌还要热情洋溢:"您的表演太精湛了,双眼近乎难以承受的完美,我真心认为您是唯一一位能达到如此表演水平的演员。"塞林格还强调,自己在1938年伦敦的老维克剧院观看他在《奥赛罗》中饰演的埃古时,已经有了这种感觉。当他在维也纳和波兰的比得哥煦居住时,在乘坐游轮返回纽约前,也曾经观看过一次该剧的演出。

这位明星没有把他的这些讨人喜欢的话当真,他不是一个分不清真假的人。两个月后,他回复了信件,语调友善热情,在信中,他回忆起在伦敦的那次聚会,就是在那次聚会上,他们认识了彼此。收到回信的塞林格松了一口气,届时还不忘通过自己的英国编辑表达自己对那段记忆的回想。自此三年之后,在一档介绍新出小说的广播节目中,劳伦斯·奥利维尔在"特别想要"参加的一档节目,同其他演员一起,朗读了《为埃斯米而作——既有爱也有污秽凄苦》中的节选,这根本不成问题。他的编辑指出他并不是这个系列节目中唯一一位有价值的当代作家,其他被提及的尊贵的作者还有查尔斯·狄更斯、赫尔曼·麦尔维尔、约瑟夫·康拉德、罗伯特·路易斯·史蒂文森,他们也会按计划出现在节目中,这样一档节目会刺激《九故事》小说集的销量。可以看出的是,在那之前一年,塞林格的售书还没有什么起色。《为埃斯米而作》是一部短篇小说,因此不适合改编成广播剧,他是如此认为的。他是"令人绝望地"出于好心，但是，他所做的一切都令人"难以忍受"，塞林格发电报这样说。"非常遗憾，感谢拉里所做的。"[1] 尊贵的大人物劳伦斯·奥利维尔那时才明白了他缄默的含义。他是不能忍受了。

塞林格从伦敦一脚油门踩到了苏格兰，他驾驶着一辆希曼·明克斯，镀铬的保险杠，豪华的大进气口，沿着苏格兰山区蜿蜒的公路纵横穿梭。他驶过威廉堡，开到更高的地方，越过奥本，然后开往更远一些的达尔马利，最后朝本·尼维斯一路开去。在去往穆尔岛的摆渡船巴拉胡利什号上，摇摆的荡漾中，他开始幻想将剩下的日子在这片土地上渡过。他对自己母亲祖先的故土有无穷无尽的热爱。她的一生都在这泥泞的地方，这里是她的最爱之所。他很喜爱牛津的湖区，一个英国抒情诗人塞缪尔·柯勒律治和威廉·华兹华斯同样珍视的地方，但是对于他来说，没有什么能比在苏格兰西海岸的荒原上散步更令人心旷神怡的事了。在埃文河畔斯特拉特福，莎士比亚的故乡，他不辞辛苦地去逛剧院，大厅是现代风格的，并不符合他的品位，显得过于衰败。他更偏爱带有上层包厢的意大利式大厅，楼下也带有包厢的那种，还要有水晶吊灯，就像伦敦的圣-詹姆斯剧院那样。在那个地方，他划了独木舟，陪同他的是一位"女士"，他对着她，哼唱了几首自编自创的歌曲；在

---

[1] 1954 年 2 月 24 日发给哈米什·汉密尔顿的电报，来自《故事》期刊存档，BFP。

一座英国国教的教堂里,他去听了晚祷。在爱尔兰的都柏林,他旅程的最后一站,他给好友伊丽莎白写了一张明信片。那是一张很有特色的印象派彩色画的明信片,在天蓝色的远处,有玫瑰色和淡紫色云朵,有明黄色的圆点,还有一幢用麦秆做屋顶的小房子和一艘停泊在海边的小船。他说自己很喜欢苏格兰高地旁的赫布里底群岛,希望她收到了"那本书"[1]。《麦田里的守望者》还没有开始在书店销售,但是在波士顿的编辑和利特尔和布朗出版社已经把它当作主要活动来进行宣传了。伯内特指出,这本书的宣传文稿写得"有点不准确"。塞林格被介绍成是一位仅仅在《纽约客》上发表过四篇小说的作者,还说他是《故事》期刊的"常客"。因此人们不会忘记是伯内特从一开始"编撰,发表,支持"[2]了他的文章。利特尔布朗出版社根据他提供的内容校正了自己的宣传稿。回想起的这则轶事,见证了当时塞林格的名声只是有限地在文学圈子的边缘处徘徊。伯内特很荣幸地又提供了另一篇自己为他的保护对象写过的推荐文,那要追溯到1944年,当塞林格还是个大兵的时候。当时《故事》期刊曾组织了一场军旅人士小说竞赛,为了回应这场活动,塞林格曾从来自《周六晚间邮报》的"巨额"稿费中抽出250美元,当作捐赠从前线寄来,活动面向全国的大学,以此鼓励年轻的小说作家。这笔钱是为了奖励获奖者的天赋,

---

[1] 摘自1951年6月23日写给伊丽莎白·默里的明信片,HRC。
[2] 1951年4月6日,惠特·伯内特写给利特尔和布朗出版社的信,来自《故事》期刊存档,BFP。

而不是抚慰他们的贫穷。"你是唯一一个为了支持杂志社或者其他作家而将自己的珍宝献出来的人。"[1] 伯内特给他写道,向他的慷慨、他灵魂的高尚致敬。

---

[1] 1944年4月惠特·伯内特写给塞林格的信,来自《故事》期刊存档,BFP。

青少年的代言人

《麦田里的守望者》于 1951 年 7 月 16 日面世。在之后出版的口袋书系列的封面上，有一个年轻人四分之三身位的身影，正在赶赴某个地方，头上戴着鸭舌帽，一手拎一只箱子。封面简介栏上对读者写着："这本不同寻常的书也许会让你震惊，让你开怀大笑，让你心碎不已——但是，它永远都不会被你遗忘。"[1]

在美国，成功瞬间而至，书的销量难以计数。在英国，公众的反应则更为谨慎。在出版后的第八个月，在印数的 5000 册中，它的销量刚刚达到 3200 册。"跟在美国的销量相比这个数字是小了一点，但是对于第一本在本土出版的中篇小说来说，这个数字已经超过了平均水平。"[2] 他的英国出版人帮他重新打起精神。哈米什言语的主要意义就是，小说在拥有高品位读者群的心里真正留下了深刻印象，打开了一条出版短篇小说合集的路。至于为什么不出版另外一本中篇小说，原因在于自

---

[1] 来自瓦利福奇军事学校存档文件。
[2] 1952 年 3 月 13 日哈米什·汉密尔顿写给 J.D. 塞林格的信，来自《故事》期刊存档，BFP。

秋天以来他就已经着手写作，但还没有给小说想好一个结局，因此它现在还躺在他的抽屉里。在这种情况下，他也会推迟短篇小说的出版。这条信息是如此友善，以至于塞林格几乎要后悔没有同时在美国出版了。

在法国，小说换了包装，与出版人罗伯特·拉封的沟通被框定得死死的。"我曾给他写信说我是多么高兴能出版这本书。但是再也没有收到来自他的回复，"罗伯特讲述道，"我知道他的生活离群索居。我曾经去过美国，要求见他一面，但是没有成功。我从没遇见过一个像他这样的作家。"[1] 经过作家让·巴普蒂斯特·罗西的努力，更被人熟知的是他的笔名塞巴斯蒂安·雅普瑞索，小说第一次被翻译成法语的这一天终于到来了。"他的译文精妙绝伦。文章有节奏性，有音乐的流动感，但是由于他并不深谙英文，文章中充斥着大量错误。"罗伯特·拉封说。然而，根据签订的翻译合同条款要求，[2] 译稿应当保持"信"与"达"。当得知自己的作品被人自由发挥，在书出版的三十年后，塞林格提出了抗议。之后由签约译者安妮·索蒙翻译的版本，显得没有那样杂乱无章，更中规中矩。1996 年 11 月，罗伯特·拉封出版社意欲重新搬出让·巴普蒂斯特·罗西的原版翻译本。但

---

[1] 来自 2006 年 3 月 23 日与笔者的面谈内容。
[2] 与罗伯特·拉封的合同签订于 1952 年 5 月 5 日，合同中规定需支付 J.D. 塞林格 500 美元，巴黎的出版社有权在接下来的 2 部作品中选择一部出版。

是作家的代理方用不可动摇的决绝回应了这个意见,他们不理解为什么这一版要被挖出来,它应当"躺在最深的墓穴里"。

《麦田里的守望者》没有错过良机,小说家也没有,他在吹毛求疵的完美主义驱使下,对自己所孕育的作品中最细微的地方也机警异常。我们熟知这个年轻人的故事,在学校里五门功课有四门不及格后,他被中学退学了,他没有等到下周三学期结束回到家中,而是自作主张在纽约过了两三天游荡的日子。一家廉价的宾馆,一只黑色的蟑螂,在酒吧里游荡,喝得酩酊大醉,吃点爱情的苦头,也许甚至会与某人上床,一场费钱的邂逅,但是都不完美,最后一路碰到倒霉事。与当时文学界所有人所写的东西都截然相反,小说给读者带来完全首创的、独特的体验。首先是因为小说的立意,因为其叙事的语气,也因为他使用的词汇。塞林格是第一位在小说中从头到尾完全使用十七岁小伙子的语调,说出属于主人公自己语言的小说家。从这一点上来说,他是独特的。他并不是传统意义上的他的(自己)经历的讲述者,他直接说出了自己的心声。这种风格从小说的开头,当他自己开始讲述时就开始了:"您要是真想听我讲,您想要知道的第一件事可能是我在什么地方出生,我倒霉的童年是怎样度过的,我父母在生我之前干了些什么,以及诸如此类的大卫·科波菲尔式废话,可我老实告诉您，我无意告诉您这一切。"[1] 故事的基调就这样定下来了，然后就开始往下走。塞林格风格的独特之处就在于此。用这种方式他将读者带离别人走过的老路，或是一成不变的学院模式。这远远不是一个狄更斯或是穆希尔风格的故事。在半个多世纪之后，出现在考菲尔德这个学生身上的混沌不安，很难与青年托莱斯的混沌相比较。他讲述自己混乱的方式，就已经同托莱斯不一样了。他的语言更加稚嫩、更加通俗、更加"口语化"。他们所受到的煎熬也不同，纵然二人都在找寻自我。罗伯特·穆齐尔笔下的主人公是一名性格阴郁的同性恋，他的写作过程更像是一场自省的练习。而塞林格的主人公，一名紊乱的异性恋处男，倒霉的是，在这个卑微的世界里，所有东西都是这样，一文不值。读者会发觉在潘西预备学校的宿舍里，在纽约被烧着的半明半暗的废弃地上，两人写出的句子与对话的意味是无法比较的。

在图书馆的架子上，关于中学生生活得不如意抑或是或与社会脱节的故事数不胜数。他们脸上长满了痘痘，爱惹是生非，孤独，叛逆。这些年轻人中的某一些人拒绝长大，另一些则欺压别人。霍尔顿，一想到自己就要离开童年的天堂，一脚踏进成年人的门槛一去不回头，就感到头晕目眩。他述说这一切时带着幽默，会让读者爆发出大笑，但是同样也会让读者感到震撼。比如，当他掉进了一个洞的深处，他突然听见一个六

---

[1] 摘自 J.D. 塞林格《麦田里的守望者》。

岁的小孩哼唱着这首歌:"如果一颗心捕捉到了另一颗心,一颗刚刚穿过麦田的心。"[1]

小说的法语版书名《心灵捕手》——英文为《麦田里的守望者》——是从罗伯特·彭斯[2]的诗《如果你在麦田里遇到了我》改编而来。与塞林格合作的伯内特的杂志《故事》,曾于1940年专门有一期专门介绍过这位苏格兰诗人。在小说中,霍尔顿的妹妹菲比强调说原诗应该是"如果一个人遇到另一个刚刚从麦田里走来的人"。当作家在迟些时候为小说的希伯来语版本发表做宣传时,使用了另外一个略微不同的书名,为方便那些没有听说过这个苏格兰诗人的读者理解。《麦田里的守望者》这个名字来自对罗伯特·彭斯一句诗的"不准确的引用",作家急忙说明,强调说书名已经在书中有所解释。随后他总结:"这么做没什么错。"[3]

塞林格就是一位炼金术士,他从彭斯的诗中提炼出了一幅壮丽的隐喻画面。在一处海边悬崖的边缘,种着一片麦田,孩子们在那里玩耍,完全没有意识到危险的存在。他们疯跑着,马上就要掉下去。霍尔顿为他们担心。他想要做一个"捕手",让他们停下来,不要跌下去。跌落之后就会通往成年人的世界,这意味着某些东西的死亡。

---

[1] 摘自 J.D. 塞林格,《麦田里的守望者》。
[2] 罗伯特·彭斯(1759—1796),苏格兰方言诗人、词作家,《友谊地久天长》曾在圣-西尔维斯特节上被演唱。
[3] 1973年9月7日写给他的文学代理多萝西·奥尔丁的信,来自《故事》期刊存档,BFP。

但是《麦田里的守望者》远远不止于此。一个悲伤的青少年面对无力改变的现实，他什么也不能做，感到了毫不容情的、可怕的失败，他回到父母家中，他被现实打败了。琐碎的生活又会重新占据上风。他无能为力。

寻求灵修

书出版了,公众的评论会有什么价值呢?没有什么大的意义。从那些评论里,塞林格迫不及待地想要得到意见。大多数人给予的是积极反馈,在他看来这样的评价"呆板、浮夸"[1]。其中的绝大部分人,决定说说自己读了这本书的"所想所思",而不是"感受",也没有好到哪里去。就好像他们直接跳过了这个词。结果就是,在他查看评论的过程中,人们提到最多的是小说引发的社会学的思考,或者是差不多的东西。有些人会将小说中的情节当作参考,但是每次提到的书中的例子都像是"费尽心思"搜寻到的一样。总而言之,小说全篇的"美感"都被搁在一旁。他们对美视而不见吗?但是从今往后有一件事对他们来说是确定的,小说家回馈给这些人的将是"永不褪色的蔑视"。

不管怎样,小说的出版还是斩获了传奇般的成功。他在康涅狄格州的韦斯特波特的田野上拥有一座"谷仓",他和鬣狗班尼在那居住了一段时日,这是唯一一直陪伴他的动物,这本

---

[1] 1951年8月4日写给哈米什·汉密尔顿的信,来自《故事》期刊档案馆,BFP。

书的出版将他恬静的生活连根拔起。为了工作，他在某一刻决定牺牲田园生活，回到热闹的都市。他重新返回纽约，安顿在57号街东300号的一间地下室里。

他的公寓狭小、吵闹，角落里藏着各式各样独具特色的漂亮小玩意儿，他认为自己能在那里宁静地生活。在别人给予他的界限内宁静地生活。当然了，他已经和克莱尔·道格拉斯取得了联系。她整个夏天都失联了，一直陪在她患上阿尔茨海默症的父亲的床边，后来他们又去了位于圣吉罗拉奥的教会隐修老人院，靠近佛罗伦萨。在锡耶纳举行了她父亲的盛大葬礼，然后她从意大利踏上了归途。塞林格用黑白色调布置了公寓。在房间里、桌子、隔板，以及他们在上面一起度过了几个晚上的床单，都用了暗色，那几晚，他们彼此挨着，没有发生亲密关系。墙上，挂着一张他身穿制服的照片。这些细节来自玛格丽特·塞林格。

克莱尔回忆起那个年代，"他陷入了真正的黑洞中"[1]。他自己也没法对她隐瞒。在那些内心深处感到溃败的时刻，他在沉默中给自己筑起了一道围墙。现在他处理情绪起伏的神经处于极端敏感的状态。他无法与人沟通，整个人呆滞凝固。没有任何东西能引起他的兴趣。甚至没有想对朋友倾吐的欲望，那些友爱、善解人意的朋友。他曾在1952年吐露过自己想重返欧

---

[1] 玛格丽特·塞林格，《梦幻守望者》。

洲，想去拜访自己"亲爱的杰米"，他亲切地称其为"我的老朋友"[1]，拜访他的妻子伊冯娜，还有他们的儿子阿里斯泰尔，还不能忘了汉密尔顿出版社的文学总编辑罗伯特·麦切尔。他们曾一起懒洋洋地躺在草坪上，他们家如此美丽，有青葱的草坪，还带有一个露台。但是他不能这么做，他需要将度假抛弃一边，花点时间重新回到工作上，这是几个月以来他第一次这么做。除此之外，他还有其他选择么，还有税单在面前等着他交。很多的税。而且他知道自己在离家以外的地方就不能高产……所以他试着将一本短篇小说集整理成册交给他在美国的出版社：利特尔和布朗公司。时间已经过去了足足十五天，他应当交稿了，但是他想不出一个书名来。与此同时他手上还有两篇正在写的小说。他什么都做不了，城里被炎热烧化了，酷暑让他难以忍受。如果他能找到办法一路走到邮局去，他希望能将一本名为《罗摩克里希纳福音》的"世纪"[2]宗教书一同寄给他的美国出版社，这部精神引导书，能够引导人们通往冥想之地，一旦人们获得了印度教神秘的全知全能，就能增强信仰的念力。这本书囊括了所有的宗教信仰，但是只供奉一个印度教宗师。

克莱尔承认，塞林格是在《麦田里的守望者》出版的这一年转而信仰佛教的。他个人投入了非常大的精力。他与一位日

---

[1] 此处原文为法语。摘自 7 月 19 日给哈米什·汉密尔顿的信（很有可能是 1952 年，信的年份没有注明），来自《故事》期刊存档，BFP。
[2] 此处原文为法语。摘自 7 月 19 日给哈米什·汉密尔顿的信（很有可能是 1952 年，信的年份没有注明），来自《故事》期刊存档，BFP。

本贤者铃木大拙[1]结下了友谊，他是1950年代佛教禅宗在西方传播的集大成者，他被称为吠檀多，一种来源于印度教贤人的称谓，他也曾拜读过塞林格的一些小说。塞林格尤其虔诚地经常前往曼哈顿的罗摩克里希纳-维韦卡南达中心，那里是源于印度的纽约修会分会，他在夏天时去了位于千岛公园的禅修中心，同样是在纽约。跟随当地的一名大教士、一位年长的贤者斯瓦米·尼克希拉南达，以及罗摩克里希纳作品的译者，塞林格学习了该教的主要教义。塞林格与之交换了联系方式，主要是为了获得修会的冥想大师所作的禅悟。这些禅悟是他们找寻某种智慧境界或是追求不死永生的亲身体验的总结。他们之间的关系很亲密。每当塞林格为了支持他的活动——他从1962年直至去世进行的布道——支出一笔500美元的捐赠款给修会，作为回报，他就能得到一封春风细雨的感谢信。

1967年5月，当得知约瑟夫·斯大林的女儿与自己的祖国彻底决裂，表达了自己对这门宗教的好奇心，作家甚至邀请他"亲爱的圣贤"为这位被驱逐的人儿提供三本内容敏感的书，帮助她更好地理解美国，美国的人口种群、媒体、美国人民的友善、他们的成见、他们的慷慨大方，简而言之就是"美国式生活方式"的利与弊。

《罗摩克里希纳福音》1942年在美国出版时是简略版，由英国作家奥尔德斯·赫胥黎翻译而成，他是畅销书《美丽新世

---

[1] 铃木大拙（1870—1966）。

界》的作者，塞林格认为这部超过1000页的宗教作品应当在他的改良下变得更为容易阅读。他询问了他的朋友杰米的意见，给他寄了一本复印本。因为没有收到当即的回复，他重新回到了工作中，他想知道出版"无删节"版本是否明智。为了不让这件事有下文，哈米什感到"如此有罪恶感"[1]，他不想欺骗塞林格，为此感到焦虑不安，毕竟这是他评价颇高的书——"如此非凡"[2]，哈米什只能照做。书，还是得看，它被端端正正地摆在办公桌上。他刚刚把书扉打开，就向塞林格保证说，自己已经愉快地读了好多页，甚至已经有所感悟。然而，想要把这本书变成一本能够上架出售的书，事情远远不是如此简单。这一点共识达成了，两人再也没有讨论过这件事。

作家又回到了在佛教中找寻平衡的循环，他曾经一度想要出家，这也是从玛格丽特之口说出的，克莱尔说起过这事么？那些年他写出的文字里流露出对这方面的担忧思索。霍尔顿是个"大不敬"的无神论者，特迪，同名小说中六岁的主人公，相反地却是一个"非常特殊的小男孩"[3]，他每天早上都会冥想，还会思考转世永生的问题。在他的第一世中，他是一个印度的

---

1 1952年11月25日哈米什·汉密尔顿的信，《故事》期刊存档，BFP。
2 1952年11月17日写给哈米什·汉密尔顿的信，来自《故事》期刊，存档，BFP。
3 1952年11月17日写给哈米什·汉密尔顿的信，来自《故事》期刊，存档，BFP。

"圣人"[1],一个在灵修领域走得很前沿的人。因为思想过于早熟,他在结束第一段神秘的体验时只有六岁。小说中没有明确说出来,但是这就是罗摩克里希纳第一次经历灵魂出窍时的年纪。在历经了最后的"启示"之后,特迪的生命之光熄灭了:他遇到了一位"夫人",让他停止冥想。塞林格是否也遭遇过同样的事件呢?他自己也有过不同寻常的遭遇。首先他无法预知一段爱情的前途,纵使这段爱情之后也存活不了,而这两人深知对方的秉性,只有死亡才能将他们分开。他甚至在几个月内瘦了10公斤。为了一个很合理的原因,那就是:"爱情[2]——我的上帝"。他自己也会主动开玩笑说,能让他长时间远离朋友的唯一的事情,要么是因为一个女人,要么是为了写小说。在一年多的时间里,他一直不辞辛劳地向一位名叫玛丽的女人献着殷勤,以至于都不再读报了。结婚的想法对于二人来说是溃不成军的,他们决定还是保持好朋友的关系。塞林格能够重新坐在打字机后面,重新与世隔绝。他一头扎进自己的作品,将记忆重新组合,组织人物关系,想象出滑稽或是悲惨的剧情,一切都安排得清清楚楚。他在晚上工作,白天休息,他一直保持着这种节奏。在彻底与全世界失去联系前,他自己倒是头脑清醒得很,把自己比作一个古怪的老修士,在一个到处塞满了早就过期的罐装啤酒和古旧报纸堆的公寓里自我封闭。啊,是

---

1 《特迪》文章收录在短篇小说集《九故事》中。
2 文中此处为法语。摘自1951年12月11日写给哈米什·汉密尔顿的信,来自《故事》期刊存档,BFP。

的，他还曾从孤独的空间中抽身出来，为一个朋友。迈克·米切尔组织了一个小型的生日聚会，他是《麦田里的守望者》原版封面的画家，画中展现的是在深红的底色上，一匹马被一支竖着的木头穿过，与小说中叉穿霍尔顿的妹妹菲比的是同一根木头。孩子气的梦。旋转木马。塞林格很喜爱"迈克"，还有他的夫人贝蒂。就像是之后再也交不到的好友。他拥有的最珍贵的朋友，他写道[1]。他也回应过作家西德·佩雷曼的邀请，这是一位当时他非常亲近的朋友。他们经常一起共进晚餐。那天晚上，他多灌了一些酒，忘记问问塞林格对自己的英国出版社是否满意，正准备将自己的出版社介绍给他，后者在书籍的制作艺术方面技术精湛。因为他对这方面审度非常仔细，这家出版社的印刷质量能够称得上他一辈子的赞美。美国《时代》杂志曾经问过塞林格关于在过去的一年中他最喜欢的五本出版的书，名单中的三本来自汉密尔顿出版社。哎呀，那些"卑鄙小人"[2]只注意到了书名，而没有注意到出版社。一开始，当他被人请求给予一些建议、一些推荐，读一读他那个年代如今已经被人遗忘的现代小说，甚至是要求一些在谷歌的搜索引擎都触及不到的履历信息，那是属于他自己的资料银行的信息，他从不拒绝。纵使他总怀着高尚的情操回复信件，但是他遭到那些

---

1 摘自1985年4月6日写给迈克·米切尔的信，来自塞林格文档，纽约摩根图书馆。
2 摘自1951年12月11日写给哈米什·汉密尔顿的信，来自《故事》期刊存档，BFP。

想要一股脑把自己的出版意愿强塞给他的出版社的冒犯。一些出版社迫切地想要同他合作，另外一些则想让他给他们出版的某本书提提意见。伊万·托马斯，曾经出版过大卫·格拉布的《猎人之夜》，之后这本书被英国演员及导演查尔斯·劳顿改编成了电影，获得了大家都知道的强烈反响，他以该出版社旗下其中一名签约作家的名义咨询塞林格的想法。塞林格回拒了这个提议，言下之意是自己不能对 A 作家的书提正面意见，而对 B 作家的书提负面意见。他诚实地说自己从来不去读出版社寄来的书，抱歉。哈罗德·施特劳斯，美国顶尖的克诺夫出版社的老板，给了他一份绝妙的邀请，建议他应当离开利特尔和布朗，如果能转而与他合作，将深感荣幸。对于塞林格，他很确定自己不会冒着风险，将自我暴露在他所痛恨的商业活动下的。在《麦田里的守望者》获得"光彩夺目"[1]的成功之后，他将会得到所有人的"理解"，被所有人"认识"，得到他应有的"尊重"。他想与原来的出版社解约的企图没有得逞。

伯内特自己也重新露面了。他建议让塞林格出现在《故事》杂志专门介绍杂志"最引人注目"[2]作家的一期当中。他并没有打算给他最高的报酬，但是随后短篇小说合辑的发表给他带来了实实在在的金钱弥补。那之后，对杂志来说，能刊登一

---

[1] 摘自哈罗德·施特劳斯 1952 年 2 月 11 日给 J.D. 塞林格的去信，来自《故事》期刊存档，HRC。
[2] 摘自惠特·伯内特 1952 年 2 月 19 日给 J.D. 塞林格的去信，来自《故事》期刊存档，BFP。

些他的作品就变成了莫大的荣幸。但是塞林格也再没有意愿提供任何文章。

《伦敦杂志》也来奉承他，把他列为杂志的合作者之列。然而不幸的是，他已经与《纽约客》签订了独家合同。每一次，回信不是石沉大海、没有下文，就是被拒绝、彬彬有礼。

相反地，他身上发生了件倒霉的事情。利特尔和布朗出版社的某人有一天打电话让他去韦斯特波特，告诉他在每月好书俱乐部的合集里看到了《麦田里的守望者》。塞林格挂掉电话，喘着粗气。他四步并作一步地从地下室的台阶奔上来，在接到电话前，他正在那里洗车。这件没有任何善意、被所有"白痴记者"[1]扭曲的轶事，变成了街头小报的猛料。被这么一个"低能儿"耍了一番的塞林格勃然大怒，非常不高兴，将他的反胃倾泻在了这个犯了事的始作俑者身上："这是个出版人，不是个广告代理人。"[2]

他除了对流言蜚语、长短评论，以及美国的出版社支付版权费用的速度慢了一点之外，对其他的事情没有任何抱怨。《伦敦观察者报》曾经仔细介绍过他的中篇小说，他甚至曾经想结识该报，然而他对于记者们来说是一位过于缄默少语的作家。

后来《纽约客》的创办者赫伯特·罗斯赫然去世，这是

---

[1] 1951年12月11日写给哈米什·汉密尔顿的信，来自《故事》期刊存档，BFP。
[2] 同上。

一位跟随直觉行事的人，他的直觉也很准，思维灵活，保持了一颗赤子之心。塞林格去参加了葬礼。从耶鲁匆匆赶来的神甫为他做了葬礼祷告，他甚至还没来得及知道已故者是何人，这让他感到不太愉快。他在碰到以"r"为结尾的单词就要弹舌，在所有音节的结尾都要加上重音，嘴里滔滔不绝地说着教会的俏皮话。葬礼的庄重庄严被剥得精光，最后变得像一场杂乱无章、令人厌恶的异教法事。

在逝者安息了一段时日之后，继任者争夺之战在杂志社内部展开，有人给他提供了一个候选名单，候选人被严格筛选，也被赋予了期望。文学顾问格斯·洛布兰科垂涎着这个位子。《九故事》正是由他编辑的，他将是小说出版之后被列在献辞栏的人，还有威廉·麦克斯韦尔，这两人直接负责作家的小说。但是威廉·肖恩的名字被出版社避免给他看到，他是出版社里的另外一个人，备受尊敬，行事神秘，有点古怪。塞林格并没有马上与任何一人结成联盟。然而，过渡阶段进行得不太顺利，《纽约客》的小说部门拒绝了他的一篇作品《杜米埃-史密斯的蓝色时期》[1]。

气恼的塞林格又重新踏上了隐修之路，又一次开始了一段放空的时光，说自己如果能去墨西哥或是佛罗里达州晒晒日光浴，会很有裨益。有时，他感觉自己已经准备好写第二部中

---

[1] 小说一开始发表在1952年5月的《世界评论》上。后被收录在《九故事》中。

篇小说了。但是眼前等着他的任务是将一部短篇小说合辑做出来。他的英国出版人提前给他带来了些快乐。当塞林格写信告诉他自己想要把小说就简朴地命名为《九故事》的时候,哈米什大吃一惊。"我们真心认为您不是认真的。"[1]他斗胆写道。哈米什孜孜不倦地试图让他理解这样一个书名会变成一个"大麻烦",他建议可以使用自己偏爱的其中一篇小说的名字《为埃斯米而作——既有爱也有污秽凄苦》。"这是我近十年来在一个作家的作品里读到的最好的一篇,我简直词穷了。"他信心满满地说道。当然,"以及其他小说"的字样也要被印在封面上以作提示。谁都别想动摇塞林格的想法,他对用一篇小说的名字来给整个合辑打标签的做法非常有敌意。他用心选择了要出版的文章,做成清单,把顺序也安排好了。一点差错都不能有。小说一面世,带着他坚持保留的书名,这部作品得到了与《麦田里的守望者》同样销量的反响,在美国一个猛冲,斩获了惊人的成功。在英国,书的反响则显得平平淡淡。

---

[1] 1952年11月25日哈米什·汉密尔顿写给J.D.塞林格的信,来自《故事》期刊存档,BFP。

选择沉默

前几周的辛苦一下子有了回报,不久之后《九故事》的手写稿就被印刷出版,作家感到疲惫不堪、阴郁不快、情绪激荡。在那一年,总统选举结果是艾森豪威尔入驻白宫,一同竞选的理查德·尼克松任副总统,这样的结果自然也不能让他的精神为之振奋一下。说到底,他本来期待看到的是民主党候选人阿德莱·史蒂文森获胜,一位被遗忘的闪耀之星。结果第二次世界大战时期的盟军总司令艾森豪威尔最后手握最多票数。塞林格认识他——不是私人关系,但是,作为一名曾经在军队里服役的士兵,他还是做过功课的。即使看着他在那炫耀战果、不分白天黑夜地出现在所有报纸和时事影片上,食指和中指竖起比着胜利的 V 字——"卑鄙[1]的""肮脏"手势,他感到一阵恶心。但是国内的大多数人都支持他,这让塞林格感到失望。因此他不会去使用大众为亲近他而设计的姓氏:"艾克"。在他看来,新上任的这位美国总统就是一个充满野心、信奉机会主义、欺骗民众的怪物。同时他也希望那些英国记者不要对

---

[1] 摘自 1952 年 11 月 17 日写给哈米什·汉密尔顿的信,来自《故事》期刊存档,BFP。

他"手下留情"。而且这并不是他自己的幻想,全世界的媒体都一样。

塞林格与霍尔顿很像,有时候对周遭的一切都漠不关心,只向往安静的时光,沉浸在自己感觉良好的时刻。对他来说,这是有效抵御"人类行为"入侵到写作的方法。"我像疯了一样地工作,这差不多是我唯一擅长的事情。"[1]有什么好出门的,换换空气,逃避现实,而且去哪儿呢?去每年都会收到邀请的伦敦么?前提是他得能够提前知道自己的计划是怎样的,这些计划大概是什么样子。不要让人们把他当作一个"神神叨叨的隐居者"[2]。他已经对别人给自己安上的这个有损清誉的标签感到倦累了。因此他对任何不对他的行踪日夜都保持机警、并不愿意去谈论他形象的人会深表感激,也就是说,他会请那样的人在附近喝一杯,帮他从正套牢他、令他全神倾注动弹不得的长篇小说上解脱,那就是:《弗兰妮》[3]。各种各样的束缚都不能令他受困,无论如何他都不会放弃写这样或那样的小说,重新体会写作时的美好回忆。朋友间的信件是热烈深情的,但是他更想做的是亲自拜访。到了最后一刻,他思念的心走得更远。他决定不去纽约顺路拜访他的英语出版社,也不去会老相

---

[1] 摘自1954年3月10日写给哈米什·汉密尔顿的信,来自《故事》期刊存档,BFP。
[2] 摘自1954年1月12日写给哈米什·汉密尔顿的信,来自《故事》期刊存档,BFP。
[3] 小说发表在1955年1月29日的《纽约客》上。随后于1961年9月14日以书的形式出版。

识,虽然他很有这样的意愿。他已经有一段时间没有去过曼哈顿了。他对这座城市有着天生的好感:他在那儿的朋友用"一个半手指"就能数得过来[1]。一个急于对一切事情都嘲笑一番的人。

从情感上来说,1955年2月17日标志着他新生活的开始。在巴纳德佛蒙特下的一个小镇,他迎娶了克莱尔·道格拉斯,已经毕业的大学生。六天前,他们去做了婚前血液检查,确认两人如果想要孩子的血融兼容性,以及确保他们都没有携带梅毒。

就在和平的法官范格拉·A. 瓦茨面前举行婚礼的至少两个月前,他们就已经生活在一起了,但是根据婚姻登记文件显示他们之前有各自的住所,她在纽约城,他在新罕布什尔州的科尼什。行政文件上,他没有提及自己曾与希尔维娅·威尔特的上一段婚姻。克莱尔那时二十一岁,他三十六岁。她已经完成了在拉德克利夫高级中学的学习,随意地选择了一份在纽约洛德·泰勒当一夏天试衣员的工作,这是纽约最老牌的高级服装商场,坐落于第五大道。她坚持给"杰瑞"写带着俏皮话的信,虽然有些内容他并不赞赏。从他们第一次相遇到今天,五年过去了。她一直还是个"小女孩"的模样,有点迷茫的纯真大眼睛,饱满的脸蛋,翘起的鼻头,浓密的眉毛就像是用黑色铅笔画出来似的。而且仍然活力异常,她在学校里当副班长

---

[1] 摘自1953年3月7日写给之前在军队、名叫贝西尔的战友,来自《故事》期刊存档,BFP。

的时候，这一特征就已经凸显出来了。她是曲棍球队的主席，对体育运动有很大的投入——篮球、棒球、网球，还有戏剧。"我有太多事情要做了。"她经常这么说。如果有必要提的话，她对法国香水的品位也被证实上佳。这是一位讲究生活质量、出身于良好家庭的女子。

为了庆祝新婚，两人举行了一场婚礼。在乡下的新生活开始了，等着她的是从她出生到现在从来没有经历过的、完全不一样的生活，当她还是孩提时，每次去外祖母家都会感到"很安心"[1]，她会睡在乔托的画《圣母登极》下面。她是在伦敦出生的，但是二战时她的父母从德国人发起的大规模轰炸闪电战中逃亡，选择纽约作为新的居住地，那时起，她便得到了美国国籍。

在科尼什，照料塞林格是全天候的工作，虽然他大部分时间都在工作室里，将自己封闭在花园尽头的绿色小破屋中，那里是他的象牙塔。里面有一张行军床、一只炉子和一个充当沙发的皮质深棕色汽车后排座椅。写字桌上是他的打字机，墙上和灯罩上，所有顺手的地方到处都贴着黄色的便利贴，上面写满笔记。

两年前，他以一辆汽车的价格，买下了现在居住的房子，合计有 90 公亩（9000 平方米），带一片很广阔的灌木地。屋顶原本是深红色，最后他将颜色涂浅了一些。即使之后他将房

---

[1] 来自玛格丽特·塞林格，《梦幻守望者》。

子扩建，房子依然不大，这就是他希望的样子，房子倚在一座长满乔木的开阔的小山丘上，与全世界隔绝。一条小溪从他家的土地上流淌而过。

科尼什迷失在茂密丰盛植被的美景之中，是一个奇怪的地方，与其他所有地方都不相像。欧洲式的城市与村庄布局，围绕着中心枢纽紧密排开，这座城市并没有依着地势而形成。在这里，公共地带是市政府、小教堂、镇子里的学校。食品杂货铺都开在室外，铺子里有各式各样的食材，都被照料得很好。没有中心城区，也没有街道或者是小巷的网络分布。城市里用断裂纹装饰，简洁朴素，近乎极简。塞林格家周围的乡村原野上点缀着几幢彩色的木头房子，是前卫纯粹的新英格兰风格。一些建筑零星分布，散落在景色的阴影里，勾勒出一个斜边的三角形，科尼什磨坊、科尼什聚居地和科尼什公寓——这是它们在当地的地名，与其说是地名，更不如说是小村庄，凝固在静止与安静中的小村庄，有着近乎超现实主义的完美造型，就像爱德华·霍普的一幅画，非常抢眼。放眼触及之处是厚密得让人喘不过气来的森林的边界，那里有一座白色木质的教堂，镂空处装点着绿色植物，周围则是渐渐远离的地平线。远处零星有几个建筑物的轮廓，景物都带着萧索的画面感和气氛。塞林格就住在这几幢建筑物组成的不规则几何形状的中心点上，过着隐居的生活，在这个任何地图都不会标注的地方。

向往这种原始田园风光的人，好比他，就会喜爱每天有小鸟的啁啾声将他叫醒，此处是生活的绝佳之所。很快，他便爱上了家中的独立安静，在暴雨天给屋子装上隔板，换上新的窗户。房子里马上就配齐了各种小玩意儿，尽可能多的电器，还安装了电暖气。但是这远远称不上是一幢豪华房子。塞林格会去砍木头，找一口水井取水回家，要洗澡的时候把水放在炉子上烧热。他唯一觉得遗憾的是房子的位置有点不便利：方圆几里既没有一个英国、苏格兰或是爱尔兰村庄，也没有一个酒吧或是任何一个在劳作了一整天之后可以小酌一杯的地方，能让身心放松。克莱尔过这种艰苦生活的体会是"难以想象的"舒适以及欣喜，除了她丈夫独特的工作安排之外，至少一开始生活是美好的。

幸运的是，这个小家庭没有一直人丁冷清。1955 年 12 月 10 日，玛格丽特又名佩吉，来到这个世界上。

塞林格高兴得坐不住，不止一丁点为她感到骄傲，他想要把她抱给朋友们看看。哈米什是第一个见到佩吉的人。为了见面，塞林格将自己从苦行僧的宁静港湾中抽离出来，一直去到纽约，就是为了把这个小家伙带给他的英国出版人和他的夫人看。"我打赌伊冯肯定喜欢她喜欢得不得了"[1]他预言道，一点也没有夸大其辞。他也想抱给伊丽莎白看，他对她，保留着完整如初的忠实友谊，而且他们之间的相互理解是超越时空的，纵使最近几年他们的联系密度变得稀疏了一些。玛格丽特是一

---

[1] 摘自 1 月 30 日写给哈米什·汉密尔顿的信，来自《故事》期刊存档，BFP。

个非常有趣的孩子,至少他这样认为,那时她还不到两岁。他看着小佩吉柔软的小身子,怀里抱着毛绒玩具熊,跟着广播里的爵士乐若有所思地跳起舞来,他被她的模样打动了。他来自玛纳斯宽的莫逆之交,在夏天、秋天、或是冬天——只要她随时方便之时来拜访他们,都不会错过这令人动容的一幕。并且,科尼什高地的四季拥有如此瑰丽的景色,她不会后悔。

这样说吧,在那个时候,塞林格一家的社交生活几乎为零。一对来自纽约的邻居夫妇汉德一家,勒恩德和弗朗西斯,他们出现得正是时候,给这个家带来了一丝快乐和平静。男主人已经八十多岁了,曾经就职于国家的法律部门,做到了最高职位,现在已经退休,但人们还是会就政治和法律问题向他咨询,毕竟他曾经在国家顶尖领域停留了很长时间,是业界的权威人士。当他们住在附近时,两家人会每周聚一次餐,有时在他们家,有时在塞林格家。晚上的欢聚经常会是以高声朗诵为内容。托尔斯泰是他们的最爱。汉德夫人同样年岁已高,言语不多。夫妇俩都很喜爱佩吉。

塞林格是通过他的英国出版人认识他们的。在他写给他们的信中,喜爱之情溢于言表。他对他们讲述下雨、天晴时的情景以及没完没了的冬日,让汉德夫妇提前把自家在美国新罕布什尔的车库为他备好,在天气恶劣的时候让他的汽车遮蔽,这对他来说"松了多么大一口气"[1]。

---

[1] 1961 年 2 月 19 日写给汉德夫妇的信,来自《故事》期刊存档,BFP。

除了偶尔的坏天气事件，他还向他们讲述生活上的细枝末节，担心他们的背部情况和其他因年龄增长而带来的身体不适，他会告诉他们，他是多么想念、多么高兴能够再次见到他们，当明年春天到来之时，他们就能相会。因为寒冬之时，他们会在纽约度过，在他们配有壁炉的、暖和的、位于第65大街的公寓中。他们有一个佣人和一个厨师，还有外孙们相伴。《麦田里的守望者》的作者经常也会问起他们"是否过得不错"[1]。

汉德法官由于心肌梗死，于1961年8月18日意外去世。享年八十九岁。

---

[1] 1960年4月18日写给汉德夫妇的信，来自《故事》期刊存档，BFP。

一个不安的美国人

塞林格知道妻子为了自己作出牺牲，如此孤独、与世隔绝地活着。于是重游苏格兰的想法让她很动心，何况对于克莱尔，她远离自己的祖先，深爱的祖先。他能够理解这种感觉，能够感同身受。在宾夕法尼亚上学的日子里，她不是曾经在年册上写过："我的心在苏格兰高地上，我的心不在这里。"就像他曾经想在那里租一间农舍，待上一年。他希望能够这么做，也许今年内能够成行，就为了一个很简单的理由，他能够在那里花很多时间工作。一篇新的小说《祖伊》[1]，最近刚刚发表在《纽约客》上。作家为了完成这篇作品花费了不少工夫，还真的生了一场病。由于神经性压迫，他的左半张脸都被鳞状皮疹给侵占了。现在他又有一部作品《西摩小传》[2]在酝酿之中，天知道他会不会绞尽脑汁到甚至把自己的耳朵扯下来扔到地上！"当然了，我是开玩笑的，而且我也并不抱怨。"[3]正好相反。格

---

[1] J.D.塞林格，《祖伊》1957年5月4日刊登在《纽约客》上。后于1961年9月14日以书的形式出版，标题为《弗兰妮与祖伊》。
[2] 原标题为《西摩小传》。小说最初发表在1959年6月6日的《纽约客》上。后于1963年1月28日出版成书，紧随《抬高房梁，木匠们》之后。
[3] 来自1957年7月6日写给伊丽莎白·默里的信，HRC。

拉斯家族还有很多可以掀起的涟漪,一家之主西摩,还有他的妹妹弗兰妮、他的弟弟祖伊,这些都是他为了写故事情节想象出来的,让他们结婚成家,或是组成一个庞大的家族。他需要把故事写完整。想法是一点点搭建起来的,但是当他写作时,每一秒都需要沉浸下去体味。需要承认的是,当他有时写得过于投入以至于被角色人物附体时,对克莱尔来说会有点难以承受。为了逗她笑,他说自己拥有广阔的精神空间,他能够从阿加莎·克里斯蒂最棒的传统侦探小说、或约瑟芬·泰[1]的小说里虚构出一些东西。比如,一个午后,一次友人间的拜访,一个穿着粗呢衣服的英国老神甫的夫人与她一起同行,递给她一些令人深信不疑的剪报新闻,那是在弗罗比舍上校家的亭子后面捡到的,或者类似的故事。多么爱开玩笑的人啊,这个塞林格!因为说到底,嫁给一个每五年才休息一个周末,就带你去新泽西州面海的那一端、哈德逊河另一侧的阿什伯里公园度假的男人,可不是什么清闲的差事。克莱尔的精神状态开始受到影响。

"1957年的冬天,当我大概十三个月大时,母亲脆弱的内心开始失去平衡。"[2]玛格丽特记录道。她说自己当时太小,不会记得,这是克莱尔日后告诉她的,她所经历的地狱般的状态直到两人彻底离婚才终止。因为丈夫对女儿的宠爱,她感到自

---

[1] 约瑟芬·泰(1896—1952)。伊丽莎白·麦金托什的其中一个假名。侦探小说系列作家,其中主人公是名为阿兰·格兰特的苏格兰侦探。
[2] 玛格丽特·塞林格,《梦幻守望者》。

己是多余的,嫉妒之火使她被"遗忘"和"抑郁"紧紧勒住,越扼越紧,她的光芒渐渐黯淡了下去。她怀里抱着佩吉,逃离了科尼什,奔向纽约,公公为她找到一处公寓,还有一名保姆。每周三次,克莱尔要去精神医生那里复诊,但是四个月的治疗之后,塞林格成功说服她重新回归夫妻生活。

在科尼什,他们各自忙自己的工作。她负责家务和孩子的房间布置,这一切完全由她一个人完成。

至此之后,家中除了最常来的汉德夫妇之外,还有了其他访客。他们之中有一个奇怪的教士,塞林格会提供他在自家过夜。这种留宿持续了好几年,有时这位圣人会飞去其他地方,南部的海边或是上帝才知道的地方。还有一位老妇人,自从丈夫去世后就住在这片区域,每年夏天的7月4日会邀请他从家中出来一起野餐,以此来庆祝独立日,还有其他一些节日。《纽约客》的作家威廉·马克斯韦尔——亲近的人称他为比尔——和他的夫人艾米莉也曾经来拜访过几次,带着他们与玛格丽特同岁的女儿们。

夫妻之间的情感隔阂变得日趋严重。

根据天气预报,科尼什当年的冬天并没有更暖和,或是更短一些,但想要往欧洲逃离的计划,每次都被推迟得更后。1959年的冬天到来了,为了完成他远远还没能结稿的小说《西摩小传》,塞林格向大西洋城方向、位于新泽西州的海岸出发。他在写,还在写,一直在写。那座城市带着讨人喜欢的节奏与韵律。当问题涉及这到底要成为一本口袋书、还是自己已有作品的再版，是以哪种形式出版，他都会为了捍卫自己的利益而熬夜，用"两只非常挑剔、邪恶的小眼睛"[1]审视每一个细节。一个澳大利亚报业集团、澳大利亚联合新闻社，提出想要将《麦田里的守望者》以连载形式刊登出来，面对这个十九世纪起就非常热门的传统媒体，塞林格的回复是如此断然，不行。他类似的作品《弗兰妮和祖伊》在《纽约客》上断断续续刊登了两年，应当也能达到同样的销量。他在合同中强加的条款非常严格。出版方不准宣传作者，除非由本人授意，也不准刊登他的照片。塞林格宣称自己对于最终版校稿有决定权，而且书的内容不是随便对谁都可以透露。尤其不能对记者们说。这是一条来自作家的一条铁律。

一家英国的出版社想要刊登《麦田里的守望者》中的两章，放进一部散文选集。得到的同样是粗暴的拒绝，言下之意，这类书的命运总是成为了教室里没人感兴趣的读物。然而，让作家从大西洋的这头飞到那头，没有什么比这个"骗局"[2]更糟糕的了。一切只能是个真诚的愿望。

塞林格乐于看到自己的小姑娘长大。每天晚上临睡前，他

---

[1] 1960年3月22日写给罗杰·马切尔，英国出版社哈米什·汉密尔顿有限责任公司的文学编辑，来自《故事》期刊存档，BFP。
[2] 1958年4月4日写给哈米什·汉密尔顿的信，来自《故事》期刊存档，BFP。

都会给她编一些故事，奇思妙想地创造出人物，给他们赋予完整的故事，让他们出没在科尼什的周围——欧文、大嘴朱利叶斯和其他人物，这些故事把小姑娘逗得很开心。四岁时，她提出了一个孩子的请求——想要和"爸爸"在复活节的时候一起去纽约吃糖果，看望祖母。他把她一起带上了汽车。她在车里数数，他逗她笑。后来佩吉在 1960 年 2 月 13 日有了一个小弟弟马修。当然，第二个孩子的诞生会让屋檐下的生活变得手忙脚乱。整个家里都乱七八糟，直到过了好几星期，一切才恢复正常，这一切都是值得的。对于佩吉来说就大不一样。她不再是唯一的孩子了。这个小小人的出现打破了她习惯于自己是独一无二的状态。看着父母把小马修搂在怀里，跟他玩耍，她真心难受。纵使她表现得"开心极了，真的"[1]，但有了一个小弟弟，看到他被人爱着、宠着，她也会感到难以承受。

她的父亲给出自己的解释：佩吉无须与他人相比较。她现在是，以后也是，一直在内心深处被觉得父母所给的宠爱不够多的恐惧所驱使，无论他们如何毫不吝啬自己对她的爱护，她还是会这样想。同样，她的想法也永远不会改变。

依偎着刚出生的小儿子，怀着爱与欢喜，塞林格沉浸在为他勾画出的一个美好而又理想化的未来的愉悦中。他发觉马修的脾气非常温和，是一个聪慧的婴儿，总是带着微笑，有很多快乐，很少发脾气，尤其是很早慧。在他大些时候，塞林格看

---

[1] 1961 年 2 月 16 日写给汉德夫妇的信，来自《故事》期刊存档，BFP。

到儿子手里抱着好几本书，感到很高兴，因为他将自己博览群书的品质遗传给了儿子。父亲甚至发觉他没有姐姐那种"反抗的能力"，也没有她那情绪化的反叛。马修还是一个在襁褓中的婴儿，但父亲已经确信能"看到"他将来会长成什么模样，他会是一个清瘦、害羞、头发浓密的年轻人，还具有一些良好的品质。他要变成一个远离二流的演员，身体健硕，思想充满干劲，在一个不太大的地方独当一面，无论是好莱坞，还是百老汇。

父亲尤其希望他能够将这份资质用在今后的学习上，当事情来临时，能够掌控事情，这是塞林格遗憾自己没有做到的一点。他从童年时代开始，直到后来在与出版人的关系中，都没能做到。

家庭成员的增多随即而来的便是房子的扩建；之后每个孩子会有自己的房间。塞林格借此机会也给自己的车库上面搭了一套小小的公寓，车库的地下室与房子主体相通，带有一个卫生间和一个厨房。他就这样把自己隔绝起来。孩子们的吵吵闹闹和嬉戏欢笑都不会打扰到他的工作。有时他好几个小时都"钉"在办公桌前，有时，他越来越觉得外面像是有一支"交响乐队"和满屋子都是跳"华尔兹舞的人"[1]。在经年岁月中，他都在期盼这种宅居在家的舒适感，他现在还有什么理由抱怨

---

[1] 1960 年 4 月 18 日写给汉德夫妇的信，来自《故事》期刊存档，BFP。

自己的命运？然而，他看到克莱尔试图给自己找消遣，翻着时尚杂志或者有关旅行的小册子的样子，她并不开心，而他毫无办法。他明白她的苦闷。不是因为她是安徒生笔下卖火柴的小女孩，为了能够让自己暖和起来而慢慢燃尽了火柴，而是对于一个二十六岁的女孩来说，还有什么比追求梦想和愉悦更正常的事呢？更进一步讲，对于一个曾经在希普利优等女子学校上学的女孩来说，她理所当然可以去更好的地方生活，或者是生活得更加舒适一些。出于自身的良好教养，她没有为自己哀叹，即使是在很长的一段岁月里，她什么也不能做。为了让她离开这憋闷的环境，使精神之光重新闪烁起来，他向她保证，一旦海量的工作完成，他们就动身乘船出海，享受一场长时间的旅行。随后他就又被长时间哪里都去不了的工作卷走，旅行一直推迟到了第二年，就像是契诃夫的戏剧一样冗长。两人之间的关系破裂的程度每天都增加一分。"母亲经常抱怨说，想要取悦我的父亲，就好比在永不停歇的运动过程中瞄准一个靶心一样难，"女儿玛格丽特分析道，"但在我看来，是她在煽动情绪。如果周一父亲逗得她笑了，周二我就得挨一顿打。"[1]

塞林格的社交活动尽可能地缩减到了极限。他压根不露面。在华盛顿，即使是国务院也拿他没办法。教育与文化实务办公室专门负责美国专家的负责人想要联系他。弗雷德里

---

[1] 玛格丽特·塞林格，《梦幻守望者》。

克·A.科威尔,一名受委托的官员,秘密地找到汉德大法官,希望拿到他对于作家的职业素养与人品的评价。最后是什么结果呢?法官的说明并不清晰,甚至有点模糊不清。"这是一名我非常亲密的朋友,我对他抱有最大的尊敬,不仅仅是因为他的智慧,还同样因为他的人品。"[1]这就是法官给出的一个评价,一位辩证的语言专家。

九个月前,《新闻周刊》曾经联系过法官,想就塞林格做一期采访。由于害怕会对作家的私人生活产生"影响",法官拒绝了提议,他对所有宣传的态度都很倔强。然而这次,他很难对想要了解《麦田里的守望者》的作者的美国政府也说不。汉德法官指出,塞林格对印度教文学有一种深刻的理解,他能够深入理解教派创始人所创作的文字,例如吠陀经和奥义书,还有其他很多印度教哲人以及践行者所著的作品。只需要读这些就够了。他明确指出,作家开始了一系列宏大虚构小说的写作,里面所包含的不仅仅"只有一册"小说,其中一部分已经发表在《纽约客》上面了。我们不知道他在此处具体指的是哪一篇文章,鉴于塞林格已经发表过的有《弗兰妮与祖伊》和《西摩小传》,以及最近发表的《哈普沃斯16,1924》,也仅仅是两人相识以来第五年发表的。总之,汉德法官推荐办公室负责人自己拿起周刊,还有塞林格积攒的小说读一读,"您知道的,他的书在美国和英国都大获成功"。"他毫不疲倦地尝

---

[1] 摘自1960年9月28日美国国务院汉德大法官的信,来自《故事》期刊存档,BFP。

试、写作、重新创作，直到他认为能够反映他内心最深处的想法为止。只要有需要，他就会做到这种程度。"[1]汉德法官补充道。之前把这话说出来"是会有点尴尬"，因为，他最后说，带着点惊讶，"我之前不知道你们问关于他的事情到底做什么用。"[2]

国务院又回来找他了。不是明确地要求作家在如今冷战时期的当下当一名美国国家特工，虽然苏联已经松开了战争的扳机，但是国家要他做的事情看起来也的确是那么一回事。简而言之，人们找到他，想要用他来做宣传工作，只是没有明说。他作为特工，在这个任务里工作会很清闲。他只需要去不同国家访问时，在对他"感兴趣"的作家团体和"非宗教"团体面前宣传一些"信息"[3]就可以了。这种操作的目的非常明确，就是要"建立与全世界国家相互理解的桥梁"，鼓励"他国人民对美国产生积极的看法"[4]。这是1960年代非常盛行的一种说辞，当时全球正上演着战略武装威胁以及核武器军备竞赛。想象一下，如果塞林格接了这份差事，人们想到他，会觉得他像个耍熊的，还有点好笑。

---

[1] 摘自1960年9月28日美国国务院汉德大法官的信，来自《故事》期刊存档，BFP。
[2] 摘自1960年9月28日美国国务院汉德大法官的信，来自《故事》期刊存档，BFP。
[3] 1960年美国国务院写给勒恩德·汉德法官的信，来自《故事》期刊存档，BFP。
[4] 摘自1960年10月11日汉德法官写给美国国务院的信，来自《故事》期刊存档，BFP。

汉德法官最后结束了这段对话。"我实在难以想象一个并不合适干这事的人要整天组织非正式的讨论会,还要花时间和其他同僚聊天。"他明确回复说自己很难说服作家很艰难,这个人喜欢"一个人待着,一个人生活"。

没有时间了

塞林格在窗口前，兴致盎然地凝望着阿斯卡特尼山（海拔958米高），他逃离了喧嚣，置身于大自然的魅力和四季变换之美中。美国著名雕塑家奥古斯都斯·圣·高登斯曾经在科尼什居住过。他住过的地方现在变成了这个区域的旅游景点。这里有品种繁多的灌木和绿色植被：白蜡树、山毛榉、桦树、蕨类植物……这些原始的装点倒是与《麦田里的守望者》作者的人生哲学相匹配，一个远离世俗的城市人、一个接受戒律的苦行僧，从优渥的物质生活中剥离出来了。他什么也不缺乏，与自己绝对的安静相伴为乐，就这么看着窗外下雨、刮风、下冰雹或是晴空万里。但有时克莱尔会感到烦闷，再也受不了了。家里的大小事务都归她管，她要操持家务后勤、维护房子的状态、维持花园的生机、或是孩子们的教育。就这样度过一年又一年，随着严寒季节的到来，他们对温度指线的下降非常敏感，他们要对抗严寒冷峻的气候。在还没演变成支气管炎前，两人都得了感冒。塞林格为孩子们的健康担忧，他发现克莱尔没有严格遵循他对每周食谱的建议，不吃蛋白质、含有维他命C的食物和生冷的食物。这是一个很久之前从朋友们那里

"剥夺"来的屡试不爽的方子。作为顺势疗法的信徒,他花好几小时在自己的书里寻求解药。玛格丽特说有一天马修得了流感,而她的父亲坚信针刺疗法能缓解他的症状,便使尽全身的力气将两根针插入他的手指尖。小男孩因为痛苦而尖叫起来。"我从没见过像你们这么娇气的人,你的姐姐,你的母亲,还有你!"塞林格发怒道,"看看你要是被一个弹片打中会是什么样,还不如一条狗!"[1]

关系的反复破裂令人心情沮丧。尤其是因为一家人离群寡居,缺少生活的舒适性。纵使自从马修出生以后,塞林格就雇用了一名昔日相识的温莎高中的女学生做家务,陪玛格丽特玩耍;她的丈夫,一个农村男孩,则负责修剪树木,清除荆棘,修剪草坪,维护花园的植物。为了不哭出来,克莱尔选择发笑,她已经被剥夺了使用理智思考一件事的能力。1961年2月她曾收到希普利校友会议的邀请,她书面告知学校,自己不能到场,她为自己找好了借口。孩子们还太小。佩吉只有五岁,马修只有一岁半,等等……她为自己辩白。孩子们该去上学的年龄到了,已经有很长时间,她的大脑处于萎缩状态,退居到只能进行一些简单的活动。这就是她面对变得越来越糟糕的事情所采用的策略。

这一年,塞林格最终想到一个办法,把他们仨送到圣彼得堡海滩去待几星期,让小孩子们能够恢复健康。他没有陪他们

---

[1] 玛格丽特·塞林格,《梦幻守望者》。

一起去，三个人很想念他。那里的日子美妙异常，他们回来的时候健康如初，皮肤晒得黝黑。佛罗里达州是他们会定期一起去的地方，而这样的旅行变得越来越少，他更喜欢去纽约，或是干脆一头扎进自己的事务里。第二年，在第五大道的雪莉荷兰酒店里，他写信给在巴巴多斯岛的他们，克莱尔由她的母亲陪同，带着孩子们在岛上度假。他答应说，如果自己回去得早，会去狗室接小狗乔伊，一条尾巴横过来的猎獾犬，因为它曾经被门夹过。

远离科尼什、远离塞林格的克莱尔重新活了过来。她感觉自己简直是改头换面。之后她又丰富了自己的旅行，去了意大利，这一次她去了威尼斯。远行让她变得快乐又轻松，之后她又在母亲那里停留了一段时日。她的家在基斯克山的乡下韦斯特切斯特郡，孩子们在那里可以在公园的游泳池里尽情玩耍，或者甚至是在位于纽约的麦迪逊大道和79号大街街角所拥有的公寓里住上一段时间。公寓里装饰着很多有价值的油画，我们可以说这里就是大都会艺术博物馆的偏馆，它的邻居。

没有小家庭的陪伴，塞林格忘记了时间的存在，写作，吃饭，作息不规律，生活状态很紊乱。有时，一些奇怪的想法穿过他的脑海。他也不太清楚为什么，他自顾自地期望马修能长大，成为一名海军。为什么是海军？他也不知道。这就是钻进他脑子里的一个想法，就像霍尔顿在纽约漫无目的地闲逛时产生的想法一样，他用这句话总结自己的状态："你们会知道我想说什么的。"[1]

  与其他人完全隔离,却又给他带来了一丝愉悦。他的文字写满了一张又一张纸。纸页被写满了。然而,要将文字变成艺术却难上加难,至少这个时候的一线运气也不能让他在春天时准备好无论什么作品。对文章的精打细磨需要花费几个月的时间。四个月,五个月,有时还要更久。他究竟在写什么呢?一部短篇小说还是一部中篇小说?"任何一本书的书名都不能在家里说出来。"[2] 他的女儿玛格丽特证实道。现在是1961年2月。他的主要作品已经发表,在那之后,也仅仅带来了在《纽约客》上发表的那几篇短篇小说。除了《霍沃斯16,1924》,它以长篇信件的形式呈现,内容有些许饶舌和说教意味,是西蒙·格拉斯写给他的父母以及其他五个"心目中的家庭"[3] 成员的。讲述者只有七岁,有一个五岁的弟弟名叫巴蒂,他们俩待在夏令营里,信就是从那里寄出的,在那里,他们接受科学的洗礼。西蒙稳稳当当地站在一个人造水池上面,卖弄着自己对哲学书籍的知识。小说中有我们所熟悉的塞林格在好几处曾经使用过的主题:因果报应和肉欲的放纵。巴蒂和他都"压根没有想过会被鬼笔菌杀死,更没想过被剑杀死",西蒙-塞林格写道,真是个顽皮鬼。从霍尔顿到西蒙,从弗兰妮到祖伊,还有《麦田里的守望者》的主角,都没有"搞明白"性欲这件事。

---

1 摘自1961年2月19日写给汉德夫妇的信,来自《故事》期刊存档,BFP。
2 玛格丽特·塞林格,《梦幻守望者》。
3 小说发表于1965年6月19日的《纽约客》。

纵观作家历来的一部部作品，所有人物都没有弄清楚，但是霍尔顿还是会有通过肢体来表达爱意的想法，这一点在其他主角身上是缺失的，比如对于男性或是女性身体的描述。"想要了解一个女孩，我们不需要跟她发生性关系。"[1] 霍尔顿这样陈词。到了西蒙这里，他向世界和人类所在的社会投去的是高傲的、超脱的目光。他发表的言论也带有郑重其事的调子：能驱动改革的只有欲望、嫉妒，以及让自己达到上流社会的热切渴望。这是他经过无数个夜晚的思考之后得出的结论，一种"彻彻底底玩世不恭"的态度。他强调："可悲的是，我并没有看到即刻就能解决当下问题的办法。"从他嘴里表述出来的冷漠，没有丝毫反抗，这样反而有时让人怀疑能否从他身上嗅出一丝优越感。世界当然可以继续这样运转，西蒙-塞林格站定了自己的立场。至少他是这样假装的。

1　J.D. 塞林格，《麦田里的守望者》。

隐居的生活

在那之后，塞林格再也没有交过任何小说稿。然而，生活，他的生活在继续。彼时他只有四十六岁，《纽约客》为了最新的一篇小说，几乎把那一期全部的版面都贡献了出来，因为故事的篇幅实在太长。他逝世时是九十一岁。在如此旷日弥久的时光里，他都做了些什么，是谁陪伴着他一起生活？他是否深深地陷入漫长的、难以承受的抑郁状态？或者说，他的主人公霍尔顿是如何掌控自己的虚无的？《麦田里的守望者》还在继续出售。版税钱源源不断地落入他的口袋，这对他来说很不错。他已经摆脱物质的束缚。他要为自己能够发表足够多的作品的"好运"[1]而庆贺，以此可以确保生活无忧，因此而不用发表不成熟或是不必要的作品。他"有能力支付自己的生活"。他不会一直朝着数不尽的财富之路头也不回地一直走下去，财富女神只会在他最需要的、至少是有一些需要的方面满足他。

《时代》杂志这本每周销量超过 500 万册的杂志，在 1961 年 9 月 15 日刊以他的肖像作为封面刊登出来——这对于一个

---

1 摘自 1991 年 4 月 11 日写给唐纳德·哈托格的信，来自塞林格信件存档，UEA。

作家来说是罕有的荣幸,他身处国家最隐秘的角落,获得了非同凡响的知名度。但是他对此很不满,因为他又被公众所认识了,他变成了名人。为了避免纠缠,当时正在佛罗里达州劳德尔堡度假的一家人,在他的命令下把姓改成随处可见的史密斯,他也将名字改为约翰。克莱尔将变成玛丽,外出居住时姓被他改为鲁比,玛格丽特被改为安娜贝儿,而马修被叫做罗伯特。他放出烟幕弹,让个人隐私变得更加难以猜测。

通常,流言会夸张地说他再也不会允许自己的中篇小说被改编成好莱坞电影,一个会让不少电影编剧惊醒的噩梦。导演埃利亚·卡赞因为执导过从詹姆斯·迪安到马兰·白兰度所出演的电影而出名,他希望将他的小说放在改编成电影清单的第一行。导演出现在作家的家门口,敲着门。"塞林格先生,做个自我介绍,我是埃利亚·卡赞。"塞林格回他一句"挺好"[1],然后当着他的面关上了门。

整整十年,这些导演都伺机而动。塞林格知道他们在打什么主意,他也使出了"老一套"[2]办法。《麦田里的守望者》的版权现在不会用来出售,今后也永远不会出售。

到目前为止他得到了清静,一劳永逸,这是他最热切的祈祷。

《罗摩克里希纳福音书》最终没能出版,失望令他远离了

---

[1] 摘自大卫·希尔兹与西恩·萨勒诺所著的《塞林格》中的趣闻。
[2] 摘自1962年6月22日给格洛丽娅·默里的信,HRC。

哈米什。他甚至没有将马修出生的事告诉他。然而他也没有完全断绝往来,考虑到能有这样一位出版界的翘楚为他工作,只有白痴才会斩断联系。但是他们之间一开始熊熊燃烧的热情已经消失了。之前许下的承诺现在则躺在曼哈顿那些已经死去的信件里。他们的心已经不在那里了。进一步说,是塞林格的心,从现实层面上来说,已经不在他身上了。塞林格最后一次去纽约时,在距离牙医诊所三个门洞远的地方租了一间酒店,就是为了方便来回接受治疗。"生活就是这样,要作为一个整体往前走。"他还是点到为止地夸张一番。

1963年春天,美国总统约翰·菲茨杰拉德·肯尼迪邀请他和他的夫人去白宫参加一个接待会,向为美国在世界舞台赢得荣誉的作家及艺术家颁奖。最后晚宴开始了,他们没有出现。他甚至都没有屈尊接受邀请。克莱尔接到了杰奎琳·肯尼迪亲自打来的电话,肯尼迪夫人说如果能看见他们夫妻俩会是多么大的荣幸。挂掉电话的克莱尔气恼极了,她想要在晚会上穿的漂亮裙子最后只能挂在衣橱里。他的虚荣心跑出来作怪。他是否有一瞬间后悔了?在塞林格家,从母亲到儿子,没有一个人会吐露自己的心声。没有忏悔,没有情感的流露,也没有后悔的话,这是老一辈人留下来的传统。有一天他的姐姐朵丽丝询问自己的母亲,自己的外祖父母之前是做什么职业的,玛丽呛回来道:"人们最后都会死的,不是么?"[1] 就是这样。

---

[1] 摘自玛格丽特·塞林格,《梦幻守望者》。

然而，有一幅画面一直深深地刻在玛格丽特的记忆里。1963年11月22日，肯尼迪在得克萨斯州的达拉斯遇刺的消息在电视上播出来，她的父亲在电视机前哭了。"下葬的那一天，爸爸在电视机前呆呆地一动不动，"她说道，"脸色发青，脸颊上淌着泪水，目光呆滞。这是我一生中唯一一次看见父亲哭泣。"这件事，如果有必要的话，可以证明作家除了嘲讽也能够表达出自己的情感。

小家庭的破裂

这件事早晚还是来了。夫妻不合早就已经是不争的事实，两人之间的脾气是如此无法相互包容，分开变得不可避免。是塞林格还是克莱尔提出的离婚，这个时候谁也不知道准确的信息。对谁他才会道出真相？当我们了解他内在的缄默特质，就会知道他不会对人敞开心扉。他的老朋友伊丽莎白，唯一一个能得到他信任的人，现在对他来说也变成了陌生人，如果她都不能听到他的心声，其他人就更别提了。他寄出的最后一封信，是一张画着东方三博士的明信片。[1] 在卡片的最后他表达了自己对她浓浓的思念之情，带着柔情与爱意。这美好的感觉瞬间又回来了，就像乘风破浪一般。他多少保留着对伊丽莎白美好的回忆，多么真切！他在玛纳斯宽又见了她一面，就像海的女儿中的相会一样短暂。这一面转瞬即逝又隽永不灭。这不重要。他所珍视的是在一起享受友谊的时光，那些幸福的日子，简单又安静，那些他与她和她的母亲费森夫人一起喝茶的日子，现在这些日子一去不复返。他希望在未来的某一天，能

---

[1] 1963 年 12 月 23 日写给伊丽莎白·默里的明信片。HRC。

够再次同她举起一杯茶交谈。但他不能欺骗自己。他知道他们之后再也不会见面了，如此这般，他就可以将关于这份友谊的所有回忆，永远封存在自己的脑海中。

有一个目击者记录了塞林格与克莱尔离婚时的情景，那就是玛格丽特。当父母宣布他们将要离婚时，佩吉十岁，她的弟弟马修六岁。她的记忆清晰得就好像那件事发生在昨天。她当时刚从夏令营回来。她的母亲在科尼什时面色黯淡，夫妻俩还是没能逃得掉反复争吵的命运。

那一天，孩子们在外面玩耍。不同寻常的是，两个孩子都被要求回到屋子里去。她一下子就明白过来，等待他们的是一件重要的事。在他们预备宣布重大决定前，她让自己先瘫倒在一张沙发里。这时，她毫无预兆地突然说出："你们要离婚，是这样吗？"[1] 他们俩惊得屏住了气息。克莱尔倒吸了一口气，说是的，正是这样。马修跌跌撞撞地跑了出去，眼里噙满泪水。他的姐姐追上他，在父母不知所措的眼神中，她安慰着他。

作为一家人的生活就这样结束了，一刀斩断，随着这一声巨响的发出，长久以来的焦虑也结束了。因为在他们之间，在这流逝的十年中，有某样东西一直在被破坏，从未停止，也从来没有任何办法能将其修补。

为了换个环境，塞林格选择乘船出海。科林·麦克安德

---

[1] 玛格丽特·塞林格，《梦幻守望者》。

鲁，久负盛名的汉诺威达特茅斯学院的文学教授，之前曾经数次邀请他登上自己的帆船一同出游，这一次他同意了。他们把儿子们也带着一同旅行。可惜很不走运，海面波涛汹涌，还有暴雨。船长完全没有意料到，船上的客人们晕船晕得永生难忘。这次旅行毫无乐趣。更糟糕的是，塞林格的膝盖被撞肿，他不得不用山金车挫伤药进行护理。

小家庭的四分五裂对所有人来说都是痛苦的经历。随着时间的推移，玛格丽特开始为她的父亲找理由。"我知道他能控制住自己的冲动，相反，是母亲坚持不了。"[1] 克莱尔长期受到宗教教育的束缚，从来没有好好释放过自己的天性，从离婚的那一刻起，克莱尔发觉到独立的自我，在那之前她从来不曾萌生过这种想法，就像她的女儿在自己的书中批判她的那样。玛格丽特对她没有任何宽容之心。我们可以确信的是，塞林格同样也给她定了罪。

根据法院的判决，塞林格每年要为前妻和孩子们的教育支付5000美金的抚恤金。他拿出了这笔钱，但是给得很不痛快，并不是因为他一毛不拔，而是他有自己的生活开支要顾忌。在经过了一段时间的休学和持续打零工之后，佩吉决定在二十岁时重新继续学业，她给自己的父亲打电话求助。可父亲却被惹毛了，拒绝提供帮助。克莱尔威胁他要将此事曝光给媒体，他最终才不得不去了银行柜台。她的灵魂已经死了，不过折磨并

---

[1] 玛格丽特·塞林格，《梦幻守望者》。

没有持续太久。

塞林格与他的岳母素来不合,但是在她去世时,她将一大笔遗产留给了她的女儿和孙子们,以便他们不用工作也能够继续学业。至于佩吉和她的母亲,就像她们曾经表示过的,接受了心理治疗。克莱尔后来完成了博士学位,在加利福尼亚州定居,成为了一名心理医生。在那里,根据最新消息,她一直从事这个职业。

离婚的结果宣布之后,生活恢复正常,继续前行。纵使玛格丽特在回顾这段往事时,对父亲带着批判的眼光,但塞林格对于佩吉和马修的关注其实一分也没有减退。塞林格呈现出来的形象是一个慈祥的、有爱心的父亲,他会教女儿弹钢琴,陪儿子玩弹子球或是小汽车。当马修长大一些,他就带他去温莎的草坪上打高尔夫。难道这些照片都是骗人的么?照片上的脸,都是微笑着的,没有不幸的阴霾。1967年的一天,他去学校找玛格丽特时,注意到她的一条腿上画着和平的符号,这是越南反击战军队集合体的标志。塞林格提高了嗓门:"万能的上帝呀!你究竟知不知道如果我们离开了越南事情会变成什么样?血流成河,这就是接下来会发生的!那些共产党会占领整个国家,然后就会有大屠杀。"[1]

天生思想独立的他从来不被任何政党吸纳,也从来没有认为自己的想法比普通大众层次更高,他的小说《祖伊》中的典

---

[1] 玛格丽特·塞林格,《梦幻守望者》。

型人物西摩·格拉斯，需要照看有七个孩子的家庭里的大哥，在《逮香蕉鱼的最佳日子》[1]中朝自己的脑袋开了一枪。

塞林格是个爱国分子，他参军的经历已经证明了这一点，但他不是一个会去组织游行示威的人。人们也不要指望他能够站出来，举起拳头，站在团体里、队伍中，或者是队列里。如果有时候必须要他在总统选举里挑出自己偏爱的候选人，或是对政治发表意见——总的来说，这不是他的强项而——那些职业政客别想从他嘴里得到任何评论。他与那些人没有任何共同点。当别人问到他能不能脱口而出说一个喜爱的政治家时，从来没有一个名字会从他脑中闪过。原因是：政治家的角色是为了限制同胞的眼界，而他自己的角色是相反的，是为了扩宽人们的眼界。对于经济或是能源问题，他也一样是漠不关心。他读报纸、看电视，仅此而已。当1973年的第一次石油危机到来时，原油的价格疯涨，引发了一场世界范围内的、持久的经济危机，他都不知道这些事件意味着什么。这些问题对他来说都是陌生的。他谦逊地坦白，这是一个他一无所知的领域。他所行动的疆土、思想所驰骋的地方是在精神领域，是存在主义，但绝不是物质领域。

刚刚离婚的那一年，克莱尔把孩子们带给他，他领着孩子们去了欧洲。这次他们乘坐的是飞机，而不是像往常他独自

---

[1] 小说发表在《九故事》中。

一人时乘坐的邮轮。孩子们已经长大，一个十二岁，另一个八岁。他们乘坐的是头等舱，他们支付的钱能允许他们把腿伸直，舒服地睡一觉。这是为了孩子们——不是为了他个人的舒适，在机票上他一丁点都不吝啬。玛格丽特记得他有给他们提过这一点。他们从纽约的肯尼迪机场起飞，乘坐环球航空公司的航班，目的地是希思罗机场。在伦敦，他在卡多根酒店的三楼预定了两个不大不小的房间，一间给他和马修，一间给佩吉，这是一家三星的维多利亚式酒店，在那个年代非常时髦，坐落在斯隆广场的一个时尚的街区。这趟旅行充满了惊奇。他们散步到圣詹姆斯公园，去那里喂鸭子和松鼠；去观看白金汉宫的卫兵交接仪式；乘坐游船从泰晤士河出发，坐到格林威治，再返回来，开心畅快。一位英国人高声对他说话，塞林格耍起了脾气，在女儿的耳边嘀咕道："恐怕他们忘了是我们美国人拉停了二战。"[1] 他们在一家印度餐厅吃饭，选择印度餐厅是因为宗教信仰，他认为印度是东方文明的灯塔，即使他对印度的了解仅限于书本、理论和精神上的认识。他从来都没有踏上过印度的土地，没有能够亲身丈量过那里的神秘程度、腐败程度以及暴力程度。另外一天，他们在温比一家前身是麦当劳的餐厅门口驻足，这是一家供应烤汉堡包和洋葱圈的连锁餐厅，客人们坐在牛血红色的人造革长凳上吃东西。

在骑士桥的百货商店哈罗德商场，他们在杂货架前闲逛，

---

[1] 玛格丽特·塞林格，《梦幻守望者》。

然后去了服装部,他要给孩子们买点东西。虽然塞林格自己偏爱保罗·麦卡特尼这个牌子,佩吉却是披头士乐队的粉丝,所以他们折回卡纳比大街,那是六十年代乐队出没的圣地,此刻就在眼前。接下来他们去拜访了几个老熟人。首先是贝蒂·米切尔,她来自缅因州,在安息年就搬到伦敦定居,现在与她的孩子们同住。她的前夫麦克曾经是《麦田里的守望者》最初版本的封面画家,这一家人是当时塞林格住在康涅狄格州的韦斯特波特时的邻居,也深得塞林格的喜爱。他还见到了中篇小说与短篇小说家埃德娜·奥布赖恩,他非常欣赏小说中对于性的毫不避讳的大胆描写。随后小说家殷切地邀请他们去观看一场适合孩子观看的露天演出。

旅行的第一部分算是圆满完成了,一架飞机带着他们赶赴第二部分的目的地——苏格兰,这部分却没有那么令人满意。塞林格一直与一位素未谋面的倾慕者通信,保持着一种近乎为爱情的关系。终于,他有机会能与之见面了。然而当他们在机场见到了对方,面对眼前这位年轻的普通女孩,他被勾起的强烈的思念一下子冷却下来。他想要重新看看高地,带孩子们见见希区柯克拍摄电影《三十九级台阶》的地方,这是《麦田里的守望者》中的菲比喜爱的电影。他陪着他们走到西边的海岸线,年轻姑娘与佩吉住在一个房间。然后他们说了再见,或者说是永别。旅行进行到了尾声。在英国南端的南安普顿,塞林格一家登上了伊丽莎白女王2号邮轮的甲板,这是他们回程的船。就这样,旅行结束了。

面对死亡

纽约,作家的父母已经变成两位年事已高的退休老人。他的父亲虽不理解自己的儿子为何以青少年题材作为文学创作热情的来源,但是他们之间没有断绝往来,因为塞林格偶尔也会在家庭聚会里露面。两人有时候会咬牙切齿,有时是讥讽的话语针锋相对,有时观点发散意见不合,对,就是这样,但是没有比这些更严重的冲突了。索尔·塞林格总是要尽一切努力确保"索尼"在物质上什么也不缺,所以他一直工作到八十岁。随后他迅速地病倒了,持续接受了好几个月的治疗。当他在1969年逝世时,人们忽略了塞林格的反应,父亲的去世是否对他产生了影响、影响到什么地步,或者是他有没有给自己找到疏解的方法。然而是他写信通知女儿这件事的,而且是在葬礼结束之后。他没有考虑过女儿是否想在祖父在世的最后时刻陪伴他一程。朵丽丝,他的姐姐,他们俩一起"说了不少蠢话,操办了葬礼"[1],他说。一场简朴的葬礼完成了。在经历了七十年的婚姻之后,母亲玛丽变成了寡妇,以后每天早晨起

---

[1] 玛格丽特·塞林格,《梦幻守望者》。

床,她睁开眼睛再也看不到亲爱的丈夫那一头浓密的银发,一想到这里就悲从中来,无法平抚。

第二年,当他的母亲也离世之时,塞林格陷入了无边无际的悲伤。母亲在去世之前一直都处于生病状态,当别人告诉他,母亲已经咽下了最后一口气的时候,他的悲恸表现得非常隐秘,他没有对任何人诉说。故事结束了。痛苦在静默中释放。几年之后,孩子们成年了,他欣然讲起母亲生前是如何充实地过着日子:她会坐在窗户边点燃一支香烟,即使需要由人护理,她对生活依然抱有绝对的热情。克莱尔是在当地报纸上读到前婆婆逝世的消息,那时她住在佛蒙特旁边的一个村庄诺维奇。住院、下葬……这一切事情都既残忍又痛心,作家在缄默中放逐自己。只有上帝知道他每天在干什么,把自己锁在工作间里,窗帘拉到一半,白天也犹如黑夜。他在里面读报纸。

1972年4月23日的《纽约时报杂志》上的一篇文章引起了他的注意。配图是一位年轻姑娘,脸上带着漫不经心的神情,肩上搭着一件浅灰色毛衣,身穿牛仔裤和红白相间的滑板鞋,一头长发,两只大眼睛占据了脸上的大部分篇幅,头靠在支起的左手上,姿态舒展地坐在彩色镜头前。照片中的她在图书馆的地上席地而坐,她看上去年纪并不大。文章标题为《18岁的女孩回顾其人生》[1],出现在周日增刊上。文章的落款是康涅狄格州纽黑文市耶鲁大学的学生乔伊斯·梅纳德。周刊上还

---

[1] 《一个18岁的人回顾过去的生活》。

有9页带着楚比·切克跳旋转舞的照片、肯尼迪参加约翰·菲茨杰拉德的葬礼、琼·贝兹"离经叛道的冠军"。她说要在未来几年，除了扩大有色公民的权利，还要呼吁自由，为女性权益和公民权利而抗争。当时经济繁荣，就业需求很充足。乔伊斯·梅纳德内心深处也有厌世情绪，喜欢将自己排除在外，她同样也有想要生活在郊外的欲望，从其他所有人里抽离出来，即使是致幻剂带来的人造天堂也不能让她真正从1970年代新的十年的现实生活中逃脱。但是她太过聪明，太被自己所接受的教育所影响，她并不吃这一套。在文章发表后的接下来几天，她收到了一大沓来信，其中有一封信的信封上打印着：J.D.塞林格，信是从文章发表的第二个周二寄出的。他还没忘记时间。地址是手写的，在信封的背面，他也写上了留居自取的回信地址。"亲爱的梅纳德小姐"，他对她写信的口吻应当是相当私人的。他先是抨击了那些取得了一点小小成绩就不忘记自我吹嘘的出版人，然后他希望她不要太过心急于出名而糟蹋了自己的天赋。几乎就是老师写给学生的一篇教诲书。那时她还不到二十岁，而他五十三岁。另外一张在杂志内页上的照片上，她坐在一个露天的桌子上，双腿交叉而坐，胳膊支在上面，圆圆的眼睛非常专注地看着镜头。这张照片是在她十六岁时参加一场舞会间隙拍摄的。塞林格说注意到她穿着的裙子很像米老鼠米妮的衣着。由于她非常善于自嘲，这个发现引得她更加发笑，甚至她自己都这样认为了。他告诉她，自己有一半犹太人血统，惯用右手，住在新罕布什尔州。这三个特征供她将他辨认出来。

乔伊斯·梅纳德在出生在距离科尼什并不远的达勒姆村庄。她从小用右手抓叉子和铅笔。她的父母是宗教教义的传教士，从事反对宗教自由主义的行动，他们曾经从救世军组织脱离出来以加入普利茅斯兄弟会，这是更加严守教规的福音新教的一个分支，类似于一个教派。她的父亲原籍为英国，她的母亲是加拿大人，是犹太人的后代。他们相识于温尼伯湖，有两个女儿。大姐罗娜生于1949年，乔伊斯生于1953年，名为达芙妮。她有自己的梦想，她想出名，变成她母亲那样的女明星，她母亲光彩夺目，学业优异，将自己所有的抱负都放在女儿身上，他们似乎被生存的现实问题击得粉碎。乔伊斯经历着既有欢乐、也有痛苦的日子，她十二岁时在自己私密的日记里写道。她的母亲引起的窘迫，更让她在这个年纪也被牵连其中，日记中也有记述。厌食症令她瘦削到变成时尚先锋似的顶级模特身材，当她开始与塞林格交往时还是没能摆脱这种困扰。彼时她还没有读过他的任何作品，甚至没有读过《麦田里的守望者》，她只知道他讨厌被人宣传。

两人之间的通信变得频繁急切起来。两人都迎头追上，迫不及待想要了解更多对方的事。收到他的第一封来信之后，她回复了一封。第二封信在他还没有等到回到家中就完成了，那会儿他还在从新罕布什尔飞往纽约的飞机上。他为自己执着于保护自己的私人生活而致歉，并告诉她，她具备比同龄人更成熟的心智,而且她是块当作家的材料。赞美之情涓涓流淌。她感觉一阵眩晕。他们的心灵相通,仿佛是同一棵树上结出的果子。另外,她和他难道不是"同胞"么?就像我们在法国的奥弗涅[1]说起"国家"这个词一样。然而,两人之间的差异也不是一星半点。他成长在一个纽约的中产阶级家庭,而她出生在小村庄的一户不太富裕的人家。他已经结过两次婚,而她这辈子只拥抱过一个男孩。最后,他喜爱阴暗,她寻找光明。

距离他在科尼什的家中独居已经有五年时间了。他平时会读一读简·奥斯汀的小说或是歌舞剧,看一场女儿的篮球赛,或是儿子的棒球赛,随便追一部电视连续剧,一天就这么过去了。此外,他还要花很长时间研究宗教,练习顺势疗法的治疗。这始终是他的执念。他可以花好几小时在电话旁边同雷斯医生,一位在科罗拉多的材料学专家进行讨论。有一次佩吉非常难受,他曾经给他打过电话。塞林格坚信:当她停止"幻想自己有病"[2]的时候,就会自愈。这是一条来自十九世纪末在新罕布什尔州兴起的宗教组织,基督科学教会教导的箴言,塞林格对其某些观点感到认同。从他的纳税清单证明里可以看到他支付给这个小团体的费用。当他的女儿患上因炎症导致的白细胞增多症时,这位医生建议他咨询一位脊柱按摩医生,此人同时还是针灸医生和顺势疗法医生,据他说这是一位"佼佼者

---

[1] 法国奥弗涅是位于法国中部的一个大区,未与其他国家接壤。
[2] 玛格丽特·塞林格,《梦幻守望者》。

中的佼佼者",以保证佩吉获得最好的治疗。他还订阅了一本基督科学教会的月刊,里面发表着各种见证奇迹病人治愈的案例。整整两年过去了,在并没有寻求这些办法帮助的情况下,佩吉终于康复。

仅仅读了一封来自塞林格的信,乔伊斯·梅纳德就坠入了他魅力的陷阱,一个挣脱不了的、有毒的陷阱。"我爱上了他写信的语气。"[1]这只是故事的开始。在第三封信的结尾,他建议她可以称呼自己为塞林格先生,或是像别人一样,叫他杰瑞,她在之后两人的关系中一直使用这个名字。他邀请她去喝一杯威士忌,而她,一位出了家门就直奔大学的姑娘,从来没有受到过类似的邀请。除非是被她的父亲邀请,一名英国文学教授,相当嗜酒,对自己的女儿很失望。随着《纽约时报杂志》刊登出她的文章,受人瞩目的时刻也一同到来,乔伊斯·梅纳德收到了一沓吸引人的邀约,其中一个是邀请她作威廉·弗雷德金导演的恐怖电影《驱魔人》的女主角,最终这个角色给了琳达·布莱尔,之后她同美国的道布尔迪出版社签约了一部中篇小说。真是令人心醉的好条件。但是她并没什么感觉,塞林格对她的影响将她裹挟了,现在陷阱合拢了。科尼什将变成她的下个目的地。在夏天结束的时候,她搬了家。但是约莫到了圣诞节,他才帮她把在耶鲁公寓中剩下的物品全部搬完。他对谁都没有提及这件事,尤其是对孩子们。同样,当佩

---

[1] 乔伊斯·梅纳德,《世界中的家》。

吉看到这位穿着法兰绒睡衣的年轻姑娘坐在长沙发上时，怎会不惊讶。"她看起来差不多只有十二岁。与其说她是我的继母，我发觉这更像是一位奇怪的小姐姐。"[1]两人相差两岁。当时刚过中午，作家的伴侣详细回忆道。"我想向你介绍乔伊斯，"塞林格宣布，"我说起过的就是她。杂志上的文章就是她写的。"[2] "你好。"佩吉回道，沉着脸，然后又回到了自己的梦乡。

他们在互通书信之后的不算太长时间之后，就住到了一起。但是乔伊斯没有保持离群索居的生活。她有自己的社交圈子。《纽约时报杂志》接受她的提议给一个十二岁的年轻小提琴家利利特·甘珀尔做一期专访。她将要与大提琴家皮埃尔·费尔尼耶在菲尼克斯交响乐团中同台演奏，他们乘飞机去为表演喝彩，然后在后台就一些幕后信息采访他的父母。每次他们出行，塞林格都会使用一个假名，这一次是约翰·博莱图斯——一种蘑菇的拉丁文名，其中最经常用来食用的就叫做牛肝菌。灵光一现得来的名字。这个音乐家的插曲并不能填满乔伊斯内心越来越沉重而又致命的孤独感，但是忙于写一本书可以。这一年的圣诞节前夕，她独自一人吃了一顿烧焦了的晚餐。做饭从来都不是塞林格的特长。他有时能用花园里种的蔬菜做一锅完美的炖菜。而且他在准备食物时，喜爱使用冷榨花生油，他对这种油的好处简直了如指掌。如果他喜欢吃一种饼干，他会拿很多，以便随时都能取一块来品尝。

---

1 玛格丽特·塞林格，《梦幻守望者》。
2 乔伊斯·梅纳德，《世界中的家》。

他讨厌圣诞节,但又欣赏互赠礼物的传统。他送给乔伊斯一个皮质的小箱子,用来装牛油果;她则送给他一张木头做的小桌子,就是船长出海时放在膝盖上的那种,这样他就不用每次都需要去书房写作了。"谢谢,"他对她说,带着一丝挖苦的意味,"下次我出海的时候就能用上了。"[1]

在乔伊斯·梅纳德不带有丝毫报复心理的自传中,她用不带尖酸意味,也不带有留恋意味的语气描述道:他们的性生活是一场悲剧。她之前没有任何性经验,很显然,塞林格在这方面也不是能手,即使是在前戏阶段,当未能满足的欲望涌起,要使对方感到满足时,情况也不尽如人意。他很喜爱她,但是他身上的某些东西屈服了,丢失了,令人感觉他好像心不在焉,他可能感觉他们的关系之后会土崩瓦解。她自己也感到紧迫。她会将这一点挑明。"你这样能让我如此幸福的女孩怎么可能有一天让我难过?"[2] 他是如此回答她的。这些词儿几乎是机械地从嘴里蹦出来的,不带有感情的起伏,就好像他自己都不相信自己说的话。当他们第一次进行肌肤之亲时,乔伊斯的身体进行着反抗,那简直是一场灾难。她感到疼痛,她被他责难。然后就是司空见惯的一幕,她在卫生间里流着泪,一阵头痛突如其来。更意想不到的是,塞林格坐在她身旁,在床边,按压她的拇指和中指的指尖,这是他在针灸医生那里看到的方

---

[1] 乔伊斯·梅纳德,《世界中的家》。
[2] 出处同上。

法，能够缓解疼痛。接下来的几次尝试也都不太成功。但是乔伊斯·梅纳德认为，虽然他们之间相差的三十五岁将他们最终分开，但是他们都将一起老去。从那时起，她就希望他能够得到满足，他们的性生活最后变成了她违心地替他口交。他在书中寻求答案，他认为，这些书里有解决问题的方法。从古罗马时代就开始流传的顺势疗法药典《本草经》，给了他一些提示。乔伊斯被阴道痉挛所折磨，一种阴道肌肉收缩症，就是这样。根据他的指南针、雷斯的建议，为了不把那个词直截了当地说出口，他与一个顺势疗法的医生约了探诊的时间，以便他前来解决这位年轻女伴的问题。1973年3月，他们一同去佛罗里达度假，那时他们开始同居还不到一年。约翰·博莱图斯，又名塞林格，组织了这次旅行。孩子们，佩吉和马修同他们一起。所有人都住在戴托纳酒店，这是他从三十年前起，每次来这儿都会住的地方。然而，这是一次灾难性的、永生难忘的出行。首先是度假的气氛，在海边的小道上，打扮怪异的大学生小伙子们骑着摩托车嗡嗡作响；在白色的沙滩上，两个孩子打打闹闹，一个想要睡觉，在太阳下晒着日光浴，另一个则放着风筝，或是在海浪里玩耍。他们披着酒店提供的浴巾。塞林格穿着过时的泳衣，手里拖着一个装了香蕉和瓜子的包，一本印度宗师拉玛那·马哈拉施的书，还有一份顺势疗法的报纸。乔伊斯还记得一部便携式收音机里当时播放着尼尔·杨的歌《金子般的心》[1]。

---

[1] 金子般的心。

他们在那之前很长一段时间都不在家，塞林格把女儿叫过来，告诉她乔伊斯第二天就会离开。乔伊斯想要孩子，而他觉得自己"已经太老了，不想听见小脚丫在自己周围跑来跑去的声音"[1]。年龄成了他反复思考的问题。但是他只有五十四岁。她记得他有点驼背。不是因为向谁弯腰，塞林格从来不会向任何事情低头，却是因为时间毫不留情地流逝，内在的自我被放逐，疲惫和没有尽头日复一日同样的生活。他曾经把头埋在臂弯里，对她说过一次，还重复说过一次："你知道，我再也不能生其他孩子了。我已经受够了这一切。"[2] 乔伊斯迫切地想要回到科尼什，然后在他们回来之前收拾好自己的行李。在酒店的房间里，充满泪水、安抚与恳求的话语。她被塞林格感化了，窒息到喘不上气。但是说到底，她除了离开还有别的选择么？他给了她提了有用的建议：关掉暖气，用钥匙锁好门。

新罕布什尔州下起了雪。她把自己的东西都拢到一起，回到了正在与丈夫分居的母亲的家。与塞林格的分手是痛苦的，她对此坦言不讳。想要重新站回他身边的心情是她的一厢情愿。她曾经给他发过电话短讯，那是在出现手机短信前的年代，但他们之间的沟通还是一潭死水。他打击她固执地死死抓着这段关系不放的信心，甚至来蔑视她是为了给自己出版的新

---

[1] 玛格丽特·塞林格，《梦幻守望者》。
[2] 同上。

书做广告宣传。[1]

当一段爱情关系结束,塞林格就画上了一条线。他总是这样。他就是这样的人。这段关系结束就是结束了,彻彻底底地。一旦两人的不合被证实,契约被撕碎,那就再也没有走回头路的希望。玛格丽特回忆起某一天她陪他去温莎的邮局,他从邮局里出来的时候有些窘迫,手里拿着一个信封,他死死地盯着那个信封。一回到车里,他又看了一眼信封,但是没有打开它,马上撕成小块扔进了车门的杂物格里。他的女儿看到这一幕很惊讶,证实说那是来自希尔维娅、他第一任妻子的来信。她已经26年没有出现过了。这对他来说,已经成为归档入案的一档事。

乔伊斯有写故事的天赋,能够将故事写得声情并茂,并做好营销。她的中篇小说《婴儿之恋》[2]面世了,讲述一位想要有自己孩子的年轻姑娘爱上了一名年长许多的男子,明显是她与塞林格故事的拓本,这件事将她置于塞林格的回忆之外。"我觉得恶心。"[3]同样,在他们分手的二十年后,事情已经和解,她写信给他,建议去看望他,一起走一小段路,再交谈一小

---

[1] 乔伊斯·梅纳德,《回顾前半生:在60年代长大记录》,1973。《美国少女。60年代记录》由西蒙·阿琦琉斯翻译成法语,巴黎飞利浦·雷伊出版社于2013年出版。
[2] 乔伊斯·梅纳德,《婴儿之恋》,由密密·佩兰译为法语版,由巴黎菲利浦·雷出版社于2013年出版。
[3] 乔伊斯·梅纳德,《世界中的家》。

会，她最后甚至没有收到回信。因为这一段已经过去，他的心已在别的事情上。

塞林格喜爱花季少女。乔伊斯这本书的功绩就是他唯一被记录在作家爱情和性生活里的人。如果是特指她所谓的经历的话，这并不是闹着玩的。她的感受更接近于沉思，带有一些被动，而不是年轻热烈的冲动。她从没有对此加以指责，甚至是在他们的关系进行中时，她也没有提过，身体上的愉悦，来自另一个男人，她坦诚在那个人身上发现自己的热情是一片"未曾开发的处女地"。克莱尔·道格拉斯，作家的第二任妻子，似乎也经历了相同的境遇，通过她女儿玛格丽特所写的故事得以应证。某一天她的母亲给自己找了一位情人——一个位列长长的情人清单榜首的人，他是邻居家两个孩子的父亲，两人曾是玩伴，从此以后她的生活扭转变形了，与塞林格之间的夫妻关系炸裂。在经历了十年的婚姻生活，她的性意识终于（在另外一个人身上）觉醒，她以离婚的方式将其实现。她的女儿，彼时还年轻，宣布这就是一桩丑闻。她们激烈地争吵，很久之后关系才得以修复。

然而，只要看一看塞林格的通信人，他似乎有过好几段征服史：甚至是在与乌娜·奥尼尔的田园爱情之前，那个为了卓别林而离开他的人，这段关系里带着巨大的遗憾；然后就是在他参军期间；之后是在与希尔维娅·威尔特离婚后。他主动出击，玩着诱惑的游戏，尤其是在二战前，结果是顺利得手。

1941年到1943年间,那时他还与乌娜在一起,已经同一位名叫马乔里·希尔德的女子屡次通信,这是一名多伦多的家庭妇女,她希望从事写作。他鼓励她在类似《小姐》这种女性杂志上发表文章,或是在小型文学评论上投稿,例如《堪萨斯城大学评论》。他甚至鼓励她写信给一位出版总监,并将此人的名字告诉她。"但是他们支付的钱可买不了一辆凯迪拉克",他提示道。由于她很欣赏他的小说,于是他透露自己将要创作的一些作品,还适时地发射出调情的子弹。"我愿意为马乔里·希尔德,还有其他几个人写作。"[1] 他大胆地说了出来,然后,向她要了一张照片。之后他又为自己的鲁莽道歉,说自己太轻率了。在收到一张黑白照片之后,塞林格却反复献起了殷勤:"好家伙,你真漂亮!"[2]

但什么样的情人才是他最想要的?也许能在他所构思的小说中一位如此有辨识度的人物霍尔顿身上找到答案。"我在性方面就是个白痴。"他对吕斯、维克酒吧的酒保、也是他在中学的伙伴坦白道。他把这一切算成是他不够成熟的缘故。"你想让我跟你说说我的问题,"霍尔顿接着说,"如果我不是百分之百喜欢一个女孩,就没法对她产生性方面的兴趣——我想说的是——'真的'产生兴趣。"他补充说,需要有一个完完全

---

[1] 摘自1941年9月4日写给马乔里·希尔德的信,来自塞林格文档,纽约摩根图书馆。
[2] 摘自1941年11月18日写给马乔里·希尔德的信,来自塞林格文档,纽约摩根图书馆。

全令他满意的姑娘，否则性欲就会"溜走"。"哇，我的性生活就这样彻底被毁了。我的性生活就是一团糟。"

无论是在《麦田里的守望者》或者是他的其他小说里，都有男孩子们的角色在撩拨、在与姑娘调情。男孩子们非常想要"捏"或者甚至是"抚摸"姑娘们，只是，他们没法将想法实施。那些男孩子们身上保留着不成熟的笨拙感。不言而喻的自我怀疑。

不管怎么说，塞林格只是搭建了爱情的场景，以及随之而来的行为，而这两个题材在他的文学作品中是缺席的。人们也不会就此就将他塑造成一个令人厌烦的大男子主义者的形象。路易斯安那州的一个本地周刊记者曾经成功地骗到了一个采访，她在胳膊下面夹着磁带录音机，询问他关于美国梦的理解。因为他很有防范意识。她说起美国宪法似乎是由一个男人写成，那是为了男人的利益。"是谁说您没有权利拥有美国梦的？"他大声叫道。"是谁？这太可恶了！这是丑陋的！不要接受别人灌输给你的想法。美国梦是给所有美国人的，也包括女性。您也可以拥有。行动起来，如果您有需要，一定要追回自己的权利。"[1] 为了一个他从来没有认真去想过的事情而奋起捍卫，但是他能够理解抱团取暖的团体。

---

[1] 贝蒂·埃普斯《我去年夏天做了什么》，于1981年夏天发表在《巴吞鲁日卫报》上。之后收录在凯瑟琳·克劳福德所作的《如果你真的想听》、一部关于塞林格文章的编纂文集中。该书于2006年，由纽约桑德茅斯出版社出版。

《麦田里的守望者》，受追捧的对象

时间来到1974年，塞林格已有十年没有发表过任何作品。但是他在熬夜修改原稿。在科尼什的家，他留下做工作间的地方变成了圣地，要经过两道门才能打开。首先看到的是在购买这幢房子时他曾经布置过的绿色小屋，然后是一幢呈L形的建筑，里面有他的工作间，一间卧房和一个卫生间。无论何时，只有得到他吝啬的允许的人才能进入那里。他将地上放着的保险箱都打上了封条，那里面放着他亲自归类和贴好标签的文件。贴着红色标签的文件意味着文章已经充分完成，达到可以出版的状态；蓝色的标签代表着文章还有必要进行检查和修改。他没有明确地指派一个人负责这档事。一位匿名人士，想要保留这些文档的人向伊恩·汉密尔顿保证，小屋里包含有一本塞林格已经写好的传记，应该带过来研究，还有两部小说的原稿。它们会给人们带来什么样的悬念呢？

这期间内，他所有作品中排第一位的还是《麦田里的守望者》，销量一直名列前茅，尤其是现在，这本书成为了经典，霍尔顿·考菲尔德也变成了学术研究的对象。"这本书在五十多年内都被列在中学[1]指定的阅读清单里。"[2] 他的文学代理人菲利斯·威斯特伯格这样宣称，往后都是哈罗德·奥伯公司负责此书的出版。他在作家去世前的八个月时去作了公证。在1968年，也就是它面世的第十七个年头，小说仍然位居全球销量最好的二十五本书的清单之列。

主人公的奇特形象，孤僻、野性和他对于内心宁静着迷的追寻，反而激起了读者对于作品与日俱增的好奇心和崇拜。它的火爆也引发了书迷们真实的疯狂行为，直到今天还能感受到的令人恼火的后果。保存在纽约公共图书馆的《故事》杂志里，那几页印有他最初一篇小说《年轻人们》的那些纸页被人撕去了。《依莲》所刊登的杂志也遭到了同样的命运，同样遭受偷窃的还有刊登了《颠倒的森林》[3]的《大都会》杂志。偷书的某一个人，或是某几个人一直都没有被找到。

1974年夏天，一个居住在纽约的人写信给塞林格提醒他，他的小说合辑里没有发表的文章，已被人印刷成了分上下两册的私印书，书名为《J.D.塞林格未收录短篇故事全集，上下册》。它被以8美元两册的价格在两个月内卖掉了25000

---

[1] 《高中》。
[2] 菲利斯·威斯特伯格，2009年6月1日在美国地区法院，纽约南区前记录证实。
[3] 《颠倒的森林》，一篇讲述由于遭遇了不可控超自然力量而导致心灵互换的绝妙小说，其中还有人们遇到不同的人，遭遇不同事件的悬念。这篇文章没有被译为外语，发表在1947年12月的《大都会》杂志上。

本。此书首先在旧金山售卖，之后来到了纽约、芝加哥和其他城市。发信人随信寄给他样本。作家说他"极其气愤"[1]。他感谢此人的来信，以及寄来的样书，强调他的书是没法盗版的。"是某人将这些小说拿走了。这是违法的。"塞林格表达了自己的愤怒，"这是不忠诚的行为。想象一下您有一件大衣，有人进了您的家，打开衣柜，偷走了大衣。这就是我的感觉。"这些是他很久以前写的小说，他并没有出（再）版的意愿。"我希望它们一直静静地躺在那里，这样才是更自然的，"他补充道。

这些未授权书的出版和销售也严重侵害了作者的版权，一位没有明确姓名的人士和几位书商被请上了加利福尼亚北区法庭接受裁决。1974年9月17日召开了一场公开问讯，四处都有因为盗版书出现在市面上随之引发的类似法律行动。塞林格声明了自己的损失和应得利益，同时他的代理哈罗德发出了一份声明，高声呼吁美国书商协会，让它们注意此类非法商业行为。"我曾经从很多事情中幸免于难，"塞林格总结自己的哲学，"从战争中死里逃生。可能我也能顺利解决此事。"[2] 负责此事的FBI没能调查出是谁偷走了作家认为被盗的小说，但这件事不久后便停止了，并没有妨碍这些盗版书的价值，对于专业

---

[1] 来自1974年11月3日的《纽约时报》。内容来自与记者莱西·福斯堡的电话访谈。
[2] 来自1974年11月3日的《纽约时报》。内容来自与记者莱西·福斯堡的电话访谈。

的收藏家来说是一桶宝藏。

读者对于塞林格作品的痴迷并没有减弱。之后又出现了其他顺应潮流形式的追捧。2008年，位于百老汇628号的休北"超级"服装商场，以28美元一件的价格出售《麦田里的守望者》封面的彩色T恤衫。从印刷数量来看，小说的第一版一直是百老汇斯特兰德书店最热销的书之一。塞林格的衍生商品，这倒是可以考虑一下。

极力想要保护自己能过上隐姓埋名生活的作家不参加任何形式的对外活动。当他偶尔想要出门时，就像前面提到的，会使用化名。有一种情况除外，那就是当他去拜访朋友的时候，或者是拜访几位朋友，后者是非常罕见的情形。约翰·基南就是他朋友圈子里的一人。他们相识于二战期间，那时两人都是美国反间谍部门的特工。在一张当时拍摄的照片上，两人背靠着一辆吉普车，姿势轻松地站着，照片里还有开车的司机和保罗·菲茨杰拉德，另一个一直和塞林格还保持联系的部队里的伙伴。大卫·希尔兹和西恩·沙勒诺证实说，这四个人曾经被称为"四个火枪手"[1]。他们一同参与了五次战役，在弹药和炮弹的轰炸下活了下来，友谊就是这样建立起来的。约翰·基南曾经好几次去科尼什看望这位往日的好同志，塞林格在他1978年退休时，也荣幸地赶赴对方的退休宴。纽约警察局长

---

[1] 大卫·希尔兹和西恩·沙勒诺，《塞林格》。

约翰终于带着荣誉退休了。塞林格在席间还发表了一个小小的演讲。

他对偷窥者是如此的恼火，这三十年来偷窥者们对他穷追不舍，只给他留下了一小块私人生活，想要拍一张他的照片，看看他接下来想要做什么，得到他的一丝信任，就像是为了从他那里拿到点战利品似的，塞林格因此变得喜欢恐吓他人。人们没法轻易接近他。除非有惊人的胆魄和野兽般的勇气。贝蒂·埃普斯那时在路易斯安那州一家小周刊《巴吞鲁日卫报》当记者。1981 年的夏天，她瞄准了作家的行动路线，在他会去的区域对他实施了监测定位。她秘密地进行调查，小心仔细。她得知，他会去佛蒙特的温莎的一个商业中心购物，一个叫康明斯角的地方。那里有一家冷饮店、一家售卖红酒和其他酒类的商店，还有一家理发店和一家生鲜店，店家没办法从众多顾客里把塞林格回想起来。因此她给店主一些关于塞林格的描述和提示，方便他更清晰地回忆。对，是有这么一个人，很奇怪，一周来一次。在顾客档案里找到了他的电话号码，因为他的号码在保密清单里。当她拨出了电话，感谢上帝电话接通了，但是在电话的另一头，清洁女佣告诉她塞林格先生不想同任何人说话，不想见任何人，也不想被任何人打扰。如果他的指令没有被遵守，那么她将会有大麻烦。在挂上电话前，她还是被转告，可以给他写信，可以将信交给温莎邮局的那位年轻姑娘。

贝蒂·埃普斯手里有两张能够取悦这位科尼什隐士的"头号"王牌。她是个女人，还是一位小说家。就算是当个隐居者，塞林格至少也是一个男人。她曾经试着以写作为生，但是写东西太难了。她能够坦然面对的是，自己花了十年时间只写了一本中篇小说。信里她没有提《麦田里的守望者》，只提到了她从路易斯安那一直追到了新罕布什尔。他应该相信，她丝毫没有任何剥夺他隐秘的私人生活的意思。她约他第二天上午9点半在商业中心的转角见，还强调说自己会等他半个小时，不会更久。她还说，如果他不来赴约，她第二天会继续写信。如果他一丁点消息也不给她，她将会返回巴吞鲁日，因为身上已经没有更多钱能支撑她在温莎继续待下去。信的最后，她还提供了一点方便他辨认的小线索：她有着赤褐色的头发和绿色的眼睛。

到了约定的那一天，她从床上跳起来，希望他会来赴约。到了约定的地方，她把租来的车停在了村子旁边，不远处就是一座木头搭建的连廊，横跨了康涅狄格河，如果塞林格要到达温莎，他就要走过这座连廊。她买了一瓶汽水，然后在身上藏好了一个小录音机。她拿起一份当地的日报《波士顿环球报》读了起来，到了9点半整，塞林格在连廊的暗处现身了。他是步行过来的，从他家走到这里并不算太远。他的头发全白了。所有她之前看到过的照片里，他都是黑发。但是他身形还是能让人认得出来，颀长，瘦削。他走路的姿势就好像在被人追赶似的，肩膀耸起到了耳朵。他既没有左顾，也没有右盼，径直朝她走来。他的眼神里充满了令人惊奇的能量。当他走近时，她将录音机启动了。一闪而过的慌张穿过她的身体。机器里的磁带能允许录 29 分钟的音。没有时间可以用来浪费。所有的误操作都无法弥补。塞林格穿着一件牛仔外套，一件夹克衬衫，滑板鞋，胳膊下夹着一个公文包。她从车里下来。他直接走向她，说道："贝蒂·埃普斯？"他用西班牙语发出"埃蓓斯"。他们握了一下手。他的手抖了一下，但是她能感觉到很大的力道，也能感觉到他的健康状况良好。对话随即展开。她感谢他能来赴约。他不知道自己为什么来应约，其实，他为什么来，还不是因为她寄出的信太过于简短。贝蒂·埃普斯让他相信她从远处赶来是充当一名"代言人"，替所有想了解他是否会继续写作的人发声。她询问关于霍尔顿的后续，问他是否会长大，作家是否会写一部《麦田里的守望者》的续篇。村子里的所有人都目睹了这一幕。康明斯角的经理流着鼻涕站在商场的窗户那里往外看，自助洗衣店里的人出来走到了人行道上。塞林格说，一切都在书里，只需要重读一遍就能得知。霍尔顿"只是时间历程里被截取的一个瞬间"，他说。这位年轻的女士还是不肯放弃。这是否意味着您的主角不会长大，这本小说也不会有后续了？作为回答，作家语调僵硬地重复："请您再读一读书。所有答案都在里面。"当被问到《麦田里的守望者》是否是一部自传，而且他曾经在三十年前对一个温莎中学的学生透露过。他显然被这个问题问得有点不高兴，先是强硬地问她："您从哪听说的？"之后又让了一步，"我不知道……我也不知道。小说就是这样从我的身体里产生出来了。我也不知道更多关于霍尔顿今后的事。"[1] 他不仅仅没有这部虚构小说主人公的消息,而且作为一个爱讲冷笑话的人,在日后面对一位二十二岁的瑞典作家弗雷德里克·科尔廷的作品时,还表现出了又气又妒的心态,那时这位作家使用假名的出现,令塞林格起了一身鸡皮疙瘩。

---

[1] 贝蒂·埃普斯《我去年夏天做了什么》,刊登于《巴吞鲁日卫报》,1981年夏。

塞林格走出隐居之地

《麦田里的守望者》的作者在获得了光环之后，现在只为了自己而写作，而且他也不觉得有必要将它们发表。这也是他在 1981 年向《巴吞鲁日卫报》的记者贝蒂所证实的一点。当她问他是否预想过小说取得如此成功对他的私人生活会带来影响，他承认自己从来没有想象过小说的出版会有这样的结果：记者和摄影师们被好奇心驱使而入侵他的私人生活，他们不断地骚扰他，让他没办法过上"正常"的生活。他没别的办法，只能让警察在他家附近的路上巡逻，好远距离截住那些准备骚扰他的烦人鬼。是的，写作对他来说是重要的，就像他的生命一样重要，但是他最渴望的还是人们还给他平静的生活。他也不知道自己为什么会希冀这样的东西。从很久以前开始，这种感觉就产生了。从他上小学时就有了，然后是在瓦利福奇军事学校，后来是在服军役前和参军后。在二战期间，还有他上写作课的前几个月，他从来没有怀疑过自己的感觉。这就是原因。他一直为了平静而抗争。回头看之前的人生道路，他站在自己的山丘上，感受到自己想要避开他人眼光生活，这灼灼燃烧的渴求。他一直在追求这一点。如果哪天看到他出现在公众面前，他一定有自己的理由不得不要这样做。

他仍然惜字如金，包括当摄影机不顾他的意愿采访他时。好比约翰·列侬在1980年12月8日被害时，就出现过这种情况。那天夜晚接近22点50分时，在工作室录制了一整天的甲壳虫乐队回到了达科他大楼，他们的豪华住所就在这里，对面就是中央公园，陪同约翰·列农回来的还有他的夫人小野洋子。那时他刚从自己的车上下来，准备返回所住的套间，与此同时，一件"疯狂的事情"发生了，就像霍尔顿经常说的。当他从车门处下来时，马克·大卫·查普曼，一个二十五岁精神完全失常的年轻人，从腰里掏出一支38特别口径的左轮手枪，里面有五发子弹，从距离他大约六米远的地方朝他开枪。列侬中了四枪之后踉跄着，只说了一句："有人朝我开枪了。"在小野洋子惊恐的眼神下，他走到门房那里，面朝下整个身子倒了下去。子弹致命地击中了他的心脏。门房踹了行凶者一脚，将他的枪踢到了水沟里。查普曼待在原地，显得很迷茫。接着，他非常镇定地脱掉外套和毛衣，从口袋里掏出当天早上买的一本《麦田里的守望者》，然后坐在人行道上，开始沉浸在阅读中。"这就是我的证词"，这是他写在衬页上的话。警察将他逮捕并关进了监狱。在监狱深处的查普曼，一个家喻户晓的囚犯，解释说歌曲《想象》的作曲家和演唱者是个"骗子"，他的真实生活与他在公众面前的形象不符。在诉讼庭上，他还声称这样做也符合塞林格人物的性格，他想要为小说做宣传，他在开庭前还读了一段，还鼓励大家来读一读这本书。但是他理解错了。霍尔顿可没有当一个精神错乱的杀手的秉性，即使在小说里他曾经幻想要用一把自动手枪把弹夹里的子弹全部打进一个开电梯的男孩的肚皮，用他的话说是一个略带咸味的男孩，他曾经因为霍尔顿少给了他五美元而揍了他一顿。查普曼[1]不仅没有替作家吸引到新的读者，还造成了刺杀竞赛。1981年3月30日，美国总统罗纳德·里根刚从就餐的华盛顿希尔德酒店出来，就被另一个神经异常的人连开六枪，严重受伤。试图谋杀里根的人名叫约翰·欣克利，一个疯子，他承认自己策划这起刺杀是为了博得女演员朱迪·福斯特青睐，她在马丁·西科塞斯执导演的电影《出租车司机》中饰演一名卖淫的女孩，说他精神不正常。他使用的也是同样口径的左轮手枪。通过审讯发现，在约翰·列侬被刺杀的那一天，他同成千上万名粉丝一起，到事发现场去哀悼偶像。在他酒店的房间里，警察们发现了一本塞林格小说的口袋书版本，他在书页上写着是塞林格间接将他引向犯罪道路的话，从他写的这几页内容可以看出，他自己也是个虚伪的人物。

这就是当人们不会正确解读一本书的时候会做的事情。

《麦田里的守望者》的作者当然了解人性的疯狂。他既触碰过人性的阴暗面，也怀疑过人性。但是他怎么可能会想到自

---

[1] 马克·大卫·查普曼于1981年8月24日被判刑20年至终身监禁，不得减刑。20年的期限一到，这位被关押的人就开始数次争取有条件的自由。但是这些请求都被拒绝了，小野洋子使他人信服这个人的存在会一直对她的家庭造成威胁。

己的作品会被人用来实施犯罪？他从来没有对这两起事件公开发表过评论，既没有因为杀人犯像携带战利品一样带着自己的书而去声讨，也没有对任何一个今天还可以联系到的书信对象说过一个字，他也没有做任何的影射。而且当他走出隐居的家外出时，也没有一个碰巧遇到他的人提过这个问题。

人们曾经在剧院见到过他，他去看儿子马修在百老汇的一出戏，还有一次是在佛罗里达州的杰克逊维尔，那天晚上他去那里观看一位美国女演员伊莲·乔伊斯的演出，她是美国大道剧院作家尼尔·西蒙未来的妻子。她有着一头小麦色的金发。她比他年轻二十五岁。他给曾经出演过电视连续剧《梅林先生》的她写了一封信表达自己小小的赞美之情，这种方法被证实可以帮助他结交朋友。因此两个人通过书信结下了友谊。不知不觉中，他们的亲密关系持续了约莫七年。她曾经对《伦敦标准晚报》[1]毫无顾忌地说塞林格已经准备好要出版新书，他还帮她写过剧本。她的这些声明并没有激起浪花。

之后就是他的第二任妻子克莱尔，然后就是他与女作家乔伊斯·梅纳德的分手，除开这两位，就没有其他人们能叫得上名字的女伴了。由此让人联想到，践行佛教将他引向禁欲的结果，这也许明显是个错误。为了证明这一点，可以从他写

---

[1] 来自1981年11月24日版。题为《伦敦人日记》的栏目下内容。

给旧友唐纳德的信中对自己所亲近之人的描绘得知一二,在1980年代他沉默了好久之后,这位好朋友很高兴又能收到他的来信:他姐姐朵丽丝仍然在世,但是身体虚弱,还有一些因为上了年纪而得上的毛病。她住在纽约,他很少去探望她,因此她也会辛酸地抱怨。他的父母都已经去世了。马修已经开始了自己的演员事业,最近甚至得到了电影里的主要角色。至于他的女儿佩吉,今年三十岁了,比她弟弟大四岁,离了婚,住在波士顿,读完大学,并且在高等学府牛津大学又进修了两年之后,她现在为一家公司做商业顾问。他自己身体还是很健康,头发当然是白了,腿有点哆嗦,但还是健康的。就在他们这次通信的两个月后,哈托格给他寄来了一张两人1938年在维也纳拍的照片,照片中的两人容光焕发,靠在房间阳台的栏杆上,他用简略的语言说,"房子的女主人"[1]很高兴自己曾经见证过他们的青葱岁月,希望能将照片装裱起来。除此之外,信中没有更多关于这位夫人身份的描述。可能是出于谨慎,但是更为重要的原因是怕给他造成烦恼,英国诗人及评论家伊恩·汉密尔顿决定为"他的生活和作品"写一部传记。仰仗美国有名的出版公司兰登出版社,这本传记得以出版。这件事却让塞林格"非常头疼"[2],事实上已经让他头疼了三年(从1983

---

[1] 来自1986年12月20日唐纳德·哈托格的来信,来自塞林格信件档案馆,UEA。
[2] 来自1987年5月26日写给唐纳德·哈托格的信,来自塞林格信件档案馆,UEA。

年开始），他准备起诉这个"投机主义的小团伙"。在这本引起他愤怒的传记中，至少有些许关于他自己想要问的问题的答案，作家回应"只要他一天活在这个世上"，就不能忍受他人干涉他的私人生活。他长久以来一直对法律如何能制裁这些人感到"失望"。无论采取怎样能够威慑到那些偷窥狂的方法，不要说什么"体面"、"庄重"，为了保护自己，他会用一辈子试尽所有方法来达到目的。

传记的第一版名为：《J.D. 塞林格：作家的一生》，马上就要出版了，这时一家曼哈顿的律师事务所要求汉密尔顿删掉书中所有引用的作家未曾出版过的书信内容，否则就会强制移交法院处理。他遵守了要求，将那些被指控的段落以叙述的方式重新编写。控方重新出具了一封律师函，这次带着和解的语气。塞林格在这封信中仍然认为，对方使用自己信件的做法是不合适的、令人不满的。根据流程，两方在开展陈述之前可以先表达自己的观点，他将自己的威胁付诸行动，要求纽约法庭进行裁决，让这本书推迟出版。[1] 首先要把控诉书写出来。

在一封以个人名誉为担保的证明信里，塞林格介绍自己是"一位有些名气的作家"，"由于个人原因，选择永远离开公众的视线"[2]。为了区分公众生活和私人生活，在传记中，汉密尔顿解释自己并没有深挖作家1965年之后的生活，这是《麦

1　来自1986年10月3日纽约法庭终审判决。
2　伊恩·汉密尔顿，《寻找塞林格》。

田里的守望者》最后一篇小说发表的年份,他认为在这一年之后,作家就再也没有"公开露脸"了。

诉讼的第二部分是公开听证,在纽约法院的一个房间里进行。双方需要分别火力全开地面对对方律师的提问。"这一刻,我们这些辩护人,已经等待了如此长的时间,不用再去期盼了;这一刻,可怜的塞林格必须走出他在科尼什的巢穴了。"[1]传记中这样写道。在所有人的期待中,1986年10月10日在皮埃尔·N.勒瓦尔法官的要求下,作家从隐居之地被连根拔起,出现在了诉讼法庭。一身运动风,表情严肃,帮助他打官司的是女律师马西娅·B.保罗。

开庭之后,汉密尔顿和兰登出版社的顾问罗伯特·M.卡拉韦就幸灾乐祸地把他当成了众矢之的。他们想知道他过着怎样的生活、和谁一起生活、以何为生,他是否还在写作,他是否保留一些原稿。经过了几个回合,他的律师提出抗议,对方的提问不当,产生了人身攻击。不,塞林格没有受任何人指使,他也没有采取任何行动,也没有任何公司团体在帮助他取得其文学作品的应有权利。

接下来的对话内容能够瞥见作家的精神状态,以及面对别人刺探他的小秘密时他想保守秘密的心态。摘要如下:

"塞林格先生,您最后一次写一本用来出版的虚构小说是什么时候?"

---

[1] 伊恩·汉密尔顿,《寻找塞林格》。

"我不能告诉您准确的时间。"

"在过去的二十年中,您是否曾经创作过一部之后将会发表的虚构作品?"

"您想要说哪一部作品发表过?"塞林格反问道。

"对,哪一部作品曾经发表过。"

"没有。"

"那有没有发表过一部非虚构作品呢?"

"没有,我没有写过。"

"……在过去的二十年中,您是否创作过一些完整的、没有发表的虚构作品?"

"您能不能重新组织一下语言?'完整的作品'是什么意思?您想说是准备好要发表的意思?"塞林格提问道。

"反过来说,就是一篇不是为了刊登在杂志上的短篇小说或者是故事的文章。"辩方律师解释说。

"这对我来说太难回答。我不是按照这个目的写文章的。我只是开始写一个故事,然后就看着故事本身如何发展。"

"我换个更简单的方法来提问:您能告诉我在过去的二十年中您所作的作品的内容吗?"

"我能告诉您还是我应该告诉您?"塞林格诘问道,讥讽的能力一点都没有丢,他下定决心丝毫不会放松。

他的律师马西娅·B.保罗感觉这话有点讽刺所有人的意思,就劝他再多说几句。他就补充说自己的作品是虚构小说,"就这些。""这真的是我唯一能透露给您的信息。"

他是否打算详细说说这些文章的篇幅？这些文章仅仅是草稿还是已经完成了？最后，他是否已经联系过报纸或是出版社预备发表？面对所有这些询问，塞林格言语不多，一律回答"不"，有几次不待被告方律师提完问题就回答。

"您是否听说过一位名叫伊恩·汉密尔顿的人？"

"听说过他？听说过他？"作家重复着这个问题，就像是耳背了一样。

"对。"

"对，我听说过。"

"您是何时第一次认识汉密尔顿先生的？"

"事实上，是三年前。"

塞林格被请求详细描述是在何种情况下认识他的，他说汉密尔顿给自己写过一封信，通知自己兰登出版社要支持他写一本关于自己的传记。"就是这样，我也没法说出更多了。我不记得了。"[1]

然而，他还记得曾经好几次打电话给他的文学代理多萝西·奥尔丁，她负责将收到的文章做校对。在反方的步步紧逼下，他补充了一些信息——他的儿子、部队里的伙伴、他姐姐，还有他的女儿已经通知他，他们会前来提供证词。他劝阻他们不要前来，但是太迟了，有些人已经答复说自己会到场。

在庭上的陈述持续了很长时间，来回的问答让他觉得枯燥

---

[1] 1986年10月10日，J.D.塞林格在起诉兰登出版社和伊恩·汉密尔顿时，在美国区法庭（纽约南区）上的陈词。

无味。塞林格最后显出了一些疲惫的迹象，记忆也开始变得模糊。当被问到一些事件的发生细节时，他已经记不住事情的先后顺序和具体的内容，例如他是否注意到被告书中不恰当引用内容的段落，如果是，那么是哪些段落，或者他是否有在书中的批注出来。

法官最后认为，这本传记资料翔实、态度严肃，塞林格不能夸张地判断它会带来任何精神上的、文学上的或是商业性质的损害。汉密尔顿先赢了一局，但是他随即希望能够得到出版此作品的授权，塞林格对此提出了上诉。这一次，他取得了胜诉，但是他并没有因为自己的胜利就感到心情平复，他认为这件事充满了遗憾，代价太高，既不确定，也没完没了。"糟糕透顶。"[1]这就是这件事唯一带给他的感受。他希望能一劳永逸地将诉讼进行到底。但是兰登出版社和汉密尔顿都没有放下武装。他们向美国最高法院提起上诉。这次是以言论自由的名义递上诉状，他们威胁纽约上诉法庭，说该庭的决定可能会对历史研究和传记钻研产生举足轻重的影响。这份请求最终还是被驳回。[2]塞林格取得了终局的胜利，最高法院的天平还是倾向于他。当然，他会为了这样的结果而庆祝一番，但是此事给他也留下了苦涩的回忆，因为他也厌倦了在上诉法庭不断为自己抗争，同时也由于支付给律师们的账单也不会忘记落在他的

---

[1] 来自1987年5月26日写给唐纳德·哈托格的信，来自塞林格信件文档，UEA。
[2] 来自1987年10月5日美国最高法院判决。

头上。

汉密尔顿要重新看看他手上的复印稿。怎样从令人失望的素材中挖点宝藏出来呢。一部"平平无奇"[1]的传记,在写到第三版时,终于面世了,被改得面目全非,但是是合法的,名字叫做《寻找J.D.塞林格》。这一次,它是无可避免地要出版了。

1　1987年12月7日写给唐纳德·哈托格的信,来自塞林格信件文档,UEA。

往事重袭

1987年过得不好不坏，因为算上所有发生的事，这一年过得不那么让人高兴。除了这桩简直让他有点不能承受的意外官司，塞林格发现自己完全是孑然一身待在科尼什。那座差点压死他的木质栈桥是不会再去了，他也不可能去康涅狄格河散心，还去温莎的邮局取信了。从那时起，事情变得更为复杂。因此晚些时日，他决定实施一个计划，那就是下定决心去伦敦探望他的老伙计唐纳德·哈托格、探望他的老朋友。这是他为了重返旧日的欧洲所找的一个额外的理由，这样他们就可以三四个人结伴去乡间度假。他已经可以预见到，在老朋友的陪伴下，他回到原来的那个地方，还是那个时节，重温美好的回忆，去他们曾经一起去过的维也纳，在滑冰场的出口碰头，再尝一尝巧克力蛋糕，啜一口曾经的马提尼，还有曾经让他们心潮澎湃的姑娘，她们的青春韶华如今也烟消云散。

之前，两部由战争亲历者所著的回忆录和一篇文章在美国发表，他读得全情投入，这些作品让他回忆起了纳粹的兴起，以及德奥合并的前夜对犹太人实施的迫害。他强烈推荐他的英国朋友读一读，他认为他是唯一一个能理解这两篇文章的人。

一本书，是由一位名叫理查德·贝尔泽勒[1]的医学博士所作，题为《这就是那个时代》。另一本《维也纳的最后一支华尔兹》，由英国犹太作家乔治·克雷尔[2]所作，讲述了一名犹太儿童的父母被关押在奥斯维辛集中营，后来被杀害的"悲惨"[3]故事。还有一篇令他无不动容的作品：《柏林日记，1940—1945》（一名俄国少女在德国的日记，1940—1945），由玛丽·瓦西尔奇科夫[4]撰写。这位年轻的姑娘是希特勒第三帝国时期外事部的秘书，她来自一个曾经参与了布尔什维克革命的贵族大家庭，由于工作原因，可以深入接触到德国的国际大财团和政界机构。她在这个具有优势的位置上进行观察，写出了一部独特视角的作品，她的故事讲述的是柏林人的日常生活，但是也描写了一些她曾经参加过的秘密会议。

已经有几年了，几乎每天，塞林格都会在他用推土机推出来的林间小路上散散步，或是骑着马、踱着小步子在森林里走走，他那两条身材修长瘦削的意大利猎狗就跟在脚边。经过这

---

[1] 理查德·贝尔泽勒，《这就是那个时代》，纽约维京出版社，1971年出版。
[2] 乔治·克雷尔，《维也纳的最后一支华尔兹》，伦敦，麦克米兰出版社，1982年出版；1984年由让-巴蒂斯特·格拉塞翻译为法语，由巴黎帕约出版社出版。
[3] 摘自1986年10月22日写给唐纳德·哈托格的信，来自塞林格信件文档，UEA。
[4] 玛丽·瓦西尔奇科夫，《柏林日记，1940—1945》，纽约，A.A.克诺夫出版社，1987年出版；《一名俄国少女在德国的日记，1940—1945》，由安娜-玛丽·贾里格斯及安娜·吉巴德译为法语，巴黎，皮埃尔·贝勒冯出版社于1991年出版。

些年，他已经拥有了好几条不同品种的狗。它们是唯一陪伴他到如今的生物。

除非万不得已，他现在已经不会再去纽约，比起那里，他更喜爱波士顿，那里离他更近。他同样青睐的还有汉诺威，一座位于新英格兰的小城，它坐落在康涅狄格河边，树木郁郁葱葱，距离他家只有20多分钟的路程。这座城市能够提供所有令人赏心悦目的东西：拥有数千大学生的达特茅斯学院，一座存满了优质书籍的图书馆，浓厚的商业氛围，还有一家他经常乐于光顾的食品商店。

这天晚上，他反常地看了电视新闻。美国和大西洋那一头正在进行的总统选举，引起了他连讥带讽、一针见血的评论。保守党一直进行得顺风顺水。在英国，玛格丽特·撒切尔为代表的保守党第三次蝉联胜利的宝座。[1] 投票的结果毫无悬念，完全符合民意调查研究室预料到的情形。但是这个结果没带给他一点好的感受。这只是一个预兆，既没有更糟也没有更加令人扫兴，这件事勾勒出了1988年11月的美国选举的大体局势，将乔治·老布什推上了总统台。共和党的候选人和副总统都被踢出局，后者本来已经准备好要继承罗南·里根的衣钵。他的对手是民主党的迈克尔·杜卡基斯。双方拉选票的战役进入如火如荼的阶段。在电视屏幕上看了好久他们"丑恶的嘴脸"[2]，

---

[1] 1987年6月11日英国选举投票结果。
[2] 摘自1987年5月26日写给唐纳德·哈托格的信，来自塞林格信件，UEA。

他感到厌恶。他们的演讲乏味无聊,以至于当他回想起他们的前任曾经发表过的讲话,就会汗毛竖起。坐在电视机前的塞林格,不禁感激起自己深处一个什么也不是的地方,在这个地方的保护下免受动荡局势的徒劳冲击,在这好光景下生活着,安然地生活着。

接下来的几年,就是一年赶着一年度过,他的生活并没有太多变化。冬天的严酷和冰冷让一切事物都凝固到麻痹,雪花落在科尼什的高地上,万物沉寂都在睡梦中,他也没有听到雪落在枝桠上的噼里啪啦声,森林里的松叶、桦树、山毛榉和槭树,一切都被雪覆盖住。饥肠辘辘的黑头山雀飞到他悬挂在一枝树杈上的喂食器中觅食。一只棕红色的松鼠终于找到了放有葵花籽的食槽的入口,虽然销售员确认过他购买的时候了解这个食槽只能支撑一只麻雀的重量,否则活门会关上。

通往他家的路完全被雪堵住了,因此他出门来扫雪。这个冬天,他冻得像被劈裂开的石头,他在台阶扶手上装了绳子,以便能走到邮箱那里去,那下面就是一条陡峭的小路。这样也没能让他避免在结了冰的地面上滑个一两跤的命运。当他回过神来时,人已经躺在地上;随着一声闷响,头因为撞在冰上而发疼。

春天到来时,冰雪融化,林间小路变得泥泞不堪,烂泥在4月中旬达到了最高位,第一波播种的季节到来了。这时,他开着一辆拖拉机回到了他的两块菜地。但是现在播种太早了,况且满是泥泞的土地也承受不了机器的重量。日子一天天过去，他没有一点烦心事。

1989年马上就要来临，他马上就要过七十岁生日，他已经不记得自己奇迹般地度过了这么多年的岁月，留在他心里的只有关于十八岁的炽热的回忆。所有这一切，说到底会不会仅仅是海市蜃楼呢，或者仅仅是他对于时间的感知出了问题？唐纳德·哈托格——他青年时的战友，他马上也要七十岁了，他们是同一年出生的——邀请他参加自己将在1989年4月14日组织的生日聚会。塞林格马上给了回信，他兴高采烈地说自己会去赴约。他特别想要看到他，虽然他打心底里害怕坐飞机，同样讨厌机舱里狭小的空间、拥挤的人群、等待过海关时长长的队列，总的来说就是讨厌一切会扰乱他内心平静的东西。而且他也提到了一位一直生活在一起的"女士"[1]，在此之前的很长一段时间里，他从来都没有提到过她的存在。一开始对她含糊其词，直到某一天，他隐晦地对自己的老朋友说："我现在整个人被C牵着走呢。"[2] 收拾行囊，启程去大洋彼岸的日子越来越近了。还有两个月，不出意外的话，他们就会见面了。

就是借着这个偶然的机会，他迫不及待地透露这位"神秘"的C女士名叫科琳。在两人"保持了十年关系"之后，他在1988年圣诞节过后没几天就与她结婚了，在这段关系中，他们"非常亲近"[3]。她的无名指戴了一只样式非常简单的金戒

---

1 1986年11月9日写给唐纳德·哈托格的信，来自塞林格信件文档，UEA。
2 1988年12月8日写给唐纳德·哈托格的信，来自塞林格信件文档，UEA。
3 1989年2月9日写给唐纳德·哈托格的信，来自塞林格信件文档，UEA。

指。因此他已经结婚有一段时间了。他的爱人是爱尔兰人（和他母亲的祖先一样），在皈依基督教以前，她是一个循规蹈矩的天主教徒，是一个有自己独立想法的人。她三十岁，与佩吉的年龄一样。他甚至可以当她的祖父。两人相差四十一岁。但是他们之间的差距仅限于此。年龄差距并不能阻止两人相处甚欢。一个粗鲁的家伙曾经直接指出两人年龄差距的问题，他回答得干脆明了：她"比我年轻几岁"。他用一种优雅的方式切断那些流言蜚语，以及那些不忘记四处传播流言者的念想。他们一正式结合，塞林格就觉得应当通知他的孩子们，好让他们也能够应对那些嘲笑者抛出的质疑。

一收到去伦敦参加生日宴的请帖，科琳就满心欢喜地坐在沙发里，将一沓邮寄购物杂志翻开摊在膝盖上，为庆祝哈托格的生日挑选一条合适的连衣裙。塞林格怜爱地抚摸她。没有什么理由，可能就只是各种最微小的细节让他认为遇到了最适合他的人。她非常惹人喜爱，天性中带着温柔和善良的气质，就像是经过所有美好的照料塑造出来的一个生物，就像她的职业一样，是一名手术护士。她曾经在马里兰州的贝莱尔工作过一段时间。像科琳这样一位心胸开阔淳朴的姑娘，不会把事情往坏处想。

他们是在1978年冬天一个相当奇怪的情况下认识的，2月的一天她去达特茅斯的冬季嘉年华玩耍，这是一场学校组织的为期三天的狂欢运动节。那一年的雪下得很大，甚至上了记录，对滑雪爱好者来说倒是一桩幸福的事。塞林格在公交车上就坐在她的旁边，两人因此开始交谈。他表现得很热情，赋有魅力。在怀特河汇，距离她下车地点几公里处的一个偏远的小城市，她询问他还有什么方法能到达汉诺威。处于殷切的好意，他提出陪她一起去那儿，到了分手的时刻，他说出了自己的身份：杰瑞·塞林格。"您是想说 J.D. 塞林格吗？"[1]她确认道。效果达到了。当时他头发灰白，显得亲切和蔼。他们交换了书信地址，之后一直保持着日常联系。

这个女人悄无声息地进入塞林格的生活，让一些人咬牙切齿。首先就是他的女儿佩吉，她强调她与自己父亲之间的年龄差距，带着恶意指出这位姑娘"就像小学生一样甜美可人"[2]。这是一位有着一头细软的短发、乳白色美丽脸庞，绿色眼睛和明艳笑容的来自盖恩斯伯勒的姑娘。她在自己出生的南方完成了学业。上中学时，她是保龄球队的成员，还曾经是节日游行的盛装少女。闲暇时光里，她喜欢做衣服和拼贴的针线活儿，并颇为擅长。在科尼什由她组织的一年一度的集会上，塞林格也是个常客。她会将手边的丝带收集起来循环再利用。这幅场景似乎也不能打动佩吉，当她故意向她父亲讲起这件事时，会落井下石地说："根据我的经验，一般喜欢做这类活计的人，脑子都不太灵光。"

与此态度相反的是，根据他的好友哈托格讲述，塞林格一直很赞赏，并且会放大科琳缝纫的天赋。这种赞赏是不带任何

---

1 摘自乔伊斯·梅纳德，《世界中的家》。
2 摘自玛格丽特·塞林格，《梦幻守望者》。

讥讽意味也没有其他背地里的坏话的。但是在他女儿的笔下，父亲似乎一点都没有偏袒过自己。例如，当她宣布自己已经怀孕六个月，之前得上了败血症，留院了一段时间，给他打电话告诉他自己出院回家以后需要一名护士。科琳曾经提议去照顾她。"但是首先，她为什么需要一名护士？"作家生气地爆发道，然后又告诉自己年轻的妻子佩吉那些"病态的恶习"[1]。然而第二天，科琳还是去她身边给予了帮助。

她和蔼的个性让乔伊斯·梅纳德也望尘莫及，简直比她印象里的佩吉还要致命。值得一提的是，她只认识他曾经提起过的专栏女编辑和评论作家菲利斯·塞罗克斯。有一次，两人在纽约的一场招待会上相遇，后者说她在1980年夏天雇佣为佣人的一个女孩曾经收到过来自塞林格的信，这个女孩不是别人，正是科琳。是什么挑起了这位被作家昔日拒绝过的女学生的好奇，感觉自己曾经被抛弃的内心想法又是怎样引发了她的妒火。乔伊斯也不是唯一一个曾经与作家交换过书信地址的女孩，她宁愿去相信，没有其他任何人得到过与往日同样的爱。

科琳当时正在自己的房间摆弄花瓶的花草，菲利斯·塞罗克斯当时雇佣她来照顾低龄的孩子们和做些家务，正好经过她敞开的房门，发现了床上的一沓信。她问这是谁的信。"哦，这些，这些是杰瑞·塞林格写给我的！"带着作为雇主对眼前佣人的优越感，她甚至注意到"科琳对收到著名作家的来信深

---

[1] 摘自玛格丽特·塞林格，《梦幻守望者》。

受感动"[1]。她没有对此做任何评价,好让她不要灰心丧气,实际上她给塞林格回信就像是做做指甲或是洗个头一样日常。避免她认为自己是个小糊涂蛋,或者是个轻佻的人。

然而,科琳给她看了那些信,面无一丝为难之处。据菲利斯称,这一沓信件的主要内容,就是讲述与儿子充满爱的日常生活,他提到了花园和他的家。没有让人浮想联翩的内容,字里行间,是微弱的浪漫信号。这种表达是符合当时科琳的情况的,她那时与一位名叫麦克的护理学生交往,他是一名四岁孩子的父亲。他每晚都会给她打电话,最后她嫁给了他。在婚礼上,她穿着一条蓝色的短袖塔夫绸裙子、彼得·潘的领子,胸前有一朵同样颜色,还有同样材质的布料做成的玫瑰。两人如陨石撞地球一般迅速结合了。

与此同时,与塞林格的书信往来虽然有所减少,但从未终止。之后,在某一个感恩节,科琳打电话给在工作的丈夫,告诉他,她将要离开他和他的孩子,每年孩子过生日时,她都会往一个信封里装上几张对应年纪的一美元。现在她每个月都要给孩子的父亲寄50多美元,以支撑孩子的开销。说不出分手理由的她搬去了姐姐家,再之后,她就消失了,既没有留下地址,也没有留下电话号码,只有一个温莎邮局的邮箱号码。正是作家收留存信所用的那一个。

与前夫之间不愉快的关系结束了。当科琳·奥尼尔出现

---

[1] 摘自乔伊斯·梅纳德,《世界中的家》。

时,塞林格是否感觉终于找到了属于他的凯瑟琳·巴克莱、小说《永别了,武器》中的英国护士?在小说里,海明威把这个主角塑造成一个独特的、勤勉又和气的女人,像其他女人一样易妒,她感动了自己在住院的爱人弗雷德里克·亨利中尉。她狂热地爱着他,满足他所有的性需求,而几乎没有为自己的生存着想。她这样做,当然是出于爱情。疯狂的爱,他们对对方的感觉都是同等强烈,出于本心许下爱的誓言。这位年轻的女士是如此可爱,如此坚强,如此有魅力。小说的男主角由于被一枚炮弹将双腿打伤,在这个女人面前,变成了一个小男孩。当塞林格在纽伦堡医院接受抑郁症护理时,曾于战争第二天,在床上给海明威"老爹"写信,信中他大胆地说在自己的枕边缺一位高贵的凯瑟琳·巴克利(此处为 Barclay,海明威小说中的主角是 Barkley)。即使他把姑娘的姓氏拼写错了也没关系。结果他等到七十多岁才遇见真正属于自己的爱人,一只可以触碰到的手,这是他一直所希望的,也是科琳与他在一起时会做到的。就像我们在彩色照片里看到的那样,两个人手牵着手过马路。

他的守护天使

　　自此，塞林格再也无需孤独地生活在他豪华又满目青葱的小山上了。他有了一个可以一起过日子的女人。科琳·奥尼尔带着她的行李搬到了科尼什。要指出的是，她与卓别林的夫人乌娜虽然同姓，却没有任何血缘关系。家里突然塞满了盒子、行李箱，还有相当数量的勺子和叉子，从此以后餐具也要有双份了。为了她，塞林格把放保险箱的那间工作室腾出来，改成了缝纫工作间。当他提起她时，口中满是对新婚年轻夫人的浓烈爱意，简直让人感觉不到这已经是他的第三段婚姻。他对她关怀备至。

　　漫长而考验人忍耐力的冬天又一次到来。来自西伯利亚的冷空气停留了好几周，雪下了五十多厘米，这厚雪直到春天才开始融化。一场流感外加耳炎，让他的美人卧病了十几天，他疯了似的为了让她好受一点东奔西跑，对她寸步不离。科琳反过来也照顾他。他刚到七十岁，健康状况已经大不如前，而且他也喜欢被她照顾的感觉，享受随时刻被关切的舒适感。她的存在令他安心。更重要的是，她照料一切家中的补给，组织一切出游和社交活动。他承认，如果没有她，剩下他一个人生活,他会把自己困在家中,连头也不会探出家门。然而,在科尼什·他也没有什么好牵挂的,除了他憎恨出行,且毫无疑问他对运动本身就没什么兴趣。

老朋友唐纳德刚刚与他重新取得联系后不久,就与妻子迪莉斯邀请他们在1987年的夏天去度假。6月到来了又走,7月也是一样,平平淡淡地度过。他什么也没有做,把一切归咎于夏天的炎热,说是夏天的闷热让他的脑袋变得昏昏沉沉没有任何想法。也许秋天他们会动身吧,他预备着要旅行。当花一样年纪的科琳搬进他家时,他仍然抱有哪里都不要去的想法。她要求他不能一直保持着幽闭的状态,他需要出门,需要见见外面的世界。她不断地坚持,让他觉得日子已经过不下去了,她的话变得听不进去了,虽然他现在已经戴上了助听器。"我的扩音器坏了。太糟糕了。"[1]这东西让他风度翩翩的牛仔形象一下子受到了影响。同时假牙也让他说话的声音没有那么清晰,他自己能分辨得出来。他在生活中遭受的不顺心本来有可能令他的脾气变得更暴躁,但是并没有这样,他保持着淡泊的心态,他用幽默感帮自己解决问题,避免对着科琳实施揶揄讥讽。

塞林格曾经梦想当个演员。这是他少年时的梦想,从未改变过,他还将对表演的热情转移到了戏剧上。从那时起,他就"什么都听不见了"。就算他把助听器的声音调到能撕破鼓膜也

---

[1] 1989年3月9日写给唐纳德·哈托格的信,来自塞林格信件存档,UEA。

无济于事,舞台上演员们的声音也不再清晰可辨。科琳只能坐在他身边,下巴几乎挨上他的肩膀,将舞台上正在上演的剧情在他耳边复述出来。他觉得她对自己的付出简直是"英雄主义的"行为,因此任由她引导自己,也许还被她毫不吝惜的关怀深深触动。

一想到即将与"亲爱的唐"重逢,塞林格就满心欢喜,这次"旅行的亮点"是与唐一起重游维也纳,当年萨菲尔一家称呼他为"那个唐纳德"[1],而不是"亲爱的"唐。距离他们上次相见,时间已经过去了半个世纪。在他的朋友最近寄来的照片上,他"神奇"地发现照片上的人还是像当年一样。他的脸上没有一道皱纹。"你是怎么做到的?"他问道。而他自己,老天爷呀,已经变得认不出来了。要是他也能回寄一张照片就好了。但是他一张照片都没有。科琳曾经就此事还对他发过脾气。

是她在打点一切,他乐于在旁边搭把手:买飞机票,预定了十多天位于肯辛顿富人区的、时髦的燕子国际酒店的房间,这家酒店与他过去心目中一直首选的卡多根酒店完全不同,后者是富有魅力但过时的维多利亚风格。有哪些活动是科琳不会去做的?又有哪些是他不会去做的?这次行程里面有一两天要乘坐大巴车游览名胜古迹。这是美国游客最喜爱的出游方式,

---

[1] 原文为:der,德语中的定冠词,意为:那个。

这样可以避免不必要的疲劳。这种方式的旅行他们在美国也进行过几次，奇怪的是，他很享受。他对此安然接受。

在伦敦，徒步的闲逛让他渐渐感到疲倦，尤其是在泰晤士河边以及购物的间隙。当走到杜克街有名的顺势疗法药店尼尔森，他就必须得在那里歇歇脚，在那里更新一下自己的草药库存，要知道那里因其各种系列的乳霜、软膏、凝胶、酊剂，以及由自然产物提取的保健养生饮剂而获得了神奇的美誉。他也不会忘记去查令十字街的旧书店看看，就在科文特花园的旁边，他喜欢在那里闲逛，走过一排排用羊毛线团和缝纫线装饰的书架，这是科琳喜欢的风格。他的好友唐纳德在他的旁边，递给他一张写满了好玩去处的清单。他们决定保留惠普斯纳德动物园这一项，这是位于伦敦北部三十多公里、靠近邓斯特布尔的一座野生公园，同时还保留的节目有某天早上或者晚上去看场戏。一出谢霍夫或是阿兰·艾克伯恩的戏，这是为了讨他欢心而挑选的两出戏。塞林格爱极了英国的演员，像是雷蒙德·亨特利、诺顿韦恩或是费利克斯·艾默这样优秀的配角角色，有时更合他的意，他们与主角一样光芒四射。他曾经非常想去现场为他们鼓掌，既然他现在路过英国首都，必然不会再次错过机会。现在要做的事情就是预定第一排的座位，就在舞台正前方，好让舞台上的对话都能听得真真切切。如果买不到，那就只好等到他们去美国做宣传或是等剧目被改编成电影了。

距离启程还有十五天，科琳被旅行的狂热感染，一遍又一遍地听着剧目《卖花女》的磁带，萌生了想要去科文特花园的想法，那里正是这部音乐剧中的女主角伊丽莎·杜利特尔卖花的地方，如果不让她去，真有点不近人情了。而塞林格，从花园回来以后，就激动地试起了从柜子底找出来的两套不知道多少年前在伦敦买的西装。但是，这些衣服一被套上身，就显得有点小了，它们的长度不够。与他仿佛从一个模子里刻出来的儿子马修比他更胖一点，儿子为了他的盛宴准备了一件细条纹的西装，一件他完全能穿得下的衣服。他看上去简直就是一位高贵的绅士。

1989年4月11日，夫妇二人从波士顿机场起飞出发去伦敦盖特威克机场，他们乘坐一班西北航空公司的过夜航班。再次见到"唐"带给他深深的喜悦，由于唐的七十岁生日宴会而变得分量更重了。唐纳德在萨沃伊餐厅预订了一张桌子，这家餐厅是斯特兰德大街上一间标志性的历史悠久的酒店，曾经接待过很多名人，从温斯顿·丘吉尔到詹姆斯·迪恩，从玛丽莲·梦露到伊丽莎白二世。塞林格特地注明科琳和自己都不是严格节食的素食主义者，他们不会因为来到伦敦而不适应，能够前来感到非常荣幸。之前其他人曾经臆想他是一个固执的禁欲者，幻想他只吃自己家花园里长出来的食物，这下事实不辩自明。如果某一周，夫妻两人频繁地吃沙拉、蔬菜和谷物，当他们外出购物时，他就会主动提出吃顿比萨，有鸡蛋的三明治，或者甚至其他含有肉类的食物。他们的食谱中肉类并不是完全禁止的。

毫不夸张地说，几乎每周六晚，他们都会参加由附近村庄的教区组织的晚餐，每隔一周，席间他们就会吃一顿火鸡、烤牛肉或是牛肉炖锅，或者甚至是火腿配豆角。与菜肴相配的酱汁里也有丰富的肉汁，还有可以自助取食的凉拌卷心菜。教会提供的菜单非常丰富，镶边装饰的盘子里的食物一直堆到了边缘，到了饭后甜点时间，有不少于九到十种挞和蛋糕可以从餐台取用或是被端到桌上来。所有的食物都可以反复拿，咖啡也是。

长长的桌子就像宴会桌一般，可以看见一些人撸起袖子在吃。没有一个人小于六十岁，除了科琳，她属于这群人中年纪较小的一位，经常被人认为是塞林格那已经离异的女儿，误以为是回老家来探亲的。志愿者们提供着热情周到的服务，嘴上带着微笑，吐出的话语也是亲切友善的。塞林格也会经常同夫人一起光顾印度餐厅，他们也有去法国餐厅的习惯，那家餐厅有着明亮的布置，点着蜡烛，面朝河流，就在他家不远处。应当说，当他们心情不错时也会食欲大动。接到这条消息的哈托格一家放下心来，也就没有专门给他们二位预订一份严苛的节食套餐。

塞林格一下飞机，就被老朋友唐纳德紧紧拥抱住，他还是那么精神矍铄、热情有力，就像十八岁时那样。唐安排好自己的时间，避开高峰期和排队等待，让塞林格本能地感觉，即使两人分开了这么多年，他们的友谊却从未减退，还像第一天相识时一样浓厚。在作家的眼中，这是一份独特的友谊，如此深远，世间罕有，完全发自内心，带着能包容一切的高贵品质。走下舷梯的那一刻，没有乐队也没有成千上万的玫瑰花瓣，但是，他能感觉到一根永不断裂的纽带将他们两人紧紧联系着。

塞林格由衷地感谢主人家抽出一天早晨的时间带他们到科文特花园散步，这里是伦敦的活跃心脏，自从一家家店铺取代了昔日一年四季在这里叫卖的商贩，这里市井味变得很浓。由奥黛丽·赫本主演的电影的女主角伊丽莎·杜利特尔、萧伯纳笔下的女主角让这部戏成为了经典之作，如今已经下映。但是各种回忆混合在一起，在脑中回放。回忆之中，关于1938年在维也纳的一个夜晚唐纳德的父亲在巡回演出后对他们说的话令他印象最为深刻。

过去那些日子，作家经常问自己，他的朋友那几年是如何赚到钱的，每一次，他都想象是他直接朝父亲伸手去要。实际上，唐纳德接手了家族的进出口批发贸易的生意，在奥地利学习经商之道。他出生于伦敦，在特威克南、伦敦西南的郊区长大，他来自东欧的一个于三代之前移民到荷兰的犹太人家庭。在那之后，他的祖先们横穿北海，定居到了英国。

除了第一次世界大战将他们分开的三个月，塞林格与唐纳德是真正的情投意合：两人的父亲都是犹太裔，之前都是谦逊的无神论者，在"德奥合并"前有着相似的青少年经历，也同样为第二次世界大战奋斗过。唐纳德的战斗生涯始于北非战役,他曾经参加了阿莱曼战斗,抵抗轴心国在埃及战场上的进攻。随后是在巴勒斯坦,彼时他受英国委任管理,与自己所在的团被意大利一路向北打去,一直打到了法国。这是他曾经很喜爱、并且一直爱着的国家。他的法语说得极好,之后他也经常带着全家人去法国度假,这次塞林格与科琳来伦敦时也结识了他的家人。

在萨沃伊的晚餐极其朴素,是一场友谊与亲情的聚会,进行得非常顺利。两个老伙计就像是昨天晚上刚分手一样热切地交谈着。塞林格为他们之间这份"无法比拟的默契"感到由衷开心。他们总是对所有事情都意见一致,餐桌上没有任何不愉快。弗朗西丝·哈托格、唐纳德的小女儿回忆说,席间他好几次坚持让她的父亲说说当时过二十一岁生日的情景,同样是在萨沃伊餐厅,那时是和谁一起、吃了什么菜。当时他从父母那里收了一份丰厚的礼物。塞林格说他当时觉得唐"家庭条件优渥"。餐桌上的谈话围绕着年轻时代的回忆、两个从战争奇迹生还的男人,以及他们后来拥有的家庭和子嗣。总而言之,就像是在向前一页页翻阅人生的相册。

唐纳德在1952年结了第一次婚。这次婚姻带给他两个女儿和一个儿子:阿玛丽娅、弗朗西丝和西蒙。1973年他的夫人去世,他在第二年与迪莉斯踏入了第二段婚姻,一个比他小十二岁的女人,他们相识于一场音乐会。她是伦敦交响乐团合唱团的一名成员。塞林格敬仰她可以将从一个世纪到另一个世纪的优秀作品演唱出来,并且欣赏她所演唱的古典音乐,他自己喜好轻音乐、爵士乐、舞曲，那些美国1930年代和1940年代流行的音乐。埃克托·柏辽兹和古斯塔夫·马勒的曲目对他来说都很陌生。因此他也几乎不去音乐会。但是他很喜爱朱塞佩·威尔第的《安魂曲》，虽然他只完整地听过一遍，但已经足以领略它的优美。还不算太晚，到了二战结束后，那是一个群星闪耀的年代，他开始听室内音乐和交响乐。之后就是使用收音机听音乐，每每在他洗碗或是做家务时，都将声音开到最大。要创造令他喜悦的氛围，需要韵律，需要强烈的音乐线条。至于行云流水般的歌词和优美的唱者声线，对他来说则没那么重要。至于科琳，歌剧男高音会让她神魂颠倒，她买了卢西亚诺·帕瓦罗蒂、普拉西多·多明戈和荷西·卡雷拉斯的视频，他不会阻挠她的爱好，因为每次见到三位男高音同台演唱，或是看到他们唱起老掉牙的曲目，像是《我的太阳》《玫瑰人生》或者是《西区故事》中的《玛丽亚》，他就会觉得有趣。经由令人愉悦的声音，沟通的魔力开始施展其效果。塞林格承认自己觉得荷西·卡雷拉斯的声音相较于另外两位，没那么阳刚浑厚，"就像塞满了面糊"[1]。那么科琳会把磁带重新录一遍么？并不尽然。她在缝纫工作间里将音乐放到最大声，一遍又一遍地听，直到整幢房子都充斥着重音，他带着开玩笑的口气来抗议，说如果自己不搬家，就要变成一个聋子了。随着两人在一起的时间长了，他的音乐兴趣点也渐渐被拓宽。他甚

---

[1] 摘自1991年3月9日写给唐纳德·哈托格的信，来自塞林格信件文档，UEA。

至计划去看一场钢琴家阿尔弗雷德·布伦德尔的演出，然而最后没有成行。

算是为了平行治疗

是迪莉斯鼓动她丈夫将这段长久以来断掉的友谊重新联结起来,因此他们的信件得以寄出。塞林格对她非常喜爱,当她说起某些病症不能被医疗机构所治愈时,他好心提出了建议,向她推荐了几种顺势疗法,其中有一种来自多萝西·谢普德所著的《医学之花》,这是一位在其信奉者中很有威望的顺势疗法实践家。他全身心都相信这种治疗手段的好处,他是这种方法的先行者,也是模仿者。在替代疗法的圈子里,这个词带有时髦的成分,他并不介意,也不介意有好几种顺势疗法。这是他多年以来形成的爱好之一。同样,他还会建议使用原始的顺势疗法,这是他眼中唯一的真理,这种疗法的创始人是基斯顿·赫尼曼[1],一位生于萨克森的德国医生,他于1843年在巴黎逝世,享年八十八岁。他被葬在拉雪兹公墓。

迪莉斯究竟有没有听取他那些真诚而又无私的治疗方案建议,我们不得而知。她有可能接受了。在所居住的新罕布什尔州的山丘地区,他头疼于找不到一个从事顺势疗法的专业医

---

1 基斯顿·赫尼曼(1755—1843)。在1796年开创了顺势疗法。

生。然而，在伦敦，有尼尔森，这是长久以来他一直信得过的药剂师店。摆在古老的已经泛着铜绿的桃心木架子上的陶瓷药坛让人禁不住多看几眼。

塞林格建议她去药店看看，传统的治疗只能让他联想到误诊和流血。他将外科医生妖魔化，但是承认吧，到了最后关头还是得找他们解决问题。在这个地方，她所接受的治疗更像是做做样子，至少能缓解她的痛苦。人们给她介绍植物、花和万应灵药能带来的功效，这些药剂都是由爱德华·巴赫医生调配出来的，原材料取自于自然母亲，如果她突然感到胸腔有一阵发冷，或是鼻塞，流鼻涕了好几天，药剂就能治好这些病症。除此之外，比平常药店贵得多的账单也让人浑身发冷。

他是如此相信来自自然界的解药，以至于给她寄了一本约翰·W.阿姆斯特朗的疗法书，名为《生命之水》，展现了书的作者对尿液治疗法的极大好奇心。作者系统地阐述了人体所有的机能失调，除了由外伤和基因问题导致的，都可以由这种富含矿物质盐、荷尔蒙和其他有利于身体健康成分的液体所治愈，这是由人体所生产出来的良药。这本独特的、神奇的小册子，什么都完美，读起来一点都不会枯燥，塞林格回复说，除了缺少一些准确的案例。唐纳德对待这种治病的饮剂则抱有怀疑态度，他更相信生命本身的流动法则，令人毫无回击之力，一直向前的过程，最终会走向衰老、细胞分解、肉体消失、最后变成虚无。一项针对动物严格遵循节食计划的实践研究得到这样一个结论："遵守节制饮食有利于身体健康"，这是"延年益寿的关键",塞林格热情地推荐他阅读这篇文章。[1] 如此一来,他便同意进行平行治疗。

迪莉斯被诊断出患上癌症,为此她接受了大量治疗,在接下来的几年之中,她的病情得到缓解,这样就可以重新开始唱歌了。塞林格带去了自己的祝福,祝贺她的恢复,为了能搏她开怀一笑,他说在自己家——大西洋的另一端——他本来以为自己不可能听见的,但是他真的听见了她的歌声,也许是因为自己带着昂贵的助听器。当然,她唱得也很卖力,尤其是在天气好的时候听得特别清楚。之后她的病情反复开始恶化,这对迪莉斯来说是个考验,那就到了2003年。

在萨沃伊餐厅,生日蜡烛被吹熄。晚餐刚刚吃完。到了人们该回家的回家、该回酒店的回酒店的时刻,塞林格和科琳陪弗朗西丝一起乘出租车回她家。在白天大家一起购物时,他已经注意到了她自然而然流露出来的单纯,她在维多利亚和艾伯特博物馆从事地毯修复工作,这也是他很感兴趣的点,整个晚餐期间的愉悦气氛让人不禁得到以下结论,这是一个"心胸宽广到令所有人都动容的男人"[2]。塞林格一下子就喜欢上了朋友的这些孩子。他希望他们能明白自己对他们的喜爱。他用自己的方式表达了出来,让他们在需要帮助的时候给他打电话。这

---

[1]《关于动物遵循严格饮食要求的研究也许可以揭露下一个生命的奥秘:通往长寿的钥匙》。
[2] 来自2011年4月1日与讲述者的面谈内容。

并不代表孩子们没有面对逆境的能力，但是，当出现这样或者那样的情况时，他希望自己对他们是有用处的，他们无需犹豫。

接下来的几天中，在哈托格一家的午餐也充满惊喜。迪莉斯将家常小菜做成了盛宴大餐。他们住在特威克南的一幢漂亮的四层楼大房子里。他们过着富足的生活。塞林格看到他们的物质生活很有保障也非常开心，回到科尼什之后他有了新的乐趣，那就是在跟老朋友打电话或是通信时，同时想象他们一家生活的情景。或者更简单，在他工作的闲暇空隙，他的嘴角就会扬起，想象自己又去拜访了他家一次。

在外面如此纷纷扰扰的世界中，还能见到自己的好朋友，以及他的家人们，这次旅行带给他的喜悦是其他任何事都无法比拟的。因为在他的内心深处，既感受到重拾友谊的幸福，也寻回了一份宁静。他为自己的朋友唐纳德感到高兴。无论等待他们的会是什么样的未来。之后另一个情感丰盛而又热烈的时刻再次到来，又有了一次更让人精神倍增的短暂回忆。他们决定饭后在里士满旁边的公园散散步，帮助消化。晴空当头，照片中两位七十多岁的帅气老人微笑着坐在公园的长椅上：塞林格穿着一件低领的海军条纹毛衣和一双麂皮鞋，唐纳德穿着郊游服。

这份友爱的关系一直保持着最佳状态，之后他们又见过几次面。直到他的老朋友在 2007 年 11 月去世。

培育一方花园

整个 1990 年代,塞林格保持着悠闲的乡村生活方式,现在他只需要维持这种状态,即不需要担心会产生任何不顺心的事,或是有人来干扰他,他就像电影《不完整的甜蜜》中一样,将很多时间花在培育花园上。然而,他还是会使用马和牛的排泄物制成的干燥生物肥料,为蔬菜提供理想的营养物质。领地的谷仓里堆放着好几吨肥料,他每年会用塑料大口袋装一些,在翻地之前撒上。他也会推着叶片转动旋转翼的割草机去清除周围林间小路上的荆棘和杂草。但是,用锯木机去修建树枝这种活他不会亲自干,这超出了他的体力范围。由于多次为了小心不让自己被割伤而分心,从此以后他求助于一名专业人士:科琳——这位"除草女勇士",承担了花园绝大多数的活计。首先是因为她喜欢开着小拖拉机,割除那些杂草,而且也是因为他很久之前许了个愿,就是再也不想因为割草的劳累而弄得自己腰酸背痛了。春天,他播下菠菜的种子,然后负责养活这些小菜苗,直到它们变成盘子里的沙拉,但是他没有小嫩菜也没有樱桃番茄。莴苣、绿萝卜、中国大白菜、西班牙豆角,在地里大批大批地冒出头来。这些是科琳的成果。每当有反常的冷空气向这个地区袭来时，美味的豌豆就会结得晚一些。

一年又一年，在践行农业生态与有机循环的过程中，他换着花样种些作物，有些年份种植谷物，有些年份种植蔬菜。他对种土豆近乎有执念，毫无疑问是由于土豆有太多种烹饪方法。他也试过种玉米，第一拨收成确实还不错。

长久以来他曾经以都市人的身份生活着，现在也培养起种植可食用野生植物的爱好，其中的一些品种已经变得非常稀有且脆弱。他把它们聚拢到自家土地的小路边上。他给发出嫩芽的鸵鸟蕨起了别名，叫做小提琴头状的蒲公英，还有苋红当归，这种植物他会放在炖菜和他们美味的绿叶沙拉中增加香气。天气适宜的时候，外加一点运气，他还能采到羊肚菌。科琳既不喜好蘑菇，也不爱野草，但是她有自己的理由。同时，他也惊叹于她能够将不同食物烹调在一起的水平，这又是一项加分的闪光点，尽管他们的口味显然不一样。那么人们也许会猜想，他是不是会对他人妥协呢？不，塞林格才不会放弃坚持自己的个性。但是，就像他对唐纳德敞开心扉所说的一样，他似乎开始遵照作为老年人的哲学，有一天他用下面这句话来总结这种哲学："我们这种人是多么奇怪，况且其他人还得一直假装能容忍我们。"[1]

---

[1] 1990 年 5 月 2 日写给唐纳德·哈托格的信，来自塞林格信件文档，UEA。

花园中，番茄架上开出了花朵。当收成很好时，他和夫人会把一部分放进冰柜。在放进去之前，先要用开水将它们烫一下方便剥皮，然后将番茄制成番茄酱，以便日后做汤或是意大利面的酱汁。做种植蔬菜的活计对科琳来说就像过节，而对他来说，这是一场从窗口就能欣赏到的令人愉悦的表演。比如看着豌豆藤一圈一圈绕上支架，它们想要爬得更高。

夏天烈日当空时，你得来看看这幅场景：她戴着一顶纸做的一次性帽子，从头到脚全副武装，她穿着粗布牛仔裤和薄纱的白色长袖衬衣，戴着手套，脚上套着橡胶大靴子。真是身负甲胄；他则用一条纱巾保护好脸部和脖子。所有这些防护措施都没能阻挡乌云般的蚊子和其他小昆虫的攻势，这些虫子可会吸干塞林格的血。可能是他血管里的血酸性太强。他的朋友唐纳德给了他一个既不公平、也让他难以理解的玩笑评价，说他这是因为被几次婚姻、参军、上学打得溃败，更不要说他做的那些极其专业的工作。

到了秋天，生活的日常画面转变风格：他要检查烟道，确保家里的烟都能通到外面，还要接收两卡车用来取暖的木头。然后就该为冬天做准备。但是塞林格就是这样的人。他会看得更远。是害怕物资缺乏还是讨厌从他的洞穴里出来？无论是采购取暖的木头，工作间里的文具或是食物，他都会疯狂地多购买一些。他喜欢囤积东西。

窗外，树木上的叶子由黄色转为金黄，然后变为绯红，最后逐渐掉落。为了能一览无遗地将阿斯卡特尼山的景色全部收入眼底，他曾经砍倒了几棵树，这样他能看到周围的小山丘，还有更远处的滑雪道。无与伦比的360度全景风光尽收眼底。他想和唐纳德分享这份千变万化、富有魅力的自然之景。出于对简单淳朴的快乐由衷的喜爱，这次邀约在1994年成行，进行得非常顺利。

时间的被褥越盖越厚，塞林格发现自己的脸色变得更加苍白。他的体重下降，写作使他掉发，无外乎是给（稀少的几位）朋友写写信，讲讲自己惬意的田园生活，即使是做这样的事都要往后拖延了。几年时间的流逝是这样宣示它的存在：他的两条意大利猎犬已经长出了白胡子。他自己也感觉身体变得更加迟钝，后来变得不想动弹，站坐都不舒坦，最后陷入完全的沉默。这些烦心的表象会干扰他的生活节奏，是否只是因为他自己并没有预见到衰老的到来呢？他现在持续产生的症状，是否因为他没有料到衰老是如此强大？他无可阻止地日渐老去。1995年，他吸取路易吉·科尔纳罗[1]的教训，这位文艺复兴时期的近代威尼斯贵族，因为暴饮暴食而险些丧命，后来强迫自己过上节制饮食与规律的生活以获得长寿。他最后以一百零二岁的高龄去世。塞林格采用了他来自十五世纪的疗法，原名为《论健康节制的生活方式》[2]。他第一次听取关于这个理论的劝诫是在1970年代，某一整年他宣称自己从未感觉如此健

---

1 路易吉·科尔纳罗（1464—1566）。
2 著作原名为《谈清醒的生活》。

康有活力，而且轻盈。刺激他遵循这套严格的节食方法的动因并不是来源于该疗法所宣称的生命健康之光，而是因为他刚刚遭受了一场令人失望的爱情经历的影响。

科琳极其热爱旅行，喜欢马不停蹄地四处游玩，每当他们收到哈托格一家寄来的他们去法国、意大利、荷兰或是其他地方游玩的明信片，她那颗心都会被挑逗得跃跃欲试。而他，翻一座山就让他够受了，最好是让他待在家里哪里也不要去。因此每次让他离开家，离开他的工作间，离开周围的田野、树林、林中小路、谷仓、拖拉机和狗，都是违心之举。其他所有人都会庆祝7月4日的独立日，但是他憎恨这个节庆，还有其他所有节庆，无论是本地的节日、国家的节庆，还是全球的，一到过节时他就会满腹牢骚。节日的游行对他来说就像是没法命名的愚蠢行为。当然人们也没有指望他能挥舞星条旗。偶尔来一次野餐对他已经足够了。他只知道过节这一天他收不到信，也不能去寄信。

纵使他被灵魂深处的缄默支配着，他还是顺从地跟着科琳出发三天去看与加拿大交界处的尼亚加拉瀑布。这次是乘坐大巴车跟团旅行，一点也不累人，并不只有他们二人，令人惊奇地过得很愉快。每个人都要服从团里的规定，有点像在军队里。有导游带领，什么都不需要自己亲自做，只需要跟着人流走动。其他游客岁数都比较大而且大多超重，这点有些惨淡，但都是很好的玩伴，整体的气氛善良友好。瀑布所在的尼亚加拉小城是个灾难，那里已经不幸变成一个巨大的旅游纪念商店。面向英国那侧海边的布赖顿的街道更糟糕。夜幕降临，一场炫目的灯光秀照亮了周围的景致。这幅场景让人以为置身于百老汇。瀑布倒是很幸福，它们能逃离这庸俗的洪水。四千万吨的水在震耳欲聋声中瞬间倾泻而下。多么壮观！在加拿大那边比在美国这边看起来更为壮阔，因为在那侧可以离得更近。

早些时候，同样是跟团游，他们曾经参加过一个马塞诸塞州伍斯特的一个骑马表演团。和塞林格 1937 年第一次看到的演出相比，这一次的心理落差真是太大了。这次是场彻头彻尾的噩梦。从混乱的交通到弄错杂技团的标号，最后他们直到决赛时才到达现场！这次旅行真是处处都让人恼火。

每年冬天是他最喜欢的宁静时光，炉火、冬日与世隔绝的氛围。通常气候会变得苦寒，由于天气不好造成的日常书信往来被临时切断变成了主要的不便利。当电暖器停止供暖时，烧木头的炉子还能让屋子保持适宜的温度，但是靠点蜡烛和汽油灯来照明就让他难以忍受了。每当到了冬季最严寒的时候，科琳会进行她的年度出逃：去佛罗里达的母亲家待一周，那里还有她的一个姐妹和侄女们。日光浴，购物，和认识的退休人士没完没了地聊天是出行的主要日程。她还可以尽情地享受沙滩和水上运动，游泳，偶尔冲冲浪或者待在泳池里，让她不合群的丈夫过几天单身生活。如果塞林格拒绝陪她一起出游，他会因为没有参与夫妻共同行动而有些自责，不过马上也会因为妻子的反应而好受一些，在他们结婚之前，科琳就知道是什么能够维系这段婚姻。

有一年7月盛夏，科琳和她的妹妹艾琳一起去参加一个表亲在巴尔的摩的婚礼。之后她又延长了自己的行程，去了马里兰的海边。天气非常糟糕，下了一场冰雹雨。一个人在家的塞林格，因为这个意外插曲而非常高兴，但也不是毫无顾虑。有时他非常渴求一个人独处的机会，即使他平时也会花好几小时来写作，或是边整理木头边进行冥想，或者是沉浸在自己沉思的状态中。就像这个白色的早晨——下雪了，他会在窗前待好几个小时观察一只在灌木丛下冒险的狐狸。

然而，和科琳在壁炉前一起待着的夜晚也充满了宁静。她在摆弄自己买的电动缝纫机，毫不松懈地缝着手里的被子和塞了棉花的布料。她将旧布料聚拢在一起，做成多种颜色的拼接布，感受着触手可及的幸福。他则悉心忙着整理以前的出版合同，回复信件或是醉心于阅读。他对于出版人的厌恶从一开始到现在都没有变过，在他想要将其统统摆脱的年代，他承认自己会对所有出版人寄给他的文件签字。其实事实上，情况有些不一样。塞林格会顽强地就一些条款进行抵抗，直到自己提出的条件被（强迫对方）接受为止。这一过程往往带着恭敬、坚定和不依不饶的心态。岁数上来了的他，还是没有改变易怒的姿态。

此外，他也没有因为出版的事情让他分心或是被打断写作而不高兴。换句话说，就是他并不是不乐意花时间在出版人身上。他曾经对自己的朋友唐纳德说，在过去的这些年，自己从来没有停止写作。但是他究竟在写什么呢？他非常乐意给他讲述一些细节，但是他没法给他一个明确的解答，自己最后一篇作品是 1965 年发表在《纽约客》上的《哈普沃兹 16，1924》，那么这二十五年以来，他究竟在为哪一本作品绞尽脑汁、精雕细琢。这种不确定性就像当年他的第一个出版人伯内特催促他写一本长篇小说、他在回信中所表达的一样。只有一件事是确定的：这是一部虚构小说，"就像往常一样"[1]。他之后究竟会产出什么样的作品，何时发表，以及为什么发表，这些问题都一无所知。而毫无疑问的是，他已经七十二岁了，不再是三十二岁发表《麦田里的守望者》时的年龄。但是他心底里，大部分时间觉得现在的自己与三十二岁的自己毫无二致。

---

[1] 1991 年 4 月 11 日写给唐纳德·哈托格的信，来自塞林格信件文档，UEA。

缓慢向前的生活

在所有时节，被小狗们围绕着的塞林格都会看很多电视节目。一般他会先看看网球赛，他最关注的是伦敦的温布尔顿公开赛，他会带着评论的眼光去观看，还会预测结果。这是他的老习惯了。冠军里面他也有自己偏爱的选手，尤其是那些经常就要登上神坛却功亏一篑的运动员，例如澳大利亚的埃文·古拉贡，她就像一团鬼火，经常在决赛就发挥失常。她第一次出现在赛场上是1970年，很长时间内都是他最爱的运动员。不像那些德国人，男子赛的黑马鲍里斯·贝克尔，和女子组的斯特菲·格拉夫，他觉得这两人毫无生气。就像两个伐木工，前一个的外号是"嘭—嘭"，第二位则是"正手小姐"。他把这些停不下来的进攻者称作"德军分子"[1]。真让他恼火，因为他们有力的打击让这场游戏的结局在十五年间都变得像玻璃一样透明，每次在竞赛开始之前，他们的位置就已经确保无虞了。唐纳德则更喜爱足球，他为这些职业球星在竞技上花费的时间而感到遗憾，无论是年轻的还是到已经不那么年轻的职业选手，

1　1989年7月29日和10月11日写给唐纳德·哈托格的信，来自塞林格信件文档，UEA。

在赛场上表现出来的荣誉感、打球的风格、漫不经心，就像是从现代冠军队伍里一个模子刻出来的一样，表情阴险，像机器人一样，自命不凡。无论他们的脸长什么样子，他们的国籍是什么，他们打球的手法是怎样，他们的性别如何不同，他们似乎全部都在模仿捷克斯洛伐克选手伊万·伦德尔的姿态，一个"暴力碾碎机"[1]模板，当他们截击一球之后，马上跑回底线，对自己完成的动作心满意足，摸到球拍的神情就像是在完成一场需要异常谨慎的考试。尤其是美国网球神坛上号称发球之王的约翰·麦肯罗，能够面对经验丰富的对手还将对方打得两局得分为零，真是将人打得心服口服。他突然的、充满愤怒的一击能造成多么大的混乱，在观众席上传来的如雷震耳的掌声中炫耀自己的技术，这让他提前曝光在公众的视野下，令他更加精神振奋，有如一头斗兽场上的公牛，挥霍着自己最强大的力量，呈现给观众最壮观的表演。

致命的发球进攻，赢球得分，咒骂裁判……赛场上的麦肯罗总能确保大家看上好戏，塞林格因此对他有了更多愤怒的理由。然而，在他眼中一无是处的麦肯罗也有不得不令塞林格钦佩的时候，那就是当他为了抢救一个球，快速有力地用脚尖向前搓去时。

他和唐纳德，两个人像是两个热情高涨的小伙子，可以源源不断、牙尖嘴利地讨论对于球赛的印象和看法。1990年的男

---

[1] 1990年6月11日写给唐纳德·哈托格的信，塞林格信件文档，UEA。

子单打决赛给他们带来了不少欢乐，当他们最喜爱的运动员斯特凡·埃德伯格在半决赛与伊万·伦德尔对战后胜出，一开始他们俩觉得他开局打得太软弱，不够强硬，缺乏进攻的野性，结果他用了五局战胜了鲍里斯·贝克尔。团体赛这边，瑞典人两年前就已经改写了温布尔顿草地赛的冠军头衔。这场胜利只是为了证明自己打得是公平赛，决赛的取胜建立在双方的体型差距上。输掉的一方只能自认倒霉。只能这么去想。

第二年也有类似的小快乐，那就是鲍里斯·贝克尔对战自己的同胞迈克尔·斯蒂希时又一次吃了满嘴灰，美国运动员詹妮弗·卡摩卡蒂在她刚满第十五年运动生涯的时候，在四分之一决赛第二局被素有"霹雳正手"之称的玛蒂娜·纳瓦拉蒂洛娃剔除出局。他还守在电视机前看了澳大利亚网球公开赛和美国法拉盛公开赛，为了谨慎的皮特·桑普拉斯和雷厉风行的莫妮卡·塞莱斯而激动地呐喊，但是安德烈·阿加西、"拉斯维加斯之子"闹的笑话使他闷闷不乐。

塞林格不禁幻想有一天他们能一起去看场决赛。科琳虽不是网球的粉丝，但是很乐意一同前往，而且她也喜爱现场的热烈气氛、赛场布置和观众，肯定会陪他们一起去。也许迪莉斯也会一起去。他马上就会雀跃起来了。不，最好还是逃离观众台和过道里的人群。另外，电视机的小屏幕的取景质量更好，舒服地坐在沙发里看比赛是更明智的。

塞林格是个好观众。翻阅电视节目的小册子一直以来都是他喜爱的娱乐项目。他也会看连续剧,那些录播的、小预算制作的、让人捧腹大笑的家庭幽默剧。他会对比不同制片公司的作品,让自己被那些段子和讲述英国社会的笑话带着到处跑。原因很简单,他就喜欢英式喜剧。他觉得英剧比美剧拍得更好。而且他也觉得BBC拍摄的《坎皮昂》,讲述女侦探小说家马格里·阿林厄姆笔下的古怪侦探阿尔伯特·坎皮昂的冒险故事,与她同时期的还有阿加莎·克里斯蒂和她笔下的英雄赫居里士·波罗,与当时另外一部有名的连续剧《风流下女》[1]一样出色。他很喜欢这个传奇故事,浓缩了英式幽默,辛辣、敏锐,展现了二十世纪初的英国贵族家庭场景和他们的日常生活。所有人都生活在同一个屋檐下,被不同的楼层分开,主子们住在贵族层,仆人们住在一楼。塞林格对演员和他们的表演、他们的小爱好倒背如流,他甚至能说出这部剧中的演员在其他剧中出演了什么角色。罗伯特·哈迪,英国电视连续剧的台柱子,他的声音和吐字对耳背的作家来说都是痛苦,在《坎皮昂》播出时被从剧组里摘除了,这样他又高兴起来。彼得·达维翁,电视屏幕上的另一个女明星,是剧里的主角,也是权宜之选。因为说到底,他希望这个角色能由克里斯托弗·蒂莫西来演,他是连续剧《所有的生物都伟大而渺小》的海报主角。这部剧根据阿尔弗雷德·怀特[2]的小说改编而成,

---

[1]《风流下女》,又名《楼上,楼下》。
[2] 阿尔弗雷德·怀特(1916—1995)。他的第一部作品在他五十岁时面世,之后在英国和美国取得了巨大的商业成功。

由导演詹姆斯·哈利制作，主角是一个约克夏小村庄的外科兽医，这部连续剧以喜剧的格调被播出，讲述了这户为了动物的健康着想的家庭中父亲的日常生活。农场里的狗狗们，"渺小和伟大"的东西，所有动物被对待的方式，动物们与故事中的主角们一样，赢得了观众们的喜爱。最主要的是，塞林格可不仅仅是随便看看娱乐节目的业余选手。

马可·奥弗勒斯的纪录片《终点旅店》(1988)，长达四个小时的记录和采访见证都是为了献给"克劳斯·巴比，为了记录他的生活和过去的岁月"，就像副标题写的那样，这部纪录片播出时，某天晚上让他在午夜时分惊醒，引起了一阵突如其来的恶心。这幅关于里昂的盖世太保头目人生轨迹的鸿篇巨作，讲述了他从在德国时期的童年到加入纳粹党的人生。在占领法国期间，他于1943年6月21日在加略尔省追捕逃亡在外的犹太人，并在里昂郊区逮捕了法国最著名的抵抗运动英雄让·穆林，最后将其迫害致死。这个恶贯满盈的犹太人仇视者直到1985年才被法国的秘密机构在玻利维亚逮捕，两年之后，他因反人道主义罪名被判处终身监禁。

战后，"里昂屠夫"这个名号因与美国的秘密组织紧密的合作而传播开来，这正是塞林格服务过的机构。"多亏"了他们的帮助，这些老纳粹党人得以在拉丁美洲生存，为了当政的统治者为维护自己的秩序、制造针对反对者的行动而存活。那时冷战达到了高潮时期。美国为了守住自己的防线，拦截住苏维埃的扩张，会毫不犹豫地行动。所有手段都是好的手段。克劳斯·巴比成为了一名情报机构的特殊人员。塞林格一看到那个时期情报部门给他指派的这个"愚蠢"和"极其可耻"[1]的角色,就感到怒不可遏。同样,当他想到自己现在不再从属于任何一个军队、学校,或者是军事机构,就感到很高兴。

电影方面,他的喜好框定在1920、1930和1940年代好莱坞拍摄的电影。他从汉诺威的达特茅斯大学电影借阅馆里借了这些电影的DVD。他对于马克斯兄弟、劳莱与哈代,以及W.C.菲尔德的喜爱是众所周知的,但是阿尔弗雷德·希区柯克的悬疑电影《三十九级台阶》(1935)也一直是他的心头之好,就像《麦田里的守望者》中菲比所喜爱的一样。一位年轻女孩认为自己被人追杀,向一名男人寻求庇护,结果在他家中被发现被人谋杀了。因为害怕被人当成是谋杀犯,这名男子带着口袋里的两条线索开始追寻罪犯的路线。这是一部紧张得令人窒息的悬疑剧,一部上乘之作。在最近发布的长片里面,他会选择《日出时让悲伤终结》(1991),由法国导演阿蓝·柯诺根据巴斯卡·基亚的长篇小说拍摄而成,"就是"为了呈现两名主要演员的演技,杰拉德·德帕迪约饰演了角色马兰·马雷,一名十七八世纪的小提琴家,而让-皮埃尔·马利埃尔饰演音乐大师圣-哥伦布先生。

寻常的日子里,科尼什的一切都沉浸在宁静之中,什么事

---

[1] 1992年5月16日写给唐纳德·哈托格的信,来自塞林格信件文档,UEA。

情也不会发生，或者少之又少。除了电视机里播出的新闻，窗外几乎没有新鲜事，就算是国际新闻，内容也是大同小异。塞林格在远离所有人和事的世界里生活，但是卫星连接又让他能够与外部世界保持联系，奇特的是，他并没有变成一个冷漠的人。他自己也感到惊奇。1989年11月9日，柏林墙被推倒，苏维埃帝国的旧址被历史的尘埃吞没，已经度过六十载的共产主义待人评说。如何解释作家为何对这桩远离自己生活十万八千里的事件突然产生了兴趣？作家自己也说不出缘由。苏联的衰落与解体是之前就可以预测到的，然而它的突然倒塌给人们所带来的惊讶，却是彻彻底底的。因此他关注了东欧和巴尔干半岛上发生的令人难以置信的政权颠覆后发生的情况，后者曾经是唐纳德经常出差的地方，他也没有忘记和他讨论政局。根据他这几天读到的惊人信息，任何不切实际的希望都不会被实现。他所确信的是，随着苏联的解体，更可能的后果是人民的觉醒，而不太可能是政治革命。他认为人性的本质是贪婪地想要变得更加富有，所以没有什么好期待的。然而他对苏联最后一任主席戈尔巴乔夫赞誉有加，说他是个政治艺术家，曾宣扬"经济透明化和经济结构重组"，也就是著名的"改革与新思维"理念。塞林格认为这是从消失的苏联中诞生的"一位强有力的大政治家"。此类讽刺的影射他也曾经给过1920年代爵士乐的标杆人物路易斯·阿姆斯特朗，暗讽他是个挥霍无度之人，还说他仿佛是节制饮食的掘墓人一般的秃头左上方生了紫红色的皮肤血管瘤，就像一颗在盘子里被碾碎的鸡蛋。

  作家确信：这场地缘政治形势的惊人反转来自人民群众根本性的思想意识觉醒，来自长期以来他们被遏制的思想，他们渴求回到正常的社会形态。在数十年中，无论是苏联还是它周边的小附属共和国，长期的思想疲劳最终导致这次政治思想的爆裂，并在各个政体间传播开来。塞林格对美国在此次事件中的态度非常不满，尤其憎恶乔治·老布什的"不作为"[1]，总统就坐在自己的办公室里，利用东方国家正在进行的政变牟利，就像他的前任，"愚蠢"的罗纳德·里根也能干出这样的事。

---

[1] 1990年2月10日写给唐纳德·哈托格的信，来自塞林格信件文档，UEA。

重回维也纳

塞林格又要当祖父了。他的女儿佩吉已经给了他两个外孙，但这次是马修的妻子贝茜怀孕了。她生下了一个男孩。小孙子盖农于 1990 年夏天出生。上帝知道他的父母为什么给他取这个名字。塞林格更想给他取名为"约翰"或者是"玛丽"，如果是个女孩的话，取他的母亲一样的名字。年轻人都很高兴，毕竟，新生命的诞生才是最根本的。马修为儿子的降临感到狂喜，总是将小婴儿抱在怀里，除了实在腾不出手来的时候。在一张照于大冷天的照片中，马修将他的儿子扛在肩上，这张照片照于加利福尼亚，他的小孙子就住在那里，那天真是冷得史无前例。这个小人儿那时并不怎么喜欢在外面玩耍，所以他们没有待太久。塞林格也会变成一个年老迟钝的老头吗？他控制着自己不要太过兴奋，喜爱地看着孙子的一举一动，看到他发出欢乐的笑声……"大家都想抱他"[1]。他开怀地说，小婴儿在餐厅的时候全程声嘶力竭地哭喊，回到家之后在地上爬来爬去，一只手抓着奶瓶，嘴里叼着奶嘴，就像在抽一支上好

---

[1] 1991 年 10 月 4 日写给唐纳德·哈托格的信，来自塞林格信件文档，UEA。

的哈瓦那雪茄。

塞林格与马修之间的父子感情非常深厚。每当他们有时间,就会在纽约相见,有时是带着一家子人,有时候是单独见面。他们之间的交流直来直往,没有任何复杂的东西。作为儿子也经常来探望父亲,讲讲自己或好或坏的近况。他获得的第一个角色是在翻拍电影《美国队长》(1990)中饰演一个超级英雄的追随者艾伯特·佩恩。他非常高兴能接到这部大部分场景在南斯拉夫拍摄的电影。但是当遇到在非洲平原上拍摄的一幕时,他曾有过生命危险。当时一位助理摄影师将机器架在他身旁准备拍摄一个场景,一头没有攻击性的大象从远处把鼻子向他甩了过来,这么一下就有可能要了他的命。这次的惊吓太恐怖了。

此外,电影还推迟了在美国影院的上映,虽然它已经在英国上映了。唐纳德的妻子迪莉斯想要去电影院,但是有病在身让她没法外出。塞林格让她放心:她没有什么损失。根据他转达来的自儿子的标准答复,这部电影并不是大师之作。当然,马修很高兴自己没能拿下史蒂夫·罗杰斯这个具有阳刚之气的角色,这样就能假装自己今后能有更多更好的角色可以演。但是他对做演员这条路没有抱任何幻想。一条来自塞林格的确认信息是,他也在发展自己的戏剧事业。他参演了一出对话写得非常糟糕的剧目,在外百老汇[1]的一个小剧院里上演。又一次,

---

1 拥有99到499个座位的小剧场。

他没有得到心仪的角色，他没有灰心丧气，至少没有像他父亲那样沮丧。然而，他相信比起演小流氓、砸盘子的抢砸分子和其他简单粗暴的人物，自己应该获得更好的角色，他的事业即将起步。那时他得到的报酬也少得可怜。诚然，他不是为了钱去做这些，而是为了锻炼自己，正是因为如此，他接下了这个角色，也是因为作为一个演员，就应该上大荧幕。根据塞林格的看法，要想变得独一无二，就要让自己变得有价值些。

马修也有一些自己的抱负，但是因为受到某些阻碍，并没有实现目标。这并不重要，在慈爱的父亲眼中，他是个优秀的男孩。

有一年，他清楚记得是 1992 年的 8 月底，塞林格和科琳决定横穿美国去加利福尼亚看望他。四天的闪电旅行，包括来回路上耗费的时间，这是他喜欢的旅行方式。在外面，他最多能忍受待一周。长途跋涉和昂贵的飞机票在他看来就是毫无道理。然而两年后的春天他却打破自己的规矩，提出带着科琳去欧洲进行为期三周的旅行。他想要看看重建之后的德国，自从 1946 年它成为废墟之后，他就再也没回去过，这次探寻一番发生了哪些变化。他带着她去了纽伦堡，那个停战之后他曾经住院的地方，还去了哈茨山，它位于德国的中北部地区，有一大片山岩，他很喜欢那个地方，也许是因为这里有 1944 年大轰炸的痕迹，而且这片山地是当年纳粹们制造致命的 V2 弹道导弹的腹地。

还没有去看过儿子在太平洋海岸边建的房子，塞林格有些内疚，所以这次就去看望他。这幢房子建在马利布一个相当时髦的区，距离洛杉矶正好 30 分钟车程，他将家选址在那里是因为城里可怕的、日夜川流不息的交通状况。这是一幢宽敞明亮、沐浴在阳光下的建筑，它倚在一座小山丘上，面朝大海，是周围众多类似风格的房子中的一幢。因为洛杉矶没有通地铁，全城都没有，所以无论何时，加利福尼亚人都只能开车出行。不仅仅是长途出行需要开车，即使是去最近的商业中心、逛逛小盖农最喜欢有秋千和跷跷板的公园，也需要开车。甚至去海边也需要开车。当人们一想到局部地区的空气污染或是二氧化碳的过量排放时，就觉得很有采取措施的必要。塞林格就这一点发表了自己的意见：与新罕布什尔州林木葱郁的情景反差太强烈了。

周六晚上全家一起去 100 多公里之外的阿纳海姆体育馆看了一场棒球赛。一到体育馆，他们先排队去吃炉子烤的土豆和意外美味的辣椒酱配西兰花，他们就着啤酒和花生吃了这顿饭。白天他们在圣莫妮卡的布料店和时尚商店里度过，他还在书店里打发了一些时间。

塞林格这次探望儿子归来，感觉自己见到了世界上最好的工作间，还有就是因为在电影方面没有稳定的工作，他的儿子被一大堆账单追着四处围剿。然而马修的精神状态很好，一直在积极打电话联络机会，预约面试。剩下的时间，他总是开心地同儿子玩耍。父母的眼中只有自己的孩子——一个"非常可爱的小男孩"[1]，塞林格也承认他的可爱，他们刚刚庆祝完他的两岁生日。但是看到马修和贝茜为了事业上的困难抗争，那一刻他感觉，将来，他的儿子会想念新英格兰，而且不仅仅是一点点。

塞林格侥幸逃过一劫。1992年10月19日到20日的晚上，一场火灾袭击了他的家。火燃起来是在夜里一点半，科琳首先被火焰哔哔啵啵的燃烧声惊醒，他们睡觉的卧室门像往常一样是关着的。当塞林格打开一个小缝避免产生空气吸入导致火势变得更大时，窜出的火焰像来自地狱一般，差点将他吞噬掉。他见势非常干脆地将门关上。科琳此时已经给消防队打了电话。他们急匆匆地穿上衣服和鞋后，从窗户爬进了他当作工作间的卧房，幸运的是在逃生过程中没有丝毫损伤。一脱离危险，他们马上开车去邻居家找一些暖和的衣服穿上。之后他们又折返自己家中，看着消防员们进行灭火，从当天夜里一直到第二天白天大亮。消防水管，水罐车，探照灯……众多的救火设备派上用场，场面非常震撼。塞林格花了大半个晚上在附近的田野里大步流星地走来走去找寻没有回应哨声的狗。那两条意大利猎犬被困在了着了火的家中。看到它们一动不动的尸体时，科琳和他确认，根据种种迹象判断，它们是被烟呛死的，而不是活生生地烧死，虽然他们伤心难过，但这至少是一点点

---

1 1992年9月1日写给唐纳德·哈托格的信，来自塞林格信件文档，UEA。

安慰。

第二周，来来往往的各种专家——保险、管道疏通、泥瓦匠、木工、外装修、内饰——在家中进进出出找寻线索。塞林格因为这场火灾收到了丰厚的赔偿金，但是也损失惨重。前一年为了让科琳高兴刚刚粉刷过的起居室，虽然装修过程中他一直忍受着工人们整日劳作的嘈杂噪音，最后还是毁于一旦。厨房的遭遇也是一样。两间卧室，包括他们的卧房，也变成了灰烬。他们的电话、烧饭的炉子和平底锅被烧得融化变了形，更不要说衣柜，只能直接扔掉。已经被烧焦的倒霉的屋顶见证了整个房子被大火吞噬的过程。这对夫妇至少可以庆幸自己得以全身而退，在经历这些之后，这样想想也是个合情合理的安慰。

一排排作家视为珍宝、价值非常高的书灰飞烟灭。其中的一部分烧成了炭。还有很多他长久以来创作的作品，这些他最好的同伴，也无法补救地被毁了。由于塞林格不知道自己的生命会持续多久，这些作品里面灌注了绝对柔情，都没有被提前保管起来。年轻时留下的纪念物或孩提时代得到的奖品，这些东西他并不伤心，他没有沉溺于过往。真正令他整颗心沉醉其中的时刻来自阅读或是写作。而不是来自他曾经"活过"的过往。但是有一个例外，他怀念二战前的维也纳。他脑海中永远不会忘记这段回忆，每每想起，就会带来一阵突然的感怀，他是维也纳的过客，记忆中的维也纳让他的内心柔软下来。因为在那里的他，第一次感觉自己不需要顺应社会规则，无须服从，可以随心所欲做些特别的事。他曾在那里读书、写作、沿着街道散步，感受拂面而来的风，他将大衣敞开，戴着一顶蒂罗尔帽，走在环城大道上，两边都是代表着奥地利首都的标志性历史建筑。他与好朋友唐纳德全身心地感受着自由的空气。他希望自己的孩子们，同唐纳德的孩子们，有一天也能有机会感受到这样的时刻。这次远离巢穴的全家出行是他生命中一件重要的大事。他仍然清晰地记得1945年，从纽伦堡医院自己的房间出发，他去见海明威，为了此事，他还让美国情报部分将他派去维也纳。也许他还会同一名年轻的维也纳姑娘一起，将双脚踩在溜冰场上，谁知道呢。

笔下的角色离他而去

这一夜在科尼什，经过消防员们的努力，几个营的抢救，结果没有白白浪费。作家在过去二十五年中所积攒的文件、文档和作品，在变成灰之前被救了下来。他用来写作的避世房间在火焰中奇迹般地得以幸存。

他的一个朋友，一个房产中介，当即在附近帮他们觅到一处风景优美、配备家具的房子，供他们临时入住，与此同时，原来的家中开始进行着打扫、清洁、加固和重建工作。塞林格正在翻过一座艰难的大山。监督施工工程对他来说就是地狱，会给他带来额外的不适、焦虑以及被人议论，别人的闲言碎语能让他发疯。这就是他全部的感受。他之前曾经体会过了做不同家务和扩张领地的苦涩。而且从内心深处，他不确定做这些是值得的。幸运的是，这一次他可以指望科琳的辛劳细致，她总是在缝纫俱乐部和科尼什集市管理委员会会议间忙碌。她是那里的会计，他们结婚前正是在那个集会上相识。

六个月之后，他们返回了原来的家。等待他们的是两只漂亮的绿眼睛俄罗斯蓝猫，它俩取代了威尼斯小猎犬的位置。他喜爱它们泛着银光的、厚厚的蓝色皮毛，还有它们喜好处处的习性。在一张照片中，塞林格坐在自己的工作间，穿着一件无袖贴身背心，触手可及处放着几本字典，面前摆着一台打字机，两只猫就在他身旁守候着。透过窗户洒进房间的阳光，让房间充满明亮，里面摆满了一摞摞的书。但是我们没有看到火灾之后他重新购买的全新的《大英百科全书》。

让他松了一大口气的是，一直陪伴他的皇家牌打字机丝毫未受损伤，这台机器从作家年轻懵懂无知时就与他一直在一起，陪他一起漂泊、一起经历法国战役。像所有从灾难中得以生还的物品一样，它现在只需要进行一些清洁，去除干净落到上面的脏污和沾上的烧焦物。大量文件被抢救下来，这不就是最重要的吗？但事实上，他那些没有出版过的原稿会被如何对待？它们会成为外界幻想的来源和家庭经济收入的关键吗？那些原稿的内容究竟是什么？会是一些佳作吗？因为人们最关心的是，塞林格能否写出比《麦田里的守望者》更好的作品？完全不确定。

这么说绝对不会伤害他的感情，因为他从未超越霍尔顿·考菲尔德时代。无论是他写的长篇小说，还是短篇小说。这些文字的纸页上浸透着他的学生时代，他青春年少时的经历，还有他在大学里、酒吧里、军队里和前线遇到的人与事，这些都是鲜活的经历。他将这些经历都转移到了霍尔顿身上。小说的对话中迸发出才华的火花。他写出了前无古人的对话，然后与世隔绝，将自己锁进科尼什的象牙塔中。他从第二次世界大战和自己所受的创伤中走过。他做出了行动，在枪筒上插花，但是坦诚地面对自己真实的内心恐惧，即意味着丧失了作为一个年轻的纽约资产阶级的天真，一个从未受过苦的人。一场从未有过的、巨大的精神疲惫将他捕获。他从此以后一切都不再像从前一样。他培育自己的花园，剪裁树木，甚至重新捡起了扑克，这是他二十多岁时就有的爱好，有一晚当科琳的姨妈路过时他们还玩了几局。总的来说，在家中，他能容忍的只有少之又少的访客，除了科琳的姐妹、侄女、她的母亲和她的父亲（就一次）。但是京都来的一对夫妇却能在每年夏天待一到两天。丈夫是美国人，妻子是日本人。丈夫在日本的一所佛学大学里教书。放暑假时，丈夫会回来看望住在新泽西州的母亲，还有塞林格。塞林格自己也在学习东方的科学、哲学、冥想的过程中，探寻生命的意义。格拉斯家族的经历，弗兰妮、祖伊、西摩，等等，他们的经历很大程度上反映了那时他在这些方面的思考，而他创作初期所喜爱运用的诙谐对话和带着自由自在氛围的语调，在小说中并没有出现。塞林格摒弃了他的青少年时光，他笔下的角色添了新岁，无论如何也添了好几岁。战争不再来自他所创作的文学形象，而是来自宗教，或者更确切地说，来自对神秘主义本身的追寻。有某样东西被打碎了，是不是他将作品上升到了太宏大的高度，这个任务对他来说突然变得太大了？然而，为了将大部分的精力奉献给写作，他没留下一个老朋友，除了唐纳德。有好几年，有一个念头逐渐占据了他的整个精神，那就是迟早他有必要为了建立一个完整的虚构小说世界，填补上所有的空缺。这种野心好几次驱使着他准备好去奋斗，从个人记录的角度，创作出一部有影响力的作品，会成为"找回逝去的时光"的开端。现在，只有他身后留下的文学基金会能够说清，他是否真的完成了给自己设定的目标了。

与此同时，处理已出版作品在全世界范围内的版权问题，以及改编问题占用了他大量的时间。但是随着年龄毫不留情地增长，塞林格体力日渐衰退，无力应付各种诉讼，就像他针对《60年后：穿越麦田》[1]的出版提出的诉讼所揭示的一样。在《麦田里的守望者》出版后的六十年，弗雷德里克·科尔廷，一位自称是时光掘墓人的瑞典作家决定重写一部关于年长之后孤僻的霍尔顿的小说，书中的霍尔顿为自己所创造的形象一直纠缠，困于自己成功的牢笼。这本书在2009年出版，大概是塞林格去世的六个月前，借用了假名J.D.（约翰·大卫）加利福尼亚——明显是在影射杰罗姆·大卫……考菲尔德，书中揭示了七十六岁的C先生的神奇经历。主人公以霍尔顿·考菲尔德的方式在纽约街头流浪，还与一位作家，一位不知名的"塞林格先生"对话。作者滑稽地模仿主人公讲话的口头禅，例如"实话告诉你"[2]或是"我难受得要死"[3]，还有没完没了的粗口，

---

1 《60年后：穿越麦田》。2009年6月25日于伦敦出版，两个月后在美国出版。
2 "To tell you the truth".
3 "It kills me".

不重样地脱口而出。霍尔顿从曾经被送去的寄宿学校里逃出来，而这位C先生则从一家养老院里逃了出来。原书中的青年是个理想主义者，情绪动荡不安，在找寻自身存在意义的道路上备受煎熬，而这本书中的七旬老朽，受前列腺炎的折磨，小便失禁。至于霍尔顿的妹妹菲比，曾经是个非常机灵的孩子，到了这本书里，变成了一个老态龙钟的老太太，吞食着各种药片。最后，在这两本小说里，主角都问自己，当冬天中央公园的湖上结冰时，鸭子们会去哪里？这一幕对很多读者来说，是《麦田里的守望者》中的高潮时刻。

这种玩笑显然不是塞林格自己开的，然而在他寻求在文学界的辨识度的那个时期，他是有能力开这种玩笑的。这本书里传达出来的蛮横无理，还有所使用的幽默令他恼火，直接让他采取了诉讼形式来回应。对他来说，纵使书中没有指名道姓地用到"霍尔顿"这个名字，但是C先生明显就是从他的小说中取用的姓，是一种"目的纯粹而直接的盗窃"[1]。为了禁止他的书流通，他准备启用"对抗伪造"[2]程序。弗雷德里克·科尔廷能用来做辩解的理由无非是说这是一本"带有批判性质的仿文"，而不是塞林格小说的"后续"。曼哈顿的联邦法庭法官黛博拉·A.巴茨拒绝了这样的论据。[3]她认为作者的意图"缺乏可信度"，书的走向"带有明显的指向性"，她接着说，所有的

---

[1] J.D.塞林格的律师于2009年6月17日在曼哈顿联邦法庭的总结陈词。
[2] 2009年7月1日曼哈顿联邦法庭的审判结果。
[3] 弗雷德里克·科尔廷律师团于2009年7月23日在纽约上诉法庭的总结陈词。

信息都揭示出，作者安在这恶搞七十六岁的人物身上的观察与思考方式是与十六岁的霍尔顿相同的，而这位年轻人所传达的是"真诚"和"热情"，而这位七旬老翁却是"悲惨"。这本书中的主角有的只是衰老，而没有"成长"，"他的心智水平停留在了十六岁"，巴茨法官强调说，丝毫不畏惧越界了自己的角色，以及进行长篇文学评论。

在她看来，事情很清楚，这本书出版的目的是"牟利"，而不是"教育"。塞林格的文学代理人也在庭前作证说，如果塞林格改变主意想要写一本霍尔顿·考菲尔德冒险的后传，他可以得到一笔500万美元的预付款。法官宣布，《六十年后》中的商业形象是"需要许可的"，而且疑似损害《麦田里的守望者》的销量，之后的总结是禁止该书的销售，无论是在美国还是全世界范围。

塞林格因为年老和疾病缺席了这些辩论，他赢得了第一步的胜利。但这只是战役的开端。接到这个判决结果的弗雷德里克·科尔廷组织了一场反击，声称因为受到"无可挽回"的经济损失，索要五十万美元，他使用美国宪法第一修正案要求禁止限制出版的自由。这是一条在美国非比寻常的条例。他出的这一招防御策略起到了效果。所有美国大型的出版集团和媒体——出版社、报纸、网站——将他的行动写到了头条，抗议说"一审的禁令"是"最严苛的惩罚"，对他们"最为不利"[1]。

---

[1] 阿米奇·库里以美国最大的出版集团和媒体集团的名义在同一上诉法院做的总结陈词。

他们在上诉时将所有意见汇总。但是纽约法庭宣布判决结果时,塞林格已经去世三个月了。

  法官们的结论是,科尔廷的小说"涉嫌构成对《麦田里的守望者》的伪造"[1]。但是他们也同样强调了虚构小说中所创造出的人物归属权争夺所造成的精神损害问题。人物是属于作者还是属于读者,是否说它属于读者更为合适?庭上非常谨慎地没有作出裁定,重新将这些问题一桩桩地排开,当作另一桩诉讼进行处理。就此可以得知,最高法院,美国的最高执法机构之后还是会接到诉讼申请。在未来的什么时候?可以确认的是很久之后。这需要时间,还需要耗费精力和雇佣律师的费用。对于这样假定的诉讼,这将都由他来承担。相比于走糟糕的程序,他和塞林格的继承人们签订了一项更有意义的协议。[2] 弗雷德里克·科尔廷同意停止在美国和加拿大发行此书,直到《麦田里的守望者》成为公有财产,那将是在 2046 年,小说出版的九十五年后。他也同意不再使用原书名《六十年后:穿越麦田》,重新宣布将这本书献给 J.D. 塞林格,因为他原本准备在做宣传时,在书脊上印着"被塞林格所禁止的书"。作为交换,作家的继承者们不再干涉已经在英国和瑞典售出的书。这样的结果带给他很大的便利,也是对他的仁慈。

---

[1] 2010 年 4 月 30 日美国上诉法庭判决结论,大约在塞林格逝世后三个月宣布。
[2] 2011 年 1 月 16 日弗雷德里克·科尔廷的律师与塞林格的合法继承人聘请的律师,在作家去世后一年签订的协议。

塞林格在死后获得了胜利。

然而在他活着的时候,他从来都没有想过作一部《麦田里的守望者》的后续。即使他的抽屉里已经躺着一部写好了的作品,那也会跟科尔廷的《六十年后:穿越麦田》毫无相像之处。与之相反的是,塞万提斯在《堂吉诃德》出版后的十年,就在他马上去世前,为了斩断效仿者的念想,急切地在病中完成男主角最新的冒险故事并出版。那些想要"添油加醋"的西班牙人只会觉得"反胃"和"恶心"[1],也许塞林格会有同感。

---

[1] 米格尔·德·塞万提斯,《拉曼却的机敏堂·吉诃德传》,读者序言,巴黎,加利玛尔出版社,1949。

垂暮之年

在作家于2010年陨落之后,他的文学代理人菲利斯·威斯特伯格带着作家的授权宣布,一切关于他作品的电影改编、电视改编或者甚至是戏剧改编的原则都没有变。所有导演,包括史蒂芬·斯皮尔伯格或是制片人哈维·温斯坦都被拒绝了。然而,塞林格在几年前曾说过,他愿意将自己的小说改编成电影……在他死后。这又是一次嘲讽之举吗?他喜爱的人们会眼泪横流吗?有一种可能性是他过得并不富裕,这样做是为了照顾自己的妻子(那时还是克莱尔·道格拉斯)和他的女儿佩吉,这样她们就能获得遗产,作家的版权费是以人寿保险的形式存在的。得知自己不会是这份保险的最后受益人给他带来了巨大的快乐。只是这份遗嘱是1957年写的。然而,之后他离了婚,并同科琳·奥尼尔结了婚,他又有了一个儿子,尤其是同女儿的关系变得疏远。他在2008年创建了J.D.塞林格文学基金会,用于管理自己的商业版权和精神版权,其中的章程里写着,基金会的主理人是科琳和马修,玛格丽特并不在内。很明显,原因是玛格丽特在其出版的书《梦幻守望者》[1]中,毫无

---

[1] 2000年在美国出版,2002年在法国出版。

节制地揭露了家庭生活中的很多小秘密,说得最多的就是关于父亲的精神状态,作家感觉就像是遭人背后暗算一般。他一辈子都在为保护自己的隐私而抗争,突然间,自己就这样赤条条地被女儿扔到公众面前,这样的行为只会让年迈到被岁月削弱了的塞林格感到刺痛。但是他死死守住自己关于沉默的信条,对此一个字也没有吐露。而自己的儿子马修则第一个站出来,批评自己姐姐是对着"假想的童年"[1]胡言乱语。

二十一世纪的开端显然对塞林格来说不太友好,他成天盯着电视机,追网球比赛和其他娱乐节目。他任由花园里的草疯长,令他惊讶的是,也没有人就他的饮食习惯做文章了,这个曾经的纽约人,现在已经完完全全地不像一个纽约人了。令他感到欣慰的是,马修成功地导演了戏剧《丁香树》[2],这部戏在百老汇演出,他和科琳一同去看了这场戏。然而在这一个半小时的过程中,他一句对话、一个字也没听进去,因为彼时的他已经完全聋了。他的文学代理人除了写信,也不再同他用电话沟通,电话对他来说已一点用处也没有了。但他还是对儿子的成功抱以巨大的喜悦,他为儿子能踏上这段新的道路而感到足以幸福。而且,外界的评价也非常积极。

---

[1] 一封《纽约观察报》中刊登的信件。
[2] 《丁香树》,由帕梅拉·吉恩所著,被授予外百老汇2001年年度最佳舞台剧。法语版由萨莎·多米尼克译成,名为《法国丁香》。

他现在已经没有力气将通往自家领地的泥泞小路上铺满石子。春天里，当第一缕阳光照在大地上时，他会去露台上读书，膝盖上搭一条毯子。有时，他的脑子里会突然浮现出过往生命中曾经遇到过的人，那些善良而谦逊的人，因为自身的美好而获得他额外的记忆。比如他在维也纳时曾经居住过的萨菲尔一家，还有他在瓦利福奇的一位同学的父母，纵然他已经忘记了那位同学的名字。2000年带给他无尽的悲伤，首先是唐纳德一直患有癌症的妻子迪莉斯的去世，四年之后，唐纳德也追随妻子离去。伊丽莎白很早便已经油尽灯枯；他们曾经整整十年没有一点对方的消息。比比·萨菲尔，他在七十岁时被白血病夺去了生命。某一天早上，他的遗孀从伦敦打电话告诉他这个消息。他们一个个离世，生命似乎也逐渐离他而去。随着年岁增长，他有了越来越多的健康问题。2009年5月，塞林格摔了一跤，髋骨跌碎。手术过后，他接受了很长时间的康复治疗和恢复训练，这让他心生恐惧，越来越频繁地联系他的文学代理菲利斯·威斯特伯格，要他管理他的事务并维护他的文学利益。马修整夜守在他身旁，科琳也一直待在他的床边。直到2010年1月27日星期三，他呼出了生命的最后一口气。

"您自己去看看吧!"

塞林格称誉儿童的美好,但是亲身经历帮他清醒地意识到,(脏兮兮的)小毛孩比他们的父母做得更绝。和大人一样,孩子也会背叛。亲自去验证这一点只会让他失望。1950年初他曾经带着信任同两个来自"高中"的二年级学生谈话。那时他三十三岁,单身,曾和他们是好朋友,他们也认为他是一个很好的伙伴。他是这个小团体里的一员。他曾经借助身高优势帮助这个小组打篮球赛和足球赛。他比其他人高出一个头,穿着手肘处用皮料加固的粗呢外套显得自由自在。在没有工作的夜晚,当孩子们不知道去哪儿时便会去拜访他。有时他也会开着吉普车来找他们。他们之间的交往很频繁。他的家里应有尽有,还有一条总是趴在地上的英国牧羊犬。塞林格表现得很友好,坐在那里抽着烟斗或是香烟,不会说太多话,只是在倾听。他让他的访客们自娱自乐,而他给他们播放唱片。柴可夫斯基的《天鹅湖》是雪莉·布兰尼最喜欢的音乐,她是一名戴着金耳环的漂亮小姑娘。在她的要求下,他为她一遍又一遍地放着这支曲子。她敏感而意志坚定,十六岁的她有着同龄人没有的成熟心智与果敢。有一天,她告诉他,她想要成为一名作家。当天晚上,她一直躺在床上,试图找到一些灵感,他曾经说过:"躺在床上去想是最好的办法,但是当你有了一个念头时,不要忘记起床去记下来,以免自己遗忘灵感。"[1]

每个月一次,这些想要成为记者的学生主动去当地的日报社,位于克莱尔蒙特的《每日之鹰》的二层办公室报到。报社同意分给他们一页纸的篇幅。1953年秋天的一天,当他们正绞尽脑汁要写满这一页时,雪莉发现正在过马路的塞林格。她带着一名女同学,大步地跨下台阶向他求助。他请她们去了一家咖啡厅,他去吃午饭,而她们喝了可口可乐。她们问起他的生活,他用言简意赅的话叙述了他之前的人生轨迹。四天后,《每日之鹰》[2]上刊登了一篇编辑得完美无缺的文章。塞林格给这名少女打了一通电话。这是他们之间最后的对话。这些学生不久之后又去敲他家的门,但是没有人给他们开门。

不,他没有任何事要做,没有任何期待。当一个人需要平静时,应当关起门来生活。也许布莱兹·帕斯卡的话也不无道理,他说"人类所有的不幸都来自一件事,那就是不懂得在房间里停下来休息"。借由霍尔顿·考菲尔德之口,塞林格已经预感到了:"问题就在这里。人们永远不能找到一个舒适安静

---

[1] 这一则小事被厄内斯特·哈夫曼记录在他的文章《寻找神秘的J.D.塞林格》中,文章出现在《生活》杂志1961年11月3日刊上,后来被重新编写在一篇专门为作家而写的稿件《如果你真的想听》中,这句话与《麦田里的守望者》的开头第一句话相同。

[2] 刊登在新罕布什尔州克莱尔蒙特1953年11月13日的《每日之鹰》,雪莉·布兰尼采访J.D.塞林格的内容。

的地方，因为这个地方并不存在。"[1] 他也可以借用小说中主角在他喜爱的小妹妹菲比所在的学校墙上涂鸦的那句话，像是一句哲学性质的格言，如果他将会死去，他想要将这句话刻在自己的墓碑上当墓志铭："去你的！"

1　玛格丽特·塞林格，《梦幻守望者》。

后 记

您认识让-保罗·恩托文吗？他是巴黎第六区著名的格拉塞出版社的一名出版人。他总是一副刚从马拉喀什度假回来的模样，因为他的皮肤太黑了。即使是冬天也是如此。另外，他也经常会去 BHL 设计的摩洛哥里亚德酒店，BHL 就是伯纳德·亨利·利维，1970 年代的一位新兴哲学家。我们都是老朋友了。

天气好的时候，我们能看见恩托文坐在一辆皮质内饰的敞篷梅赛德斯里猛轰油门，他有着一头令人嫉妒的银色浓密头发，白衬衣领口的扣子解开，被微风吹得鼓起来。

他曾经很喜欢我的《维勒贝克没有授权》一书，这本书在 2005 年由马伦·赛尔出版社，这本书的问世相当于在左岸文学艺术长廊上空炸出了一声小小的惊雷。这是一本反常规的书，揭露了《基本粒子》的作者及其他几位畅销书作家隐藏于幕后的面貌。当时所有人都对作家未卜先知的能力和有点不正常的神经质状态崇拜至极，特别是他在一次接受采访时说出口的那句"最可笑的宗教，还要数伊斯兰教"，真应该印在年度语录上。他说这句话之后不久，2001 年 9 月 11 日，打着安拉旗号的犯罪分子就袭击了美国的世贸中心。

我之前曾经在《观点》周刊的走廊上遇见过一次恩托文。那时我还在政府部门工作，负责法律问题。而他算是抱着金饭碗，给编辑总监当顾问。我们当时在院子的中庭，那里有自动售卖机，卖一些冷热饮料和其他零食。总而言之，就是一个小咖啡厅。他向我伸出了橄榄枝："你愿意为我工作吗？塞林格你认识吗？你对他感兴趣吗？我可以支付你一年或两年的薪水，好让你调查他。"

那个时候我对塞林格的了解不多。《麦田里的守望者》我还是在纽约买的。具体在纽约哪里买的呢？我已经记不清了。但是我知道的是，从我打开那本书的那一刻起，我就没再合上。那天，我在回巴黎的飞机上将它一口气读完。那时是1979年或者前后，3月的一天。

恩托文建议给我22000欧元作为酬劳——我还保留有纸质证明。为什么是22000元？应该是市场价，这是用来支撑我去美国调研的费用。这个报酬是很诱人的，但这样的程度并不能算是万事大吉。在答应他的请求之前，最起码不应当是研究研究这事的可行性吗？

一开始，我给大西洋彼岸打了几通电话，有的是打给文学界，有的是打给大学，得到的回复都是肯定的。2006年夏天，我来到了纽约。

达琳和彼特——我真希望你们能结识他们，他们太棒了（达琳是西蒙·尼古拉斯-亨利·兰盖的粉丝，而且更是奥兰普·德古热的粉丝，这两位是法国大革命时期的代表人物，而彼特，一位物理学家，是烧烤汉堡包烹饪全类冠军）。他们把自己的位于布利克大街一幢大楼28层的公寓借给我住。从那里可以看到百老汇和市郊的绝美街景，到了夜晚，透过大玻璃窗将目光慢慢移过去，就能看到帝国大厦上闪烁着的如梦如幻的灯光。哇！我们会觉得自己身处电影中。我记得那灯光在午夜12点整就会熄灭，就像是梦中的假期。最后，假期——如果我能称之为假期的话，追寻着塞林格的脚步开始了。一路朝着科尼什的方向，我立马启程。

想要抵达作家的巢穴，需要先朝北边加拿大的方向上高速公路开四个小时的车，你需要穿过一片满是山毛榉、松树和槭树的森林。塞林格在一个能开着吉普或者四驱车抵达的小山之顶找到了自己的世外桃源。土地开裂，旁边是汩汩流淌着水的沟渠，还相当陡峭，就是这样一条路。在气候好的时节，潮湿的丛下灌木里挤满了松鼠，小鸟们鬼鬼祟祟地扑棱着翅膀，把树枝弄得吱嘎作响。当你在周围的森林里冒险时，一定要留神，可能你会吃闭门羹，或是被当作可疑的家伙赶走。虽然他从没有用枪子儿招待过擅自闯入者。

那是2006年8月，汽车行驶在沥青路上，后视镜里原始森林的美景逐渐远去。盛夏的燥热被汽车里的空调安抚得毫无脾气。直到黄昏时分，热气才退去。超过百年树龄的森林里开始释放混合的味道，有树脂的浓醇、草木的清香、苔藓的新鲜，还有叶子的浆汁气息，真令人陶醉。随着森林变得越来越浓密，阳光被阻挡在外，一片片树荫如同薄雾一般的丝带，一条条弯弯曲曲地铺展开。就在此时，浓厚的夜幕降临了，一分钟也不会耽误。

租来的自动挡日本汽车在科尼什综合商店门口正正好地停下，这幢用木板做成的建筑既是食品杂货店，也是个小餐厅，还是文具店和五金店。里面的顾客真是寥寥无几，在商店提供各式饮料的里间，一个沉默寡言的男人正在啜着一杯奶昔。

科尼什综合商店苍白的灯光下，一个看不出年纪、还挺年轻的女人站在柜台的后面。她面色晦暗，穿得就像个苦行僧。

"晚上好，我想去塞林格先生家，您知道该走哪条路么？"

"我不能告诉您。"她带着礼貌回答道。然后她神色严肃地补充："我这么做是不礼貌的。"

"我知道他住在科尼什，在桑德山路，我只是想知道怎么去到那里。"

"我一个字也不能对您说。"

我这个城里人坚持想知道地点，但是我肯定要在店里买点东西，随即我花十几美元买了一些生活用品和一张科尼什的详细地图，上面连芝麻点大的地方都标注了出来。售货小姐稍微松了松口，但那之前，她还是先偷偷摸摸地朝右边，然后又朝左边望了一眼，就像要确保没有人会偷听。她就算自己没有注意到，但她的样子也表明她想保密；因为她说话的声音里带着一丝忏悔的意味，忏悔自己把通往塞林格家的路线透露给我。显然，这位杂货店主在替塞林格保密的同时也对我这位从国外远道而来的拜访者有一点同情心。

从商店里出来，现在我只需要往右转，走市政厅路。不可能会搞错路：这是眼前唯一的一条路。当走到12A路的分岔口，继续往右，沿着康涅狄格河，朝黎巴嫩的方向一直往前开，这是一座没有灵魂的庞大城市，它的命脉被几条主干道拉扯着，沿着干道的两旁，是一座座混凝土预处理的建筑。那边，往左看，是一座吸睛的木制栈桥。这是一处历史遗迹，"那座"标志性的桥。从这座有趣的桥出发，那条著名的蜿蜒向上一直到达"小屋"的路就近在咫尺了。"不是第一个路口，就是第二个"，当时杂货商店的女人低声说道，生怕破坏了一条不成文的规矩：尊重塞林格想要的静修的宁静。

"那里没有任何指示牌，但是您看，就是那几条路中的一条。"她补充道，而且证实作家的奇特个性就是那样，极其希望安静，甚至得了神经衰弱。

万里无云的天空在黄昏时分逐渐暗了下来。黑夜不久之后就要到来。附近唯一有床和早餐的狩猎屋，也显示客满了。在距离科尼什北边二十多英里的黎巴嫩，也只有寥寥几个能选择的汽车旅馆。情况就是这样。

第二天一大早，回到137米长的栈桥，美国最长的栈桥，桥横跨康涅狄格河，将新罕布什尔与佛蒙特分开，为了回到佛蒙特，塞林格曾经多次走过。在桥的另一头，就是温莎，这么多年来，他仍然保留着开车去那里的超市购物或是去邮局取信的习惯。他在那里有一个属于自己的信箱，里面塞满信件，信箱上没有名字，只有一个编号：32。

与此截然不同的是，在科尼什他的领地上，灌木丛的边缘一直在那里的邮箱却被废弃不用。上面的字已经模糊不清，174号，数字的下面有一只展翅的鹰的图案，这是美国邮政的标识。除了这个，没有任何其他指示牌，也没有其他任何线索可以证明作家就住在这里。

进入塞林格的隐居地可能会成为一场危险的探险。不仅仅因为路上满是可能会进到车辙里的石子，还因为笔直朝上的小路陡峭无比又相当难走，更重要的是因为作家已经全副武装，准备好赶走那些好奇心旺盛的冒险家。在树林的边缘，一块板子上照例写着"此路不通"，前面就是树干摞成的路障，从树干堆叠的数量就能看出做这块木板的主人是多么狂躁不安，想要精准无误地表达自己的"意思"。"私人领地。严禁任何目的的狩猎、钓鱼、偷猎偷鱼，或是其他任何侵犯领地的行为。违者必究"。塞林格对防止他人入侵的手段倒是毫不吝啬。即使是在大白天，看到眼前这块橙色底上写着的硕大黑字，也会感觉森林似乎变得更加压抑，让人喘不过气来。如果现在倒车，可能会掉进沟里,现在没有其他办法,只能往前开,要避免路遇车辆,或是见到一个拿着枪的男人,可能脸上还带着狂怒。

汽车突然驶入一片开阔平地,这片平地的边缘被一条修长茂密的树木组成的帘幕横腰拦住,穿过树木的枝桠,一座小木屋的墙出现在眼前。一扇玻璃窗,木板做成的屋顶,塞林格就是在那里与世隔绝地写作,美国《时代》杂志曾经报道过那里,拍过照片。小屋的装饰没有换,只是变得更杂乱了一些。

然而他在世期间,没有任何一家出版社或者文学代理,甚至是他自己,在过去的半个世纪里,能够看到、或是能够发表他的一张照片。他隐藏在树叶里的小窝,加深了作家孤独的神秘感,这份孤独感是无法驯化的。

2006年夏天的这一天,塞林格似乎就在我触手可及的面前。但有一个问题:怎样能见到他,还不会引起他的厌烦?我的内心陷入了进退两难的犹豫挣扎。穿越几千公里,横跨大西洋,当我已经如此接近此行的目标,此时放弃是否合理?冒着被赶走的风险去敲响他的大门是不是更好?我在担心打扰到他的忧虑和被当作一个粗鲁之人赶走的巨大恐惧中摇摆不定,实在难以抉择。这次的拜访完全是临时起意,最后的解决方案是尊重塞林格在自己四周苦心建筑起来的高墙。下一次,因为还会有下一次,我会先给他寄一封信。

就算是要写信,也得有他的地址。在温莎邮局,头发花白、梳着马尾辫的职员没给出任何帮助。"你就给他寄邮局留存信。"根据周围邻居的建议,这一招被证明是有用的。沉默与慌乱的眼神比带着一丝担忧从嘴里吐出的话语更有表现力，但是这么做确实能引起塞林格的注意。退而求其次，但是坚持不懈终会得到回报。

下次再见吧塞林格。在之后的某一天里我们再见。

一封信从法国巴黎向他发出。信是关于莱姆和电影《面包师的妻子》，这部电影由马赛尔·帕尼奥尔执导，霍尔顿·考菲尔德的妹妹菲比在被哥哥带去电影院看的那一天，就疯了似的爱上了。电影讲述的是关于诺曼底登陆和人们如何在战争残酷的魔障下生存下来的故事。这封信仍然没有收到回音。但这还不足以让我灰心丧气。

我这样抛砖引玉是找到了正途。奇迹马上就要出现了。

吕克，我儿子，彼时十四岁。他那时还没有成为一个星级厨师，但是他已经长成一个小机灵鬼。在科尼什，即使有他母亲劝阻的话语，只有寥若晨星的关于作家隐秘的家位置的信息，他还是不顾这一切要我重振精神。他拍下了所有能够帮助我们再次找到他家的蛛丝马迹。

写一部关于塞林格的传记已成为可能，至少是可以实现的。我还要去见见格拉塞出版社的让-保罗·恩托文，谈谈发表的问题。他对此报以乐观态度，这是他告诉我的。我写了一版相当具体的、带有叙事口吻的传记梗概，在内容里重点突出了他与乌娜·奥尼尔的关系。然后我把这一版稿子寄给了他。他向我保证，一定会将这本书推进到底。但是他的老板，出版社的大老板欧利维·诺哈却不是这么想的，他的言下之意是，一本关于美国作家塞林格的巨型传记会抬高在当年法兰克福书展的价格（2006年秋天）。最后什么也没发生。之后的几年也没有任何进展。出版社回复我的话也都是满嘴谎言。然而，在八年之后，格拉塞出版了一本半虚构小说，作者是出版社的签约作者及巴黎名流出版社的作家弗雷德里克·拜贝德，书名是《乌娜与塞林格》。

这就是巴黎出版界的德行。

两年之后，到了2008年，仍然得益于达琳与彼特的帮助，他们二位在为我准备住处，以及提供帮助方面给予了旁人无法超越的支持，我又去了一次纽约。这次为了能达到目的，我将所有塞林格人生轨迹上曾经出现过的地点都拜访了一遍。那些他在学校和大学的住处，在朝宾夕法尼亚州的方向，在那些他曾经待过的学校，都是我此次要拜访的地方，然后去佛蒙特州，最后为了让这次旅行变得圆满，我会去新罕布什尔。

科尼什还是一样的景色。小松鼠、蝴蝶和蜻蜓在灌木丛下嬉戏约会。在山丘脚下，我发现了一处小小的变化。在信箱的上面，仍然是那个没有写名字的陈旧的信箱，用漂亮的绿色油漆写着"史雷德（而不是桑德）山路"。显然，塞林格后来也知道要遵守美国路桥部门颁布的规定了。突然间，眼前出现一辆雪佛兰白色吉普车，沿着陡峭的小路爬坡而上，车身后留下一团扬起的灰尘。坐在驾驶座上的男人五十岁出头，留着半长头发和三天没刮的深棕色络腮胡，长得有点像英国的亿万富翁理查德·布兰森，他开足马力往小路上攀登，一点也不费力。他不是别人，正是马修·塞林格，作家的儿子，这就是他本人，身材高大，就像我们看到的他导演的好莱坞电影里的他。由于本书的原因，非常不幸，他拒绝了所有当面采访的请求。

我最大的一次临时起意，就是一路开到佛蒙特的伍德斯托克去。在那里就可以打电话给塞林格了。汽车旅馆的女服务员好心地将自己的移动电话借给我。一个温柔的女人接起了电话。

"晚上好，请问您是科琳·奥尼尔吗？"

"是的。"作家的第三任妻子有点惊讶地回答道。

"我是从伍德斯托克给您打来的。我来自法国巴黎。我想要见见您。"

"这恐怕不可能，我不认识您。"她回复道，带着一丝"英国式"的好奇心。

"您一点都不想知道我打来电话的原因吗？"

"抱歉，我不能同您再讲下去了。我要挂电话了。"

"您无须道歉，原谅我的打扰。我会给您写信的。"

很明显，这个男人难以接近，但也不是最难以沟通的人。

来自他白纸黑字的命令大家都知道：一个字都不要说，把嘴巴缝起来。即使是他周围亲近的人，也严格遵守规则。这位老隐士的一生都在遵循这条原则，一直积攒着自己的怒火。

　　最艰难的部分，在我看来已经完成了。因为塞林格的一生四处旅行。他去过奥地利、波兰、法国、德国和英国。从这些他游历过的国家可以看出，他所见过的事物、他所做过的事情、所有他人生过往中留下的痕迹和他说过的话，都铭刻在了作品之中。或许这样就能试着离他更近一些，理解《麦田里的守望者》的作者的人格是如何一步步形成的，试着理解这位科尼什的隐居者。

致　谢

在此，对所有或多或少给予过我帮助的人们，我想向他们表达最诚挚的敬意。

他们是：

瑞士沃韦卓别林档案馆。波兰比得哥什市政档案馆及图书馆。宾夕法尼亚州瓦利福奇军事学院。英国国家军事档案馆。宾夕法尼亚州大学城乌里诺学院档案馆。得克萨斯州奥斯汀哈里·兰瑟姆档案馆。纽约哥伦比亚大学档案馆。新泽西州普林斯顿大学燧石图书馆。英国诺威奇东英吉利大学图书馆。日本金泽铃木大拙博物馆。马萨诸塞州波士顿约翰·F. 肯尼迪总统图书博物馆。纽约摩根图书博物馆。华盛顿科利奇帕克国家行政档案记录馆。巴黎勒克莱尔将军及巴黎解放博物馆，巴黎让·穆勒博物馆。瓦洛尼市科坦登艺术历史纪念园（芒什省）。伦敦尼尔森顺势疗法药店。纽约罗摩克里希纳·维韦卡南达中心。

同样还要感谢：

吉利斯·布里奇特，安妮·卓别林，杰拉尔丁·卓别林，简·卓别林，约瑟芬·卓别林，罗贝尔·拉封，凯特·尤恩瓦奇，凯瑟琳·哈德利，弗朗西丝·哈托格，野田田聪，查尔斯·A.贾米森，弗洛伦特·马索，可可·米纳迪，约翰尼·B.牛顿，泰德·拉塞尔，埃丽卡·斯皮齐里，比尔·史密斯中校，韦斯洛·特茨西尔基奥斯基，卡罗琳·M.威格尔，里克·沃森，伊丽莎白·怀斯，巴里·泽利科夫斯基，贤者维达甘达。

我还要特别感谢菲利斯·威斯特伯格，J.D.塞林格的文学代理，同意在其纽约麦迪逊大道的办公室接待我，在没有泄露作家秘密的情况下，提供给我关于作家的重要信息，给我的研究带来了曙光。

还有一些要感谢的人：

感谢他们为我提供了无价的思想支持：来自圣布雷文（大西洋岸卢瓦尔省）的赫莱娜·巴伦，来自塞纳-马恩省国王森林的杰奎琳·豪达特夫人，玛丽·贞德，菲利普·豪达特，还有来自纽约的达琳和彼特·利维，以及来自伊夫林省乔福塞的尼娜·萨尔特。

最后，还要感谢的是：

安娜，来自波兰的导游，她是独一无二、无可取代的，感谢她为我提供的向导服务以及给出的明智意见。

查尔斯·希夫曼和让-皮埃尔·泰森，他们是我的第一批读者，感谢他们帮助我进行法语修辞和标点符号的修改，他们的法语水平简直无可比拟。

安妮和格雷厄姆·马丁，感谢他们的恳切反馈。

达琳·利维，感谢她仔细的阅读，有针对性的建议和她对本书信心满满的热情。

费尔南多·巴奎罗，感谢他一如既往的精神支持。

劳伦特·勒格尔，感谢他敏锐的嗅觉，为本书想到了一个好名字。

罗曼·佩鲁斯塞特，感谢他作为出版人孜孜不倦地执着坚持。

致所有人，感谢你们。

参考书目

J.D.塞林格作品清单

已译作品清单

《麦田里的守望者》,企鹅出版社出版(法语版为《心灵捕手》,罗贝尔·拉封出版社出版,口袋书系列)。

《九故事》,利特尔和布朗出版社出版(法语版为《故事集》,罗贝尔·拉封出版社出版,口袋书系列)。

《弗兰妮与祖伊》,利特尔和布朗出版社出版(法语版为《弗兰妮与祖伊》,罗贝尔·拉封出版社出版,口袋书系列)。

《西摩小传》,利特尔和布朗出版社(法语版为《西摩小传》及《抬高房梁,木匠们》合集,罗贝尔·拉封出版社出版,口袋书系列)。

未译作品清单

《年轻人们》,发表于《故事》杂志1940年3月、4月刊。

《去看埃迪》,发表于《堪萨斯城大学评论》1940年12月刊。

《诀窍》,发表于《科利尔》杂志 1941 年 7 月 12 日刊。

《破碎故事之心》,发表于《时尚先生》1941 年 9 月刊。

《露易丝·塔格特漫长的初次登台》,发表于《故事》杂志 1942 年 9 月、10 月刊。

《一个步兵的私人日记》,发表于《科利尔》杂志 1942 年 12 月 12 日刊。

《沃罗尼兄弟》,发表于《周六晚间邮报》1943 年 7 月 17 日刊。

《两边政党都关心》(又作《打雷时请叫醒我》),发表于《周六晚间邮报》1944 年 2 月 26 日刊。

《好心的中士》,发表于《周六晚间邮报》1944 年 4 月 15 日刊。

《最后一次休假的最后一天》,发表于《周六晚间邮报》1944 年 7 月 15 日刊。

《一周一次不会要了你的命》,发表于《故事》杂志 1944 年 11 月、12 月刊。

《依莲》,发表于《故事》杂志 1945 年 3 月、4 月刊。

《一个在法国的男孩》,发表于《周六晚间邮报》1945 年 3 月 31 日刊。

《这块三明治没放蛋黄酱》,发表于《时尚先生》1945 年 10 月刊。

《陌生人》,发表于《科利尔》杂志 1945 年 12 月 1 日刊。

《我是疯子》,发表于《科利尔》杂志 1945 年 12 月 22 日刊。

《冲出麦迪逊大道的轻微反叛》,发表于《纽约客》1946 年 12 月 21 日刊。

《1941 年,一个没有一点腰身的女孩》,发表于《小姐》杂志 1947 年 5 月刊。

《颠倒的森林》,发表于《大都会》杂志 1947 年 12 月刊。

《一个我认识的女孩》,发表于《家中好书》1948 年 2 月刊。

《忧伤旋律》(又作《唱针落在旧唱片上》),发表于《大都会》杂志 1948 年 12 月刊。

《哈普沃斯 16,1924》,发表于《纽约客》1965 年 6 月 19 日刊。

未发表作品清单
《孩子们的梯队》。
《过生日的男孩》。
《辛彻夫人》。

其他参考书目

保罗·亚历山大,《塞林格传记》,洛杉矶文艺复兴出版社,1999 年出版。

杜鲁门·卡波特,"红色封面书系列",巴黎格拉塞出版社,1988年出版。

塞万提斯,《拉曼却的机敏堂·吉诃德传》,"殿堂书籍"系列,加利玛尔出版社,1949年出版。

查理·卓别林,《我的自传》,西蒙与舒斯特出版社,1964年出版。

特里·科尔曼·奥利维尔,《一部被授权的传记》,布鲁姆伯利出版社,2005年出版。

亚瑟与芭芭拉·盖尔布,《奥尼尔传》,纽约,哈洛出版社,1962年出版。

厄内斯特·海明威,《小说集》上下卷,"殿堂书籍"系列,加利玛尔出版社,1966年出版。

格登·F.约翰逊上校,《步兵第20团二战纪实》,国家第四师(代号常春藤),1948年出版。

劳伦斯·李与巴里·吉佛德,《萨罗扬传》,哈洛出版社,1984年出版。

乔伊斯·梅纳德,《世界中的家》,骑马斗牛士出版社,1998年出版。

玛格丽特·塞林格,《梦幻守望者》,尼罗河出版社,2000年出版。

乔安娜·史密斯·雷科夫,《我的塞林格之年》,阿尔宾·米歇尔出版社,2014年出版。

大卫·雷姆克,《完美小镇,"纽约客"亲述的纽约故事》,兰登出版社,2000年出版。

西恩·萨勒诺与大卫·希尔兹,《塞林格》,故事工厂出版社,2013年出版。

肯尼思·斯拉文斯基,《J.D.塞林格的一生》,兰登出版社,2010年出版。

同样还有:

凯瑟琳·克劳福德,《如果你真的想听:关于J.D.塞林格和他的著作》,纽约,桑德茅斯出版社,2006年出版。

《弗朗索瓦·贝达里达讲述诺曼底1944,从登陆到解放》,阿尔宾·米歇尔出版社,2004年出版。

让-皮埃尔·阿泽马,罗伯特·帕克斯顿,菲利普·柏林,《1944年6月6日》,卡昂回忆录版,佩兰出版社,2004年出版。

纪尧姆·皮克蒂,《阿登战役:1944年12月16日—1945年1月31日》,达朗迪耶出版社,2013年出版。